高等院校汽车专业"互联网+"创新规划教材

智能网联汽车技术概论

崔胜民　吴永亮　编著

内 容 简 介

智能网联汽车是新一轮科技革命背景下的新兴产品,可显著改善交通安全,实现节能减排,消除拥堵,提升运输效率,并拉动汽车、电子、通信、服务、社会管理等协同发展,对促进我国汽车产业转型升级具有重大战略意义。

本书主要介绍了智能网联汽车的基本概念、技术分级、体系结构、关键技术、发展目标和标准体系,详细描述了智能网联汽车的环境感知技术、无线通信技术、网络技术、定位技术、自主循迹控制技术和先进驾驶辅助技术等。

本书可作为高等院校车辆工程及相关专业的教材,也可作为从事智能网联汽车相关领域的工程技术人员、管理人员和科研人员的参考用书。

图书在版编目(CIP)数据

智能网联汽车技术概论/崔胜民,吴永亮编著. —北京:北京大学出版社,2021.1
高等院校汽车专业"互联网+"创新规划教材
ISBN 978-7-301-31658-0

Ⅰ.①智… Ⅱ.①崔… ②吴… Ⅲ.①汽车—智能通信网—高等学校—教材 Ⅳ.①U463.67

中国版本图书馆 CIP 数据核字(2020)第 183101 号

书　　　　名	智能网联汽车技术概论 ZHINENG WANGLIAN QICHE JISHU GAILUN
著作责任者	崔胜民　吴永亮　编著
策 划 编 辑	童君鑫
责 任 编 辑	黄红珍
数 字 编 辑	蒙俞材
标 准 书 号	ISBN 978-7-301-31658-0
出 版 发 行	北京大学出版社
地　　　　址	北京市海淀区成府路 205 号　100871
网　　　　址	http://www.pup.cn　新浪微博:@北京大学出版社
电 子 信 箱	pup_6@163.com
电　　　　话	邮购部 010-62752015　发行部 010-62750672　编辑部 010-62750667
印 刷 者	天津中印联印务有限公司
经 销 者	新华书店
	787 毫米×1092 毫米　16 开本　15.5 印张　360 千字 2021 年 1 月第 1 版　2021 年 1 月第 1 次印刷
定　　　　价	48.00 元

未经许可,不得以任何方式复制或抄袭本书之部分或全部内容。
版权所有,侵权必究
举报电话:010-62752024　电子信箱:fd@pup.pku.edu.cn
图书如有印装质量问题,请与出版部联系,电话:010-62756370

前　言

随着全球汽车保有量的快速增长，能源短缺、环境污染、交通拥堵、事故频发等现象日益突出，并已成为汽车产业可持续健康发展的制约因素。而智能网联汽车，则被公认为解决这些问题的有效方案，代表着汽车行业未来的发展方向。

本书系统地介绍了智能网联汽车技术。全书共分7章，第1章主要介绍智能网联汽车的基本概念、技术分级、体系结构、关键技术及发展趋势、发展规划和标准体系；第2章主要介绍智能网联汽车环境感知技术，包括超声波传感器、毫米波雷达、激光雷达和视觉传感器，以及道路识别技术、车辆识别技术、行人识别技术、交通标志识别技术和交通信号灯识别技术等；第3章主要介绍智能网联汽车无线通信技术，包括无线通信系统的组成与分类、智能网联汽车的通信类型，以及蓝牙技术、RFID技术、DSRC技术、LTE－V通信技术、5G移动通信技术等；第4章主要介绍智能网联汽车网络技术，包括车载网络技术、车载自组织网络技术和车载移动互联网技术等；第5章主要介绍智能网联汽车定位技术，包括全球定位系统、北斗卫星导航定位系统、车载导航定位系统、通信基站定位技术等；第6章主要介绍智能网联汽车自主循迹控制技术，包括自主循迹控制系统的结构与分类，以及自主循迹横向控制和自主循迹纵向控制等；第7章主要介绍智能网联汽车先进驾驶辅助系统，包括先进驾驶辅助系统的定义与类型，以及自主预警技术、自主控制技术、视野改善技术等。

在本书的编写过程中，编者引用、参考了一些文献资料和图片，特向文献作者和图片拍摄者表示深切的谢意。

由于智能网联汽车是一个新概念，加之编者学识有限，书中不当之处在所难免，恳请读者给予指正。

希望本书的出版能对普及智能网联汽车知识，以及发展智能网联汽车起到积极的引导和促进作用。

编　者
2020年9月

【资源索引】

目 录

第1章 绪论 ·················· 1
1.1 智能网联汽车的基本概念 ·········· 2
1.1.1 智能汽车 ················ 2
1.1.2 车联网 ················· 3
1.1.3 智能交通系统 ············· 4
1.1.4 智能网联汽车 ············· 5
1.1.5 无人驾驶汽车 ············· 7
1.2 智能网联汽车的技术分级 ·········· 9
1.2.1 智能网联汽车的智能化分级 ······ 9
1.2.2 智能网联汽车的网联化分级 ····· 11
1.3 智能网联汽车的体系结构 ········· 13
1.3.1 智能网联汽车的系统层次结构 ··· 13
1.3.2 智能网联汽车的技术逻辑结构 ··· 13
1.3.3 智能网联汽车的技术架构 ····· 14
1.3.4 智能网联汽车产品的物理结构 ··· 17
1.4 智能网联汽车的关键技术及发展趋势 ······················ 18
1.4.1 智能网联汽车的关键技术 ····· 18
1.4.2 智能网联汽车的技术发展趋势 ··· 20
1.5 智能网联汽车的发展规划 ········· 21
1.5.1 智能网联汽车的发展总体思路 ··· 21
1.5.2 智能网联汽车的发展目标 ····· 21
1.5.3 智能网联汽车的发展重点 ····· 22
1.6 智能网联汽车的标准体系 ········· 23
1.6.1 智能网联汽车标准的建设目标 ··· 23
1.6.2 智能网联汽车的标准体系框架 ··· 24
思考题 ···················· 26

第2章 智能网联汽车环境感知技术 ·················· 27
2.1 环境感知技术概述 ············· 28
2.1.1 环境感知系统的任务 ········ 28
2.1.2 环境感知系统的对象 ········ 28
2.1.3 环境感知方法 ············ 29
2.1.4 基于机器视觉的环境感知流程 ··· 30
2.1.5 环境感知系统的组成 ········ 35
2.2 智能网联汽车环境感知传感器 ······ 36
2.2.1 环境感知传感器的类型 ······· 36
2.2.2 超声波传感器 ············ 38
2.2.3 毫米波雷达 ············· 40
2.2.4 激光雷达 ·············· 45
2.2.5 视觉传感器 ············· 49
2.3 道路识别技术 ··············· 54
2.3.1 道路识别分类 ············ 54
2.3.2 道路图像特点 ············ 55
2.3.3 图像特征分类 ············ 56
2.3.4 道路识别方法 ············ 57
2.3.5 道路识别实例 ············ 59
2.4 车辆识别技术 ··············· 60
2.4.1 车牌识别技术 ············ 60
2.4.2 运动车辆识别技术 ········· 63
2.5 行人识别技术 ··············· 66
2.5.1 行人识别类型 ············ 66
2.5.2 行人识别系统 ············ 66
2.5.3 行人识别特征 ············ 67
2.5.4 行人识别方法 ············ 69
2.6 交通标志识别技术 ············ 71
2.6.1 交通标志介绍 ············ 71
2.6.2 交通标志识别系统 ········· 73
2.6.3 交通标志识别方法 ········· 73
2.6.4 交通标志识别实例 ········· 74
2.7 交通信号灯识别技术 ··········· 75
2.7.1 交通信号灯介绍 ·········· 75
2.7.2 交通信号灯识别系统 ······· 76
2.7.3 交通信号灯识别方法 ······· 76
2.7.4 交通信号灯识别实例 ······· 77
思考题 ···················· 78

第3章 智能网联汽车无线通信技术 ··· 79
3.1 无线通信技术概述 ············ 80
3.1.1 无线通信系统的组成 ········ 80
3.1.2 无线通信系统的分类 ········ 80
3.1.3 智能网联汽车的通信类型 ····· 82
3.2 蓝牙技术 ·················· 84
3.2.1 蓝牙技术的定义与组成 ······· 84
3.2.2 蓝牙技术的特点 ·········· 85

3.2.3	蓝牙技术的应用	86
3.3	RFID 技术	88
3.3.1	RFID 技术的定义与系统组成	88
3.3.2	RFID 产品的分类	89
3.3.3	RFID 技术的特点	89
3.3.4	RFID 技术的应用	90
3.4	DSRC 技术	92
3.4.1	DSRC 技术的定义与架构	92
3.4.2	DSRC 技术要求	93
3.4.3	DSRC 支持的业务	94
3.5	LTE-V 通信技术	94
3.5.1	LTE-V 通信技术的定义与架构	94
3.5.2	LTE-V 通信技术的应用场景	96
3.5.3	LET-V 通信技术与 DSRC 技术比较	96
3.6	5G 移动通信技术	99
3.6.1	5G 移动通信技术的定义与架构	99
3.6.2	5G 移动通信技术的应用场景	101
3.6.3	5G 移动通信技术的特点	102
思考题		104

第 4 章 智能网联汽车网络技术 … 105

4.1	智能网联汽车网络技术概述	106
4.1.1	智能网联汽车的网络体系构成	106
4.1.2	车载网络的类型	107
4.1.3	车载网络的特点	108
4.2	车载网络技术	108
4.2.1	CAN 总线网络	109
4.2.2	LIN 总线网络	114
4.2.3	FlexRay 总线网络	117
4.2.4	MOST 总线网络	120
4.2.5	以太网	123
4.3	车载自组织网络技术	128
4.3.1	车载自组织网络的定义	128
4.3.2	车载自组织网络的类型	128
4.3.3	车载自组织网络的路由协议类型	129
4.3.4	车载自组织网络的特征	131
4.3.5	车载自组织网络的应用场景	132
4.4	车载移动互联网技术	134
4.4.1	移动互联网的定义	134
4.4.2	移动互联网的特点	135
4.4.3	移动互联网的体系架构	135
4.4.4	移动互联网的接入方式	137
4.4.5	车载移动互联网的组成及应用	137
思考题		138

第 5 章 智能网联汽车定位技术 … 139

5.1	全球定位系统	140
5.1.1	GPS 的组成与定位原理	141
5.1.2	差分全球定位系统	143
5.2	北斗卫星导航定位系统	145
5.2.1	北斗卫星导航定位系统的组成	145
5.2.2	北斗卫星导航定位系统的定位原理	145
5.2.3	北斗卫星导航定位系统的功能	146
5.3	车载导航定位系统	147
5.3.1	车载导航定位系统的组成	147
5.3.2	GPS/DR 组合导航定位系统	148
5.4	通信基站定位技术	149
5.4.1	到达角定位技术	149
5.4.2	到达时间定位技术	149
5.4.3	到达时间差定位技术	150
5.4.4	混合定位技术	150
5.4.5	基站定位的典型应用	150
思考题		151

第 6 章 智能网联汽车自主循迹控制技术 … 152

6.1	自主循迹控制系统的结构与分类	153
6.1.1	自主循迹控制系统的结构	153
6.1.2	自主循迹控制系统的分类	154
6.2	智能网联汽车自主循迹横向控制	155
6.2.1	汽车转向几何学模型横向控制	155
6.2.2	汽车运动学模型横向控制	157
6.2.3	汽车动力学模型横向控制	159
6.2.4	汽车自主循迹横向控制仿真	164
6.3	智能网联汽车自主循迹纵向控制	167
6.3.1	汽车自主循迹常用的纵向控制模型	167
6.3.2	汽车自主循迹模糊神经网络纵向控制	169

思考题 …………………………………… 172

第7章 智能网联汽车先进驾驶辅助技术 ………………………… 173
7.1 先进驾驶辅助系统的定义与类型 …… 174
7.1.1 先进驾驶辅助系统的定义 ……… 174
7.1.2 先进驾驶辅助系统的类型 ……… 174
7.2 自主预警技术 ……………………… 177
7.2.1 前车防撞预警技术 …………… 177
7.2.2 车道偏离预警技术 …………… 185
7.2.3 盲区监测预警技术 …………… 193
7.2.4 驾驶人疲劳预警技术 ………… 197
7.3 自主控制技术 ……………………… 201
7.3.1 车道保持辅助技术 …………… 201
7.3.2 自动制动辅助技术 …………… 204
7.3.3 自适应巡航控制技术 ………… 210
7.3.4 自动泊车辅助技术 …………… 217
7.4 视野改善技术 ……………………… 222
7.4.1 自适应前照明技术 …………… 222
7.4.2 夜视辅助技术 ………………… 229
7.4.3 平视显示技术 ………………… 233
思考题 …………………………………… 237

参考文献 ………………………………… 238

第 1 章 绪 论

教学目标

通过本章的学习,要求读者能够掌握智能网联汽车的基本概念和体系结构,了解智能网联汽车的技术分级、关键技术及发展趋势、发展规划、标准体系。

教学要求

知 识 要 点	能 力 要 求	相 关 知 识
智能网联汽车的基本概念	掌握智能汽车、车联网、智能交通系统、智能网联汽车、无人驾驶汽车的概念,以及它们之间的关系	智能汽车、车联网、智能交通系统、智能网联汽车、无人驾驶汽车的基本概念
智能网联汽车的技术分级	了解中国智能网联汽车智能化分级和网联化分级	美国、德国和中国关于智能网联汽车的技术分级
智能网联汽车的体系结构	掌握智能网联汽车的系统层次结构、技术逻辑结构、技术架构和物理结构	智能网联汽车体系
智能网联汽车的关键技术及发展趋势	了解智能网联汽车的关键技术及发展趋势	智能网联汽车的关键技术、技术发展趋势
智能网联汽车的发展规划	了解智能网联汽车的发展总体思路、发展目标和发展重点	智能网联汽车的发展目标和发展重点
智能网联汽车的标准体系	了解智能网联汽车标准建设目标和标准体系	智能网联汽车标准建设目标和标准体系

【导入案例】

截至 2019 年年底,中国汽车保有量已达到 2.6 亿辆。随着汽车保有量的增加,能源短缺、环境污染、交通拥堵、事故频发等现象日益突出,并已成为汽车产业可持续健康发展的制约因素。而智能网联汽车,则被公认为解决这些问题的有效方案,代表着汽车工业未来的发展方向。图 1.1 所示为城市交通拥堵。交通拥堵已经成为城市迫切需要解决的难题之一。目前汽车是单一独立的车辆，未来汽车将是智能交通系统中的节点，车与车、车与人、车与基础设施等将实现互通互联，最大化实现零事故、高效率。

图 1.1　城市交通拥堵

什么是智能网联汽车？智能网联汽车如何进行技术分级？智能网联汽车技术架构如何？智能网联汽车有哪些关键技术？智能网联汽车发展的目标和重点是什么？智能网联汽车的标准建设目标和体系框架是怎样的？通过本章的学习，读者可以得到答案。

1.1　智能网联汽车的基本概念

1.1.1　智能汽车

智能汽车是通过搭载先进传感系统、决策系统、执行系统，运用信息通信、互联网、大数据、云计算、人工智能等新技术，具有部分或完全自动驾驶功能，由单纯交通运输工具逐步向智能移动空间转变的新一代汽车，如图 1.2 所示。

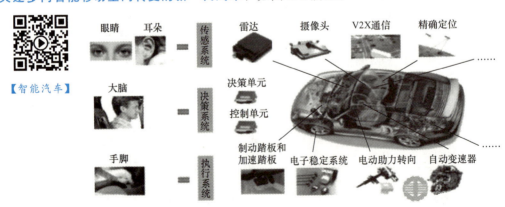

图 1.2　智能汽车

智能汽车作为智能交通的重要组成部分，已不单纯是交通运输工具，而是智能移动终端，其发展方向可以具体分为自动化和网联化两个方向，如图 1.3 所示。智能汽车的自动化程度越高,越接近于自动驾驶汽车;智能汽车的网联化程度越高,越接近于网联汽车;智能汽车的自动化、网联化程度越高,越接近于智能网联汽车。

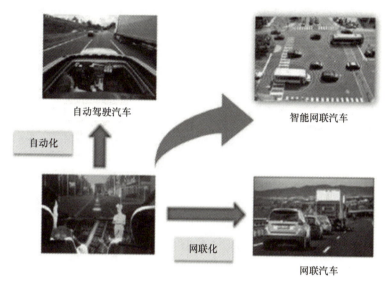

图 1.3 智能汽车的发展方向

1.1.2 车联网

车联网(internet of vehicle,IOV)是以车内网、车际网和车载移动互联网为基础,按照约定的体系架构及其通信协议和数据交互标准,在 V2X(vehicle to everything,X 指车、路、行人及应用平台等)之间进行无线通信和信息交换,能够实现智能化交通管理、智能动态信息服务和车辆智能化控制的一体化网络,是物联网技术在智能交通系统领域的延伸,如图 1.4 所示。车内网是指通过应用成熟的总线技术建立一个标准化的整车网络,车际网是指基于特定无线局域网络的动态网络,车载移动互联网是指车载单元通过 4G/5G 等通信技术与互联网进行无线连接。三网融合是车联网的发展趋势。

【车联网】

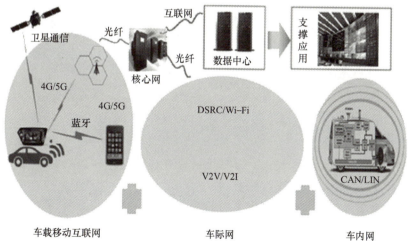

图 1.4 车联网

车联网技术主要面向道路交通,为交通管理者提供决策支持,为汽车与汽车、汽车与道路提供协同控制,为交通参与者提供信息服务。车联网是智能交通系统与互联网技术发展的融合产物,是智能交通系统的重要组成部分,更多表现在汽车基于现实中的场景应用,如图1.5所示,主要包括安全类、驾驶类、娱乐类和服务类的应用。

图1.5　车联网的应用

1.1.3　智能交通系统

智能交通系统(intelligent traffic system,ITS)是未来交通系统的发展方向,是将先进的信息技术、计算机处理技术、数据通信技术、传感器技术、电子控制技术、运筹学、人工智能等有效地集成运用于整个地面交通管理系统而建立的一种在大范围内、全方位发挥作用的,实时、准确、高效的综合交通运输管理系统。

智能交通系统(图1.6)包含道路上的车辆、行人和各种交通设施,强调系统平台通过智能化方式对交通环境下的车辆、行人及交通设施进行智能化管理和控制,提高交通效率。

【智能交通系统】

图1.6　智能交通系统

智能交通系统是随着车联网技术的发展而不断发展的,车联网的终极目标就是智能交通系统。

1.1.4 智能网联汽车

智能网联汽车(intelligent connected vehicle,ICV)是一个跨技术、跨产业领域的新兴体系,从不同角度、不同背景对它的理解是有差异的,各国对智能网联汽车的定义不同,叫法也不尽相同,但终极目标是一样的,即可上路安全行驶的无人驾驶汽车。

智能网联汽车是指搭载先进的车载传感器、控制器、执行器等装置,并融合现代通信与网络技术,在V2X之间进行智能信息交换、共享,具备复杂环境感知、智能决策、协同控制等功能,可实现汽车安全、高效、舒适、节能行驶,并最终替代人来操作的新一代汽车。

【智能网联汽车】

可以从三个维度对智能网联汽车进行剖析,即智能、网联、汽车。智能是指搭载先进的车载传感器、控制器、执行器等装置和车载系统模块,具备复杂环境感知、智能化决策与协同控制等功能;网联主要指信息互联共享能力,即通过通信与网络技术,实现车内、车与车、车与环境之间的信息交互;汽车是智能终端载体的外观形态。

从更为广义的角度来看,智能网联汽车已不是特指某类或单辆车,而是以车为主体和主要节点,由汽车、道路设施、通信设备、交通控制系统及数据存储与处理系统等共同构成的综合协调系统,是未来智能交通系统下车联网环境中发挥重要作用的智能终端,最终实现汽车安全、高效、舒适、节能行驶的新一代多车系统,如图1.7所示。

图1.7 智能网联汽车

智能网联汽车在安全行驶、节能环保等方面有着广泛的应用前景。

交叉路口最容易发生交通事故,智能网联汽车交叉路口的典型应用如图1.8所示。

① 表示基于视觉传感器的行人识别及防撞。利用安装在汽车上的视觉传感器,对汽车前方的行人进行识别,并把识别结果显示在车载信息显示系统中,提醒驾驶人,防止碰撞。

② 表示基于雷达的车辆识别及防撞。利用安装在汽车上的雷达,对车辆进行识别,如果两车距离小于安全距离,发出预警,达到危险阈值,自动制动,防止碰撞。

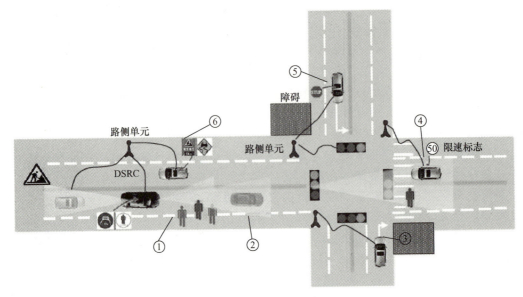

图 1.8　智能网联汽车交叉路口的典型应用

③ 表示基于车路协同的行人识别及防撞。由于障碍物的存在，右转汽车看不到右边车道上的行人，这是非常危险的工况，此时路侧单元探测到行人，并将行人信息转发给右转汽车，提前预警，防止碰撞。

④ 表示基于交通信号灯的交叉路口通行辅助。交通信号灯信息通过路侧单元转发给拟通过交叉路口的汽车，判断是否通过交叉路口。

⑤ 表示车路协同的交叉路口主动防撞。汽车通过交叉路口时，把相关信息发送给周围汽车，如果汽车之间受到障碍物的影响，需要借助路侧单元进行转发，并接收附近其他车辆的信息反馈，从而使不同方向的汽车均可以感知到周围汽车的信息，再根据行驶状况判断是否需要避让或采取其他措施。

⑥ 表示基于路面状态的车速自适应控制。汽车通过视觉传感器、短距离无线通信技术或 DSRC（dedicated short range communications，专用短程通信）技术等获取道路交通情况，自动控制行驶速度，保障安全行驶。

智能网联汽车通过雷达、机器视觉等，提前预知交通控制信号、前向交通流、限速标志、道路坡度等，从而可提前通过汽车控制器实施经济型驾驶策略，最终达到节能与环保行驶。交叉路口和 T 形路口是交通事故多发、易发地，许多发生在交叉路口的事故是人为失误造成的。从全球范围看，注意力不集中、判断错误、车道堵塞及其他弱势道路使用者通行受阻是引发交通事故、导致伤亡的罪魁祸首。如图 1.9 所示，智能网联汽车在交叉路口通行系统中，可对交叉路口周围 360°内的道路使用者进行探测，通过获取交通信号灯信息、位置信息、车流汇入信息等，车载单元计算出优化的车速，并把汽车的位置和运动轨迹传输给所有驶近交叉路口的其他汽车，控制电子节气门和制动系统，从而实现在控制车速、保证安全前提下的高效通行并降低油耗。这样，整个系统可在保障汽车通行效率的前提下，提高汽车燃料经济性，减少尾气排放，防止事故发生。

图 1.9　智能网联汽车优化通过交叉路口

1.1.5　无人驾驶汽车

无人驾驶汽车是指通过车载环境感知系统感知道路环境、自主规划路径、识别行车路线，按照预定条件控制汽车到达预定地点的智能汽车，如图 1.10 所示。无人驾驶汽车利用环境感知系统来感知汽车的周围环境，并根据感知所获得的道路状况、汽车位置和障碍物信息等，规划合适的行驶路径，控制汽车的行驶方向和速度，从而实现安全、可靠行驶。无人驾驶汽车是传感器、计算机、人工智能、无线通信、导航定位、模式识别、机器视觉、智能控制等多种先进技术融合的综合体。

【无人驾驶汽车】

图 1.10　无人驾驶汽车

与智能汽车相比，无人驾驶汽车需要具有更先进的环境感知系统、中央决策系统及底层控制系统。无人驾驶汽车能够实现完全自动的控制，全程检测交通环境，能够实现所有的驾驶目标，驾驶人只需提供目的地或输入导航信息，在任何时候均不需要对汽车进行操控。

无人驾驶汽车可以让人们实现在行进的汽车内随时随地购物和支付，其应用场景包括网上商场、快餐店、加油站及停车场等。另外，无人驾驶汽车利用无线通信技术和网络技术，可以开展文件传输、视频对话、会议交流等，它必将成为移动的办公室，如图1.11所示。

图1.11 汽车移动办公室

无人驾驶汽车是汽车智能化、网联化的终极发展目标，是未来汽车发展的方向。智能型无人驾驶汽车是一种将探测、识别、判断、决策、优化、优选、执行、反馈、纠控功能融为一体，集微型计算机、微电动机、绿色环保动力系统、新型结构材料等顶尖科技成果为一体的智慧型汽车。总体来看，我国无人驾驶汽车的发展还需要多方面共同努力。汽车供应商对于各种汽车驾驶辅助功能的研究是无人驾驶汽车技术不断向前发展的原动力，网络信息技术与安全的发展是无人驾驶汽车技术进一步飞跃的保证，政策与法律的制定与实施是无人驾驶汽车真正上路的前提。

智能汽车、智能网联汽车、车联网、智能交通等概念之间有密切的相关性，但没有明显的分界线，它们的关系可用图1.12来表示。

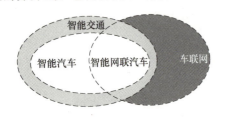

图1.12 智能网联汽车相关概念之间的关系

智能网联汽车是智能交通系统中的智能汽车与车联网交集的产品。智能网联汽车是车联网的重要组成部分，智能网联汽车的技术进步和产业发展有利于支撑车联网的发展。车联网系统是智能网联汽车、智能汽车的重要载体，只有充分利用互联技术才能保障智能网联汽车真正拥有充分的智能和互联。智能网联汽车更侧重于解决安全、节能、环保等制约产业发展的核心问题。

智能网联汽车与车联网应该并行推进，协同发展。智能网联汽车依托车联网，不仅要通过技术创新连接互联网，而且能使V2X之间实现多种方式的信息交互与共享，提高智能网联汽车的行驶安全性。

智能网联汽车本身具备自主的环境感知能力，这也是智能交通系统的核心组成部分，是车联网体系的一个节点，通过车载信息终端实现与车、路、行人、云端等之间的无线通信和信息交换。**智能网联汽车的聚焦点在车上，发展重点是提高汽车安全性，终极目标是无人驾驶汽车；而车联网的聚焦点是建立比较大的交通体系，发展重点是给汽**

车提供信息服务,终极目标是智能交通系统;无人驾驶汽车是汽车智能化与车联网的完美结合。

1.2 智能网联汽车的技术分级

1.2.1 智能网联汽车的智能化分级

中国把智能网联汽车智能化划分为五个等级,1级为驾驶辅助(driver assistance,DA),2级为部分自动驾驶(partially autonomous,PA),3级为有条件自动驾驶(conditional autonomous,CA),4级为高度自动驾驶(highly autonomous,HA),5级为完全自动驾驶(fully autonomous,FA),见表1-1。

【SAE对汽车驾驶自动化的分级】

表1-1 智能网联汽车的智能化等级

智能化等级	等级名称	等级定义	控制	监视	失效应对	典型工况
		人监控驾驶环境				
1	驾驶辅助	系统根据环境信息对行驶方向和加减速中的一项操作提供支援,其他驾驶操作都由驾驶人完成	驾驶人与系统	驾驶人	驾驶人	车道内正常行驶,高速公路无车道干涉路段,泊车工况
2	部分自动驾驶	系统根据环境信息对行驶方向和加减速中的多项操作提供支援,其他驾驶操作都由驾驶人完成	驾驶人与系统	驾驶人	驾驶人	高速公路及市区无车道干涉路段,换道、环岛绕行、拥堵跟车等工况
		自动驾驶系统监控驾驶环境				
3	有条件自动驾驶	由自动驾驶系统完成所有驾驶操作,根据系统请求,驾驶人需要提供适当的干预	系统	系统	驾驶人	高速公路正常行驶工况,市区无车道干涉路段
4	高度自动驾驶	由自动驾驶系统完成所有驾驶操作,特定环境下系统会向驾驶人提出响应请求,驾驶人可以对系统请求不进行响应	系统	系统	系统	高速公路全部工况及市区有车道干涉路段
5	完全自动驾驶	自动驾驶系统可以完成驾驶人能够完成的所有道路环境下的操作,不需要驾驶人介入	系统	系统	系统	所有行驶工况

1级驾驶辅助包括自适应巡航控制、车道偏离预警、车道保持、盲区监测、自动制动、泊车辅助等。

2级部分自动驾驶包括车道内自动驾驶、换道辅助、全自动泊车等。

3级有条件自动驾驶包括高速公路自动驾驶、城郊公路自动驾驶、协同式队列行驶、交叉口通行辅助等。

4级高度自动驾驶包括堵车辅助系统、高速公路自动驾驶系统和泊车引导系统等。目前，高度自动驾驶的技术尚未应用在量产车型上，在未来几年，部分技术的量产将会实现。

5级完全自动驾驶的实现将意味着自动驾驶汽车真正驶入了人们的生活，也将使驾驶人从根本上得到解放。驾驶人可以在车上从事其他活动，如上网、办公、娱乐和休息等。完全自动驾驶汽车还要受到政策、法律等相关条件的制约，真正量产还任重而道远。

中国对智能网联汽车的智能化分级，以国家颁布的最新标准为准。

无论智能化怎样分级，从驾驶人对汽车的控制权来看，可以分为驾驶人拥有汽车全部控制权、驾驶人拥有汽车部分控制权、驾驶人不拥有汽车控制权三种形式，如图 1.13 所示。

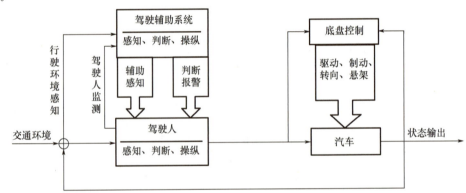

（a）驾驶人拥有汽车全部控制权

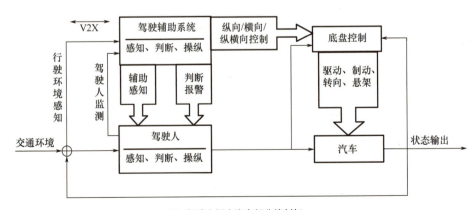

（b）驾驶人拥有汽车部分控制权

图 1.13　汽车不同驾驶形式作用示意图

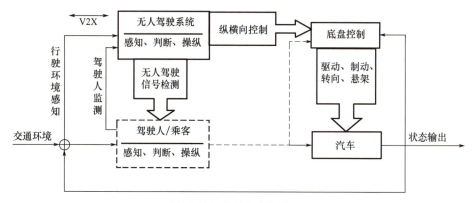

(c)驾驶人不拥有汽车控制权

图 1.13　汽车不同驾驶形式作用示意图（续）

当驾驶人拥有汽车部分控制权时，根据汽车先进驾驶辅助系统（advanced driver assistant system，ADAS）的配备和技术成熟程度，决定驾驶人拥有汽车控制权的多少，先进驾驶辅助系统装备越多，技术越成熟，驾驶人拥有的汽车控制权越少，汽车自动驾驶程度越高。

1.2.2　智能网联汽车的网联化分级

在网联化层面，按照网联通信内容的不同，将智能网联汽车划分为三个等级，1 级为网联辅助信息交互、2 级为网联协同感知、3 级为网联协同决策与控制，见表 1-2。

表 1-2　智能网联汽车的网联化等级

网联化等级	等级名称	等级定义	控　制	典 型 信 息	传输需求
1	网联辅助信息交互	基于车-路、车-后台通信，实现导航等辅助信息的获取，以及汽车行驶数据与驾驶人操作等数据的上传	驾驶人	图、交通流量、交通标志、油耗、里程、驾驶习惯等	传输实时性、可靠性要求较低
2	网联协同感知	基于车-车、车-路、车-人、车-后台通信，实时获取汽车周边交通环境信息，与车载传感器的感知信息融合，作为自主决策与控制系统的输入	驾驶人与系统	周边车辆、行人、非机动车位置、信号灯相位、道路预警等信息	传输实时性、可靠性要求较高
3	网联协同决策与控制	基于车-车、车-路、车-人、车-后台通信，实时并可靠地获取汽车周边交通环境信息及汽车决策信息，车-车、车-路等各交通参与者之间信息进行交互融合，形成车-车、车-路各交通参与者之间的协同决策与控制	驾驶人与系统	车-车、车-路之间的协同控制信息	传输实时性、可靠性要求最高

智能化与网联化在智能网联汽车发展的过程中充当了必不可少的组成部分,图1.14说明了在智能化和网联化走向融合的过程中,智能网联汽车的发展路径。

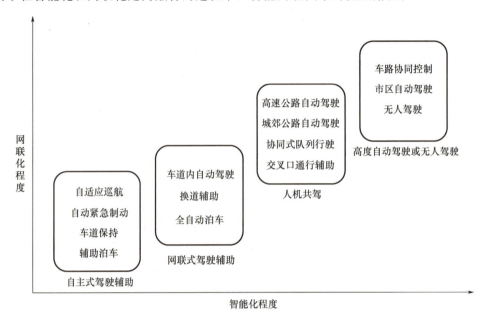

图1.14 智能网联汽车的发展路径

智能网联汽车的发展大致可以分为自主式驾驶辅助、网联式驾驶辅助、人机共驾、高度自动驾驶或无人驾驶四个阶段。

(1)自主式驾驶辅助。自主式驾驶辅助系统是指依靠车载传感器进行环境感知并对驾驶人进行驾驶操作辅助的系统,目前已经开始大规模产业化,如前向碰撞预警系统、车道偏离预警系统、盲区监测预警系统、车道保持辅助系统、自适应巡航控制系统、泊车辅助系统等。

(2)网联式驾驶辅助。网联式驾驶辅助系统是指依靠信息通信技术对汽车周边环境进行感知,并可对周围车辆未来运动进行预测,进而对驾驶人进行驾驶操作辅助的系统。通过现代通信与网络技术,汽车、道路、行人等交通参与者将成为智能交通系统中的信息节点。网联式驾驶辅助已经进入大规模测试和产业化前期准备阶段,如车道内自动驾驶、换道辅助、全自动泊车等。

(3)人机共驾。人机共驾是指驾驶人和汽车智能系统同时在环,分享汽车控制权,人机一体化协同完成驾驶任务,如高速公路自动驾驶、城郊公路自动驾驶、协同式列队行驶、交叉口通行辅助等。

(4)高度自动驾驶或无人驾驶。处于高度自动驾驶或无人驾驶阶段的智能汽车,驾驶人不需要介入汽车操作,汽车将会自动完成所有工况下的自动驾驶。其中,高度自动驾驶阶段,汽车在遇到无法处理的驾驶工况时,会提示驾驶人是否接管,如果驾驶人不接管,则汽车会采取(如靠边停车等)保守处理模式,保证安全。在无人驾驶阶段,汽车中可能已经没有驾驶人或乘客,无人驾驶系统需要处理所有的驾驶工况,并保证安全。高度自动驾驶或无人驾驶还处于研发和小规模测试阶段。

1.3 智能网联汽车的体系结构

1.3.1 智能网联汽车的系统层次结构

智能网联汽车以汽车为主体,利用环境感知技术实现多车有序安全行驶,通过无线通信网络等手段为用户提供多样化信息服务。智能网联汽车的系统层次结构如图 1.15 所示,由环境感知层、智能决策层及控制和执行层组成。

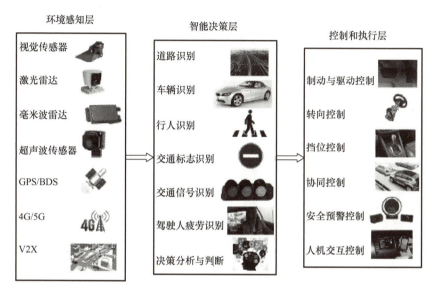

图 1.15　智能网联汽车的系统层次结构

(1) 环境感知层。环境感知层的主要功能是通过车载环境感知技术、卫星定位技术、4G/5G 及 V2X 无线通信技术等,实现对汽车自身属性和汽车外在属性(如道路、车辆和行人等)静态、动态信息的提取和收集,并向智能决策层输送信息。

(2) 智能决策层。智能决策层的主要功能是接收环境感知层的信息并进行融合,对道路、车辆、行人、交通标志和交通信号等进行识别,决策分析与判断汽车驾驶模式和将要执行的操作,并向控制和执行层输送指令。

(3) 控制和执行层。控制和执行层的主要功能是按照智能决策层的指令,对汽车进行操作和协同控制,并为联网汽车提供道路交通信息、安全信息、娱乐信息、救援信息及商务办公、网上消费等,保障汽车安全行驶和舒适驾驶。

1.3.2 智能网联汽车的技术逻辑结构

智能网联汽车的技术逻辑结构如图 1.16 所示,两条主线是信息感知和决策控制,其发展的核心是由系统进行信息感知、决策预警和智能控制,逐渐替代驾驶人的驾驶任务,并最终完全自主执行全部驾驶任务。智能网联汽车通过智能化与网联化两条技术路径协同实现信息感知和决策控制功能。

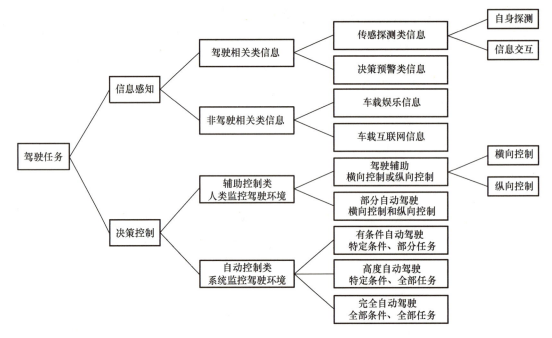

图 1.16　智能网联汽车的技术逻辑结构

（1）信息感知。在信息感知方面，根据信息对驾驶行为的影响和相互关系分为驾驶相关类信息和非驾驶相关类信息。其中，驾驶相关类信息包括传感探测类信息和决策预警类信息；非驾驶相关类信息主要包括车载娱乐信息和车载互联网信息。传感探测类信息又可根据信息获取方式进一步细分为依靠汽车自身传感器直接探测所获取的信息（自身探测）和汽车通过车载通信装置从外部其他节点所接收的信息（信息交互）。"智能化＋网联化"相融合可以使汽车在自身传感器直接探测的基础上，通过与外部节点的信息交互，实现更加全面的环境感知，从而更好地支持汽车进行决策控制。

（2）决策控制。在决策控制方面，根据汽车和驾驶人在汽车控制方面的作用及职责分为辅助控制类和自动控制类，分别对应不同等级的决策控制。其中，辅助控制类主要指汽车利用各类电子技术辅助驾驶人进行汽车控制，如横向控制、纵向控制及其组合，可分为驾驶辅助和部分自动驾驶；自动控制类则根据汽车自主控制，以及替代驾驶人进行驾驶的场景和条件进一步细分为有条件自动驾驶、高度自动驾驶和完全自动驾驶。

1.3.3　智能网联汽车的技术架构

智能网联汽车涉及汽车、信息通信、交通等多领域技术，其技术架构较复杂，可划分为"三横两纵"式技术架构，如图 1.17 所示。"三横"是指智能网联汽车主要涉及的车辆及设施、信息交互与基础支撑三大领域技术，"两纵"是指支撑智能网联汽车发展的车载平台及基础设施。

智能网联汽车的"三横"架构涉及的三个领域的关键技术为以下九种。

绪 论 第1章

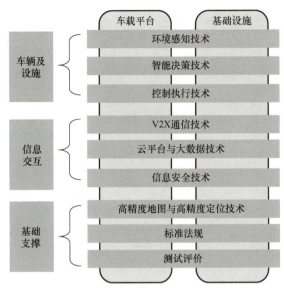

图 1.17 智能网联汽车"三横两纵"技术架构

（1）**环境感知技术**。环境感知技术包括利用机器视觉的图像识别技术，利用雷达（激光、毫米波、超声波）的周边障碍物检测技术，多源信息融合技术，传感器冗余设计技术等。

（2）**智能决策技术**。智能决策技术包括危险事态建模技术，危险预警与控制优先级划分，群体决策和协同技术，局部轨迹规划，驾驶人多样性影响分析等。

（3）**控制执行技术**。控制执行技术包括面向驱动、制动的纵向运动控制，面向转向的横向运动控制，基于驱动、制动、转向、悬架的底盘一体化控制，融合车联网（V2X）通信及车载传感器的多车队列协同和车路协同控制等。

（4）**V2X通信技术**。V2X通信技术包括车辆专用通信系统，实现车间信息共享与协同控制的通信保障机制，移动自组织网络技术，多模式通信融合技术等。

（5）**云平台与大数据技术**。云平台与大数据技术包括智能网联汽车云平台架构与数据交互标准，云操作系统，数据高效存储和检索技术，大数据的关联分析和深度挖掘技术等。

（6）**信息安全技术**。信息安全技术包括汽车信息安全建模技术，数据存储、传输与应用三维度安全体系，汽车信息安全测试方法，信息安全漏洞应急响应机制等。

（7）**高精度地图与高精度定位技术**。高精度地图与高精度定位技术包括高精度地图数据模型与采集式样、交换格式和物理存储的标准化技术，基于北斗地基增强系统的高精度定位技术，多源辅助定位技术等。

（8）**标准法规**。标准法规包括智能网联汽车整体标准体系，以及涉及汽车、交通、通信等各领域的关键技术标准。

（9）**测试评价**。测试评价包括智能网联汽车测试评价方法与测试环境建设。

智能网联汽车的横向技术可细分为三层体系，第一层为车辆及设施关键技术、信息交互关键技术、基础支撑技术三部分，各部分再细分为第二层与第三层技术，见表1-3。

表 1-3　智能网联汽车三横技术体系

第 一 层	第 二 层	第 三 层
车辆及设施关键技术	环境感知技术	雷达探测技术
		机器视觉技术
		汽车姿态感知技术
		乘员状态感知技术
		协同感知技术
		信息融合技术
	智能决策技术	行为预测技术
		态势分析技术
		任务决策技术
		轨迹规划技术
		行为决策技术
	控制执行技术	关键执行机构（驱动、制动、转向、悬架）
		汽车纵向、横向、垂向运动控制技术
		车间协同控制技术
		车路协同控制技术
		智能电子电气架构
信息交互关键技术	专用通信与网络技术	汽车 DSRC 技术
		车载无线射频通信技术
		LTE-V 通信技术
		移动自组织网络技术
		面向智能交通的 5G 通信技术
	平台技术	信息服务平台
		安全、节能决策平台
	大数据技术	非关系型数据库技术
		数据高效存储和检索技术
		车辆数据关联分析与挖掘技术
		驾驶人行为数据分析与应用技术
	信息安全技术	车载终端信息安全技术
		手持终端信息安全技术
		路侧终端信息安全技术
		网络信息安全技术
		数据平台信息安全技术

续表

第 一 层	第 二 层	第 三 层
基础支撑技术	高精度地图	三维动态高精度地图
	高精度定位技术	卫星定位技术
		惯性导航与航迹推算技术
		通信基站定位技术
		协作定位技术
	基础设施	路侧设施与交通信息网络建设
	车载硬件平台	通用处理平台、专用处理芯片
	车载软件平台	交互终端操作系统
		汽车控制器操作系统、共用软件基础平台
	人机工程	人机交互技术
		人机共驾技术
	整车安全架构	整车网络安全架构
		整车安全功能架构
	标准法规	标准体系与关键标准
	测试评价	测试场地规划与建设
		测试评价方法
	示范应用	示范应用与推广

1.3.4 智能网联汽车产品的物理结构

智能网联汽车产品的物理结构如图 1.18 所示。它是把技术逻辑结构所涉及的各种信息感知与决策控制功能落实到物理载体上。汽车控制系统、车载终端、交通设施终端、外接终端等按照不同的用途，通过不同的网络通道、软件或平台对采集或接收到的信息进行传输、处理和执行，从而实现不同的功能或应用。

（1）**功能、应用层**。功能、应用层根据产品形态、功能类型和应用场景，分为车载信息类、先进驾驶辅助类、自动驾驶类及协同控制类等，涵盖与智能网联汽车相关各类产品所应具备的基本功能。

（2）**软件、平台层**。软件、平台层主要涵盖大数据平台、操作系统和云计算平台等基础平台产品，以及资讯、娱乐、导航和诊断等应用软件产品，共同为智能网联汽车相关功能的实现提供平台级、系统级和应用级的服务。

（3）**网络、传输层**。网络、传输层根据通信的不同应用范围，分为车内总线通信、车内局域通信、中短程通信和广域通信，是信息传递的"管道"。

（4）**设备、终端层**。设备、终端层按照不同的功能或用途，分为汽车控制系统、车载终端、交通设施终端、外接终端等，各类设备和终端是汽车与外界进行信息交互的载体，同时也作为人机交互界面，成为连接"人"和"系统"的载体。

图 1.18　智能网联汽车产品的物理结构

（5）**基础、通用层**。基础、通用层涵盖电气、电磁环境及行为协调规则。安装在智能网联汽车上的设备、终端或系统需要利用汽车电源，在满足汽车特有的电气、电磁环境要求下实现其功能；设备、终端或系统间的信息交互和行为协调也应在统一的规则下进行。

此外，产品的物理结构中还包括功能安全和信息安全两个重要组成部分，两者作为智能网联汽车各类产品和应用需要普遍满足的基本条件，贯穿于整个产品物理结构之中，是智能网联汽车各类产品和应用实现安全、稳定、有序运行的可靠保障。

1.4　智能网联汽车的关键技术及发展趋势

1.4.1　智能网联汽车的关键技术

智能网联汽车的关键技术包括环境感知技术、无线通信技术、智能互联技术、车载网络技术、先进驾驶辅助技术、信息融合技术、信息安全与隐私保护技术、人机交互技术等。

1. 环境感知技术

环境感知包括汽车本身状态感知、道路感知、行人感知、交通信号感知、交通标志感知、交通状况感知、周围车辆感知等。其中，汽车本身状态感知包括行驶速度、行驶方向、行驶状态、汽车位置等；道路感知包括道路类型检测、道路标线识别、道路状况判断、是否偏离行驶轨迹等；行人感知主要判断汽车行驶前方是否有行人，包括白天行人识别、夜晚行人识别、被障碍物遮挡的行人识别等；交通信号感知主要是自动识别交叉路口的信号灯、如何高效通过交叉路口等；交通标志感知主要是识别道路两侧的各种交通标志，如限速、弯道等，及时提醒驾驶人注意；交通状况感知主要是检测道路交通拥堵情况、是否发生交通事故等，以便汽车选择通畅的路线行驶；周围车辆感知主要检测汽车前方、后方、侧方的车辆情况,避免发生碰撞,也包括交叉路口被障碍物遮挡的车辆。在复杂的路况交通环境下,单一传感器无法完成环境感知的全部,必须整合各种类型的传感器,利用传感器融合技术,使其为智能网联汽车提供更加真实可靠的路况环境信息。

2. 无线通信技术

无线通信技术包括长距离无线通信技术和短距离无线通信技术。长距离无线通信技术用于提供即时的互联网接入,主要采用4G/5G技术,特别是5G技术有望成为车载长距离无线通信专用技术。短距离无线通信技术有DSRC、蓝牙、Wi-Fi等,其中DSRC可以实现在特定区域内对高速运动下移动目标的识别和双向通信,如V2V(vehicle to vehicle,车-车)、V2I(vehicle to infrastructure,车-基础设施)双向通信,实时传输图像、语音和数据信息等。

3. 智能互联技术

当两辆汽车距离较远或被障碍物遮挡,直接通信无法完成时,两者之间的通信可以通过路侧单元进行信息传递,构成一个无中心、完全自组织的车载自组织网络。车载自组织网络依靠短距离通信技术实现V2V和V2I之间的通信,即在一定通信范围内的汽车可以相互交换各自的车速、位置等信息和车载传感器感知的数据,并自动连接建立起一个移动的网络。其典型的应用包括行驶安全预警、交叉路口协助驾驶、交通信息发布及基于通信的汽车纵向控制等。

4. 车载网络技术

目前,汽车上广泛应用的网络是CAN(controller area network,控制器局域网络)、LIN(local interconnect network,本地互联网络)和MOST(media oriented system transport,面向媒体的系统传输)总线等,它们的特点是传输速率小,带宽窄。随着越来越多的高清视频应用进入汽车,如先进驾驶辅助系统、360°全景泊车系统和蓝光DVD(digital video disc,数字视频光盘)播放系统等,它们的传输速率和带宽已无法满足需要。以太网最有可能进入智能网联汽车环境下工作。它采用星形连接架构,每一个设备或每一条链路都可以专享100Mbit/s带宽,而且传输速率达到万兆级。同时以太网还可以顺应未来汽车行业的发展趋势,即开放性兼容性原则,从而可以很容易将现有的应用嵌入新的系统中。

5. 先进驾驶辅助技术

先进驾驶辅助技术是通过车辆环境感知技术和自组织网络技术对道路、汽车、行人、交通标志、交通信号等进行检测和识别,对识别信号进行分析处理,传输给执行机构,保障汽车安全行驶。先进驾驶辅助技术是智能网联汽车重点发展的技术,其成熟程度和使用多少代表了智能网联汽车的技术水平,是其他关键技术的具体应用体现。

6. 信息融合技术

信息融合技术是指在一定准则下利用计算机技术对多源信息分析和综合以实现不同应用的分类任务而进行的处理过程。该技术主要用于对多源信息进行采集、传输、分析和综合,将不同数据源在时间和空间上的冗余或互补信息依据某种准则进行组合,产生出完整、准确、及时、有效的综合信息。智能网联汽车采集和传输的信息种类多、数量大，必须采用信息融合技术才能保障实时性和准确性。

7. 信息安全与隐私保护技术

智能网联汽车接入网络的同时，也带来了信息安全的问题。在应用中，每辆车及其车主的信息都将随时随地地传输到网络中被感知，这种暴露在网络中的信息很容易被窃取、干扰，甚至修改等，从而直接影响智能网联汽车体系的安全，因此在智能网联汽车中，必须重视信息安全与隐私保护技术的研究。

8. 人机交互技术

目前，人机交互技术，尤其是语音控制、手势识别和触摸屏技术，在全球未来汽车市场上将被大量采用。全球领先的汽车制造商，如奥迪、宝马、奔驰、福特及菲亚特等都在研究人机交互技术。不同国家汽车人机交互技术的发展重点不同，美国和日本侧重于是远程控制，主要通过呼叫中心实现；德国则把精力放在车主对汽车的中央控制系统，主要是奥迪的MMI、宝马的 iDrive、奔驰的 COMMAND。智能网联汽车人机界面的设计，其最终目的是提供好的用户体验，增强用户的驾驶乐趣或驾驶过程中的操作体验。它更加注重驾驶的安全性，这样使人机界面的设计必须在好的用户体验和安全之间做平衡，很大程度上安全始终是第一位的。智能网联汽车人机界面应集成汽车控制、功能设定、信息娱乐、导航系统、车载电话等多项功能，方便驾驶人快捷地从中查询、设置、切换汽车系统的各种信息，从而使汽车达到理想的运行和操纵状态。车载信息显示系统和智能手机无缝连接，人机界面将提供多种输入方式，通过使用不同的技术允许消费者能够根据不同的操作、不同的功能进行自由切换。

1.4.2 智能网联汽车的技术发展趋势

智能网联汽车的技术发展具有以下趋势。

【智能网联汽车的技术发展趋势】

（1）**以深度学习为代表的人工智能技术快速发展和应用。**以深度学习方法为代表的人工智能技术在智能网联汽车上正在得到快速应用。尤其在环境感知领域，深度学习方法已凸显出巨大的优势，正在以惊人的速度替代传统机器学习方法。深度学习方法需要大量的数据作为学习的样本库，对数据采集和存储提出了较高需求；同时，深度学习方法还存在内在机理不清晰、边界条件不确定等缺点，需要与其他传统方法融合使用以确保可靠性，而且目前还受车载芯片处理能力的限制。

（2）**激光雷达等先进传感器加速向低成本和小型化发展。**激光雷达相对于毫米波雷达等其他传感器具有分辨率高、识别效果好等优点，已越来越成为主流的自动驾驶汽车用传感器；但其体积大、成本高，同时也更易受雨雪等天气条件影响，这导致它现阶段难以大规模商业化应用。激光雷达正在向着低成本、小型化的固态扫描或机械固态混合扫描形式发展，但仍需要克服光学相控阵易产生旁瓣影响探测距离和分辨率、繁复的精密光学调装影响量产规模和成本等问题。

（3）**自主式智能与网联式智能技术加速融合。**网联式系统能从时间和空间维度突破自主式系统对于汽车周边环境的感知能力。在时间维度，通过 V2X 通信，系统能够提前获知周边车辆的操作信息、红绿灯等交通控制系统信息及气象条件、拥堵预测等更长期的未来状态信息。在空间维度,通过 V2X 通信,系统能够感知交叉路口盲区、弯道盲区、汽车遮挡盲区等位置的环境信息,从而帮助自动驾驶系统更全面地掌握周边交通态势。网联式智能技术与自主式智能技术相辅相成,互为补充,正在加速融合发展。

(4) 高速公路自动驾驶与低速区域自动驾驶系统将率先应用。高速公路与城市低速区域将是自动驾驶系统率先应用的两个场景。高速公路的车道线、标示牌等结构化特征清晰,交通环境相对简单,适合车道偏离预警、车道保持系统、自动紧急制动、自适应巡航控制等驾驶辅助系统的应用。市场上常见的特斯拉等自动驾驶汽车就是 L1、L2 级自动驾驶技术的典型应用。而在特定的城市低速区域内,可提前设置好高精度定位、V2X 等支撑系统,采集好高精度地图,这样有利于实现在特定区域内的自动驾驶,如自动物流运输车、景区自动摆渡车、园区自动通勤车等。

1.5 智能网联汽车的发展规划

智能化、互联化已经成为未来汽车技术的发展趋势,只有智能驾驶与互联驾驶相结合,才能更有效地实现汽车安全、舒适、节能、高效行驶。

1.5.1 智能网联汽车的发展总体思路

(1) 近期以自主环境感知为主,推进网联信息服务为辅的部分自动驾驶应用。
(2) 中期重点形成网联式环境感知能力,实现可在复杂工况下的有条件自动驾驶。
(3) 远期推动可实现 V2X 协同控制、具备高度/完全自动驾驶功能的智能化技术。

1.5.2 智能网联汽车的发展目标

智能网联汽车的发展目标见表 1-4。

表 1-4 智能网联汽车的发展目标

年 份	建 设 内 容	建 设 目 标
2020 年	顶层设计方面	初步形成以企业为主体、市场为导向、政产学研用紧密结合、跨产业协同发展的智能网联汽车自主创新体系
	标准体系和能力方面	初步建立智能网联汽车标准体系法规、自主研发体系、生产配套体系,掌握乘用车及商用车智能驾驶辅助系统关键技术,包括传感器、控制器关键技术,供应能力满足自主规模需求,产品质量达到国际先进水平,产品成本具有市场竞争力,制定中国智能网联汽车数据安全技术标准,缩小与发达国家的差距
	市场应用方面	驾驶辅助、部分自动驾驶、有条件自动驾驶新车装配率超过 50%,网联式驾驶辅助系统装配率达到 10%,满足智能交通城市建设需要
	社会效益方面	汽车交通事故减少 30%,交通效率提升 10%,油耗和排放分别降低 5%

续表

年份	建设内容	建设目标
2025年	顶层设计方面	基本建成面向乘用车和商用车的自主智能网联汽车产业链与智慧交通体系
	标准体系和能力方面	建立较完善的智能网联汽车标准体系法规、自主研发体系、生产配套体系及产业群,掌握自动驾驶系统关键技术,传感器、控制器达到国际先进水平,掌握执行器关键技术,产品质量与价格均具有较强的国际竞争力,拥有供应量在世界排名前十的供应商企业一家;实现汽车全生命周期的数字化、网络化、智能化,为汽车产业转型升级奠定基础,完成智能网联汽车的国家信息安全强制认证,在智能汽车领域具备竞争优势
	市场应用方面	驾驶辅助、部分自动驾驶、有条件自动驾驶新车装配率达到80%,其中部分自动驾驶、有条件自动驾驶新车装配率达到25%,高度自动驾驶、完全自动驾驶汽车开始进入市场
	社会效益方面	汽车交通事故数减少80%,普通道路的交通效率提升30%,油耗和排放分别降低20%
2030年	顶层设计方面	建立面向完善的自主智能网联汽车产业链与智能交通体系
	标准体系和能力方面	形成完善的自主智能网联汽车标准法规体系、研发体系和生产配套体系,中国品牌智能网联汽车及核心零部件企业具备较强国际竞争力,实现产品大规模出口;建立完善的智能交通体系,智能汽车与智能道路间形成高效的协作发展模式
	市场应用方面	驾驶辅助级及以上级别的智能驾驶系统成为新车标配,汽车联网率接近100%,高度自动驾驶、完全自动驾驶新车装配率达到10%
	社会效益方面	在部分区域初步形成"零伤亡、零拥堵"的智能交通体系,全国范围内交通事故率、拥堵时间与能耗排放均大幅度降低

1.5.3 智能网联汽车的发展重点

智能网联汽车的发展重点见表1-5。

表1-5 智能网联汽车的发展重点

序号	发展重点	具体内容
1	基于网联的车载智能信息服务系统	在现有远程信息服务系统基础上,为驾驶和出行提供交通、资讯、汽车运行状态及智能控制等信息服务,突出信息化和人机交互升级;逐步普及远程通信功能,部分实现V2X短程通信功能,信息可用于智能化控制

续表

序号	发展重点	具体内容
2	驾驶辅助级智能汽车	制定中国版智能驾驶辅助标准,基于车载传感实现智能驾驶辅助,可提醒驾驶人、干预汽车,突出安全性、舒适性和便利性,驾驶人对汽车应保持持续控制
3	部分自动驾驶或高度自动驾驶级智能汽车	制定中国版乘用车城市智能驾驶标准和高速公路智能驾驶标准;乘用车逐步实现部分自动驾驶或高度自动驾驶,突出舒适性、便利性、高效机动性和安全性,实现网联信息的安全管理;制定中国版商用车城郊智能驾驶标准和高速公路智能驾驶标准,商用车逐步实现部分自动驾驶或高度自动驾驶,以网联智能管理和编队控制技术突破为主,提高运输车辆的运行效率、经济性、安全性和便利性
4	完全自动驾驶级智能汽车	制定中国版完全自动驾驶标准,基于多源信息融合、多网融合,利用人工智能、深度挖掘及自动控制技术,配合智能环境和辅助设施实现完全自动驾驶,可改变出行模式、消除拥堵、提高道路利用率
5	车载光学系统	光学摄像头、夜视系统等具备图像处理和视觉增强功能,性能与国际品牌相当并具有成本优势
6	车载雷达系统	开发高性价比的车载雷达系统,包括车载激光雷达系统和毫米波雷达系统
7	高精定位系统	基于北斗系统开发,实现自主突破,车载定位精度可达到亚米级精度,实现对GPS(global positioning system,全球定位系统)的逐步替代与升级
8	车载互联终端	自主开发车载信息娱乐系统、远程通信模块和近程通信模块
9	集成控制系统	开发域控制器,实现对各子系统精确控制及协调,并形成技术、成本优势
10	多源信息融合技术	突破环境感知与多传感器信息融合,V2X通信模块集成,车载与互联信息融合技术
11	车辆协同控制技术	突破整车集成与协同控制技术
12	数据安全及平台软件	突破信息安全、系统健康智能监测技术,并搭建中国版车载嵌入式操作系统平台软件
13	人机交互与共驾技术	突破人机交互、人机共驾与失效补偿技术
14	基础设施与技术法规	形成中国版先进智能驾驶辅助、V2X及多网融合的技术标准体系和测试评价方法,完善基于V2X通信标准体系的道路基础设施

1.6 智能网联汽车的标准体系

1.6.1 智能网联汽车标准的建设目标

根据智能网联汽车技术现状、产业应用需要及未来发展趋势,分阶段建立适应我国国情并与国际接轨的智能网联汽车标准体系。

到 2020 年,初步建立能够支撑驾驶辅助及低级别自动驾驶的智能网联汽车标准体系;制定 30 多项智能网联汽车重点标准,涵盖功能安全、信息安全、人机界面等通用技术,以及信息感知与交互、决策预警、辅助控制等核心功能相关的技术要求和试验方法，促进智能化产品的全面普及与网联化技术的逐步应用。

到2025年，系统形成能够支撑高级别自动驾驶的智能网联汽车标准体系；制定100多项智能网联汽车标准，涵盖智能化自动控制、网联化协同决策技术及典型场景下自动驾驶功能与性能相关的技术要求和评价方法，促进智能网联汽车"智能化＋网联化"融合发展，以及技术和产品的全面推广普及。

通过建立完善的智能网联汽车标准体系，引导和推动我国智能网联汽车技术发展和产品应用，培育我国智能网联汽车技术自主创新环境，提升整体技术水平和国际竞争力，构建安全、高效、健康、智慧运行的未来汽车社会。

1.6.2 智能网联汽车的标准体系框架

智能网联汽车的标准体系框架如图1.19所示。它定义为基础类标准、通用规范类标准、产品与技术应用类标准、相关标准四部分，同时根据各标准在内容范围、技术等级上的共性和区别，对四部分做进一步的细分，形成内容完整、结构合理、界限清晰的14个子类。

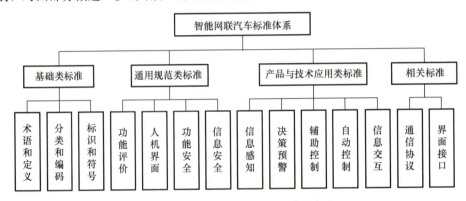

图1.19 智能网联汽车的标准体系框架

1. 基础类标准

基础类标准主要包括智能网联汽车的术语和定义、分类和编码、标识和符号三类基础标准。

（1）术语和定义。术语和定义标准用于统一智能网联汽车相关的基本概念，为各相关行业协调兼容奠定基础，同时为其他各部分标准的制定提供支撑。

（2）分类和编码。分类和编码标准用于帮助各方统一认识和理解智能网联标准化的对象、边界，以及各部分的层级关系和内在联系。

（3）标识和符号。标识和符号标准用于对智能网联汽车中各类产品、技术和功能对象进行标识与解析，为人机界面的统一和简化奠定基础。

2. 通用规范类标准

通用规范类标准从整车层面提出全局性的要求和规范，主要包括功能评价、人机界面、功能安全和信息安全等方面。

（1）功能评价。功能评价标准主要从整车及系统层面提出智能化、网联化功能评价规范及相应的测试评价应用场景，在一定程度上反映对产品和技术应用前景的判断。

(2) 人机界面。人机界面标准主要考虑智能网联汽车产品形态较传统汽车在人机工程、功能信息传递上的差异，同时着重考虑驾驶模式切换等问题，人机界面与驾驶安全密切相关，同时也会影响驾乘体验和对产品的接受度。

(3) 功能安全。功能安全标准侧重于规范智能网联汽车各主要功能节点及其下属系统在安全保障能力方面的要求，其主要目的是确保智能网联汽车整体及子系统功能运行的可靠性，并在系统部分或全部发生失效后仍能最大限度地保证汽车安全运行。

(4) 信息安全。信息安全标准在遵从信息安全通用要求的基础上，以保障汽车安全、稳定、可靠运行为核心，主要针对汽车及车载系统通信、数据、软硬件安全，从整车、系统、关键节点及汽车与外界接口等方面提出风险评估、安全防护与测试评价要求，防范对汽车的攻击、侵入、干扰、破坏和非法使用及意外事故。

3. 产品与技术应用类标准

产品与技术应用类标准主要涵盖信息感知、决策预警、辅助控制、自动控制和信息交互等智能网联汽车核心技术和应用的功能、性能要求及试验方法，但不限定具体的技术方案，以避免对未来技术创新发展和应用产生制约或障碍。

(1) 信息感知。信息感知是指汽车利用自身搭载的传感器，探测和监控汽车驾乘人员、汽车自身运行情况及周围环境（包括道路、交通设施、其他车辆、行人等交通参与者）等与驾驶相关的信息。信息感知标准覆盖人员状态监测系统、车身传感探测系统、驾驶人视野拓展系统，以及传感器、雷达、摄像头等关键部件的功能、性能要求及试验方法。

(2) 决策预警。决策预警是指汽车按照某种逻辑规则对探测和监控的汽车运行情况、周围环境信息等进行处理、分析和决策，判定汽车在发生危险倾向、处于危险状态或达到其他（如可能危及其他交通参与者）需要提醒驾驶人注意或采取措施时，通过光学、声学及其他易于识别的方式发出报警信号。决策预警标准覆盖汽车前后向行驶、转向等不同行驶工况下的提醒和报警系统及其关键部件的功能、性能要求及试验方法。

(3) 辅助控制。辅助控制标准覆盖汽车静止状态下的动力传动系统控制，汽车行驶状态下的横向（方向）控制和纵向（速度）控制，以及整车和系统层面的功能、性能要求和试验方法。

(4) 自动控制。自动控制标准则以城市道路、公路等不同道路条件及交通拥堵、事故避让、倒车等不同工况下的应用场景为基础，提出汽车功能要求及相应的评价方法和指标。

(5) 信息交互。信息交互主要指具备网联功能的汽车可在汽车自身传感器探测的基础上，通过车载通信装置与外部节点进行信息交换，为汽车提供更加全面的环境信息，可视作一种特殊的环境感知传感器；未来能够在信息交互的基础上进行网联化协同决策与控制，实现汽车安全、有序、高效、节能运行。信息交互标准不局限于汽车自身范畴，还涉及交叉口通行支持、违规警告、事故救援等功能和服务，也包括车载通信装置、通信协议及对应的界面接口。

4. 相关标准

相关标准主要包括汽车信息通信的基础——通信协议，主要涵盖实现 V2X 智能信息交互的中、短程通信及广域通信等方面的协议规范；在各种物理层和不同的应用层之间，还包含软、硬件界面接口的标准规范。

我国已经颁布的智能网联汽车的主要标准见表1-6。

表1-6 已经颁布的智能网联汽车的主要标准

序号	标准编号	标准名称	实施日期
1	GB/T 20608—2006	智能运输系统自适应巡航控制系统性能要求与检测方法	2007年4月1日
2	GB/T 21436—2008	汽车泊车测距警示装置	2008年9月1日
3	GB/T 26776—2011	道路车辆 3.5t以上的商用车报警系统	2012年1月1日
4	GB/T 26773—2011	智能运输系统 车道偏离报警系统 性能要求与检测方法	2011年12月1日
5	GB/T 30036—2013	汽车用自适应前照明系统	2014年7月1日
6	GB/T 34590—2017	道路车辆 功能安全	2018年5月1日
7	GB/T 33577—2017	智能运输系统 车辆前向碰撞预警系统 性能要求和测试规程	2017年12月1日
8	GB/T 37471—2019	智能运输系统 换道决策辅助系统 性能要求与检测方法	2019年12月1日
9	YD/T 3629—2020	基于LTE的车联网无线通信技术 基站设备测试方法	2020年7月1日
10	YD/T 3707—2020	基于LTE的车联网无线通信技术 网络层技术要求	2020年7月1日
11	YD/T 3708—2020	基于LTE的车联网无线通信技术 网络层测试方法	2020年7月1日
12	YD/T 3709—2020	基于LTE的车联网无线通信技术 消息层技术要求	2020年7月1日
13	YD/T 3710—2020	基于LTE的车联网无线通信技术 消息层测试方法	2020年7月1日
14	YD/T 3695—2020	基于公众电信网的车载紧急报警系统 无线数据传输技术要求	2020年7月1日
15	YD/T 3711—2020	基于公众电信网的车载紧急报警系统 基于IMS的数据传输技术要求	2020年7月1日

思 考 题

1. 什么是智能网联汽车？它与智能汽车、无人驾驶汽车和车联网有什么关系？
2. 智能网联汽车是如何进行智能化和网联化分级的？
3. 智能网联汽车层次结构由哪几部分组成？"三横两纵"技术结构具体包含哪些内容？
4. 智能网联汽车的关键技术有哪些？其发展趋势是什么？
5. 智能网联汽车的发展目标和发展重点是什么？
6. 智能网联汽车的标准建设目标是什么？标准体系包含哪些内容？

第 2 章

智能网联汽车环境感知技术

通过本章的学习，要求读者能够掌握智能网联汽车环境感知系统的任务和组成，了解基于机器视觉的环境感知流程，熟悉超声波传感器、毫米波雷达、激光雷达和视觉传感器的特点及在智能网联汽车上的应用；对道路识别技术、车辆识别技术、行人识别技术、交通标志识别技术和交通信号灯识别技术有初步的认识。

知识要点	能力要求	相关知识
环境感知系统任务、对象、方法、流程和组成	掌握智能网联汽车环境感知系统的任务和组成；了解环境感知对象和方法；了解基于机器视觉的环境感知流程	智能网联汽车环境感知系统
智能网联汽车环境感知传感器	熟悉超声波传感器、毫米波雷达、激光雷达和视觉传感器的特点及在智能网联汽车上的应用	超声波传感器、毫米波雷达、激光雷达和视觉传感器
道路识别技术	初步掌握道路识别分类、道路图像特点、图像特征分类和道路识别方法	道路图像特点，道路识别方法
车辆识别技术	初步掌握车牌识别技术和运动车辆识别技术	车牌和车辆特征，车牌和运动车辆识别方法
行人识别技术	了解行人识别类型，初步掌握行人识别特征和行人识别方法	行人识别特征，行人识别方法
交通标志识别技术	了解交通标志，初步掌握交通标志识别系统和识别方法	交通标志，交通标志识别方法
交通信号灯识别技术	了解交通信号灯，初步掌握交通信号灯识别系统和识别方法	交通信号灯，交通信号灯识别方法

【导入案例】

为了减少道路交通事故，减轻驾驶人驾驶负担，智能网联汽车安装了先进驾驶辅助系统，如图 2.1 所示。这些先进驾驶辅助技术的实施首先就是要感知周围环境，对道路、车辆、行人、交通标志、交通信号灯等进行检测和识别。

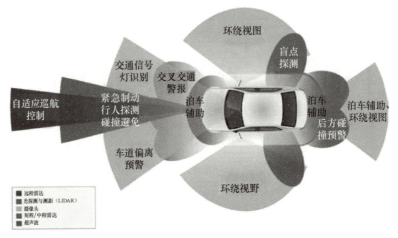

图 2.1　汽车先进驾驶辅助技术

智能网联汽车环境感知系统都包含哪些传感器？如何对道路、车辆、行人、交通标志、交通信号灯等进行检测和识别？通过本章的学习，读者可以得到答案。

2.1　环境感知技术概述

2.1.1　环境感知系统的任务

智能网联汽车环境感知系统的任务是利用摄像头、毫米波雷达、激光雷达、超声波传感器等主要车载传感器及 V2X 通信系统感知周围环境，对道路、车辆、行人、交通标志、交通信号灯等进行检测和识别，为智能网联汽车提供决策依据。

环境感知在智能网联汽车中目前主要应用于先进驾驶辅助系统，如前向碰撞预警系统、车道偏离预警系统、车道保持辅助系统、自适应巡航控制系统、自动制动辅助系统、盲区监测预警系统、驾驶人疲劳预警系统等，这些系统实施的先决条件就是要对环境进行感知。

2.1.2　环境感知系统的对象

智能网联汽车环境感知对象主要包括行驶路径识别、周边物体识别、驾驶状态检测、驾驶环境检测等。

(1) 行驶路径识别。结构化道路的行驶路径识别包括道路交通标线、行车道边缘线、路口导向线、导向车道线、人行横道线、道路出入口标线、道路隔离物识别；非结构化道路的行驶路径识别主要是可行驶路径的确认。

(2) 周边物体识别。周边物体识别主要包括车辆、行人、地面上可能影响汽车通过和安全行驶的其他各种移动或静止物体的识别；各种交通标志的识别；交通信号灯的识别。

（3）驾驶状态检测。驾驶状态检测主要包括驾驶人自身状态、主车自身行驶状态和周边车辆行驶状态的检测。

（4）驾驶环境检测。驾驶环境检测主要包括路面状况、道路交通拥堵情况、天气状况的检测。

由此可见，智能网联汽车环境感知对象非常多，而且情况复杂，这里主要介绍对道路、车辆、行人、交通标志和交通信号灯的检测或识别。

2.1.3　环境感知方法

智能网联汽车环境感知方法主要有基于单一传感器的环境感知方法、基于自组织网络的环境感知方法和基于信息融合的环境感知方法。

1. 基于单一传感器的环境感知方法

基于单一传感器的环境感知方法主要是利用超声波传感器、激光雷达、毫米波雷达、视觉传感器对汽车周围环境进行感知。

2. 基于自组织网络的环境感知方法

基于自组织网络的环境感知方法是通过车载自组织网络获取汽车行驶周边环境信息和周边其他车辆行驶信息，也可以把汽车本身的信息传递给周边其他车辆。通过车载自组织网络能够获取其他传感手段难以实现的宏观行驶环境信息，可实现车与车之间的信息共享，对环境干扰不敏感。

3. 基于信息融合的环境感知方法

基于单一传感器的环境感知方法有其局限性，如激光雷达虽具有方向性好，波束窄，测角、测距精度高，不受地面杂波干扰等优点，但其具有受大气的光传输效应影响大，遇浓雾、雨、雪天气无法工作等缺点。因此，仅仅靠单一传感器难以提供各种天气情况下的路况环境的全面描述。另外，汽车自动驾驶需要感知汽车行驶过程中可视距、超视距（近距离、远距离）的道路环境信息，周围移动车辆、行人和障碍物，宏观交通状态、交通事故信息，以及汽车自身位置和各种状态信息。因此，智能网联汽车应配置多种不同传感手段获取汽车周边环境不同形式的信息，通过多信息融合对行驶环境进行感知，使智能网联汽车具有优良的环境适应能力，为安全快速自主导航提供可靠保障。

信息融合是指运用多种不同传感手段获取汽车周边环境多种不同形式信息，通过多信息融合技术对行驶环境进行感知，如视觉传感器与毫米波雷达、视觉传感器与激光雷达、视觉传感器与超声波传感器的融合等。其优点是能够获取丰富的汽车周边环境信息，具有优良的环境适应能力，为安全快速辅助驾驶提供可靠保障；缺点是系统复杂，成本高。

图 2.2 所示为传感器信息融合的例子。

（1）摄像头＋雷达组合。将前视摄像头与前置雷达组合在一起，实现自动制动或城市启停巡航控制等功能。前置雷达能够在任何天气条件下测量测距范围内的物体；摄像头在探测和区分物体方面（包括读取街道指示牌和路标）十分出色；通过使用具有不同视场角和不同

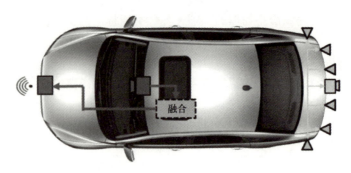

图 2.2 传感器信息融合

光学元件的多个摄像头,系统可以识别车前通过的行人和自行车,以及测距范围内的物体。

(2)摄像头+超声波传感器组合。将后视摄像头与超声波传感器(测距报警)组合在一起,实现自动泊车。后视摄像头使驾驶人能很清楚地看到汽车后方的情况,而机器视觉算法可以探测物体,以及路肩石和街道上的标记。通过超声波传感器提供的补充功能,可以准确地确定识别物体的距离,即使在低光照或完全黑暗的情况下,也能确保基本的接近报警功能。

图 2.3 为智能网联汽车周边环境感知示意图。从图中可以看出,不同传感器的感知范围是不同的。

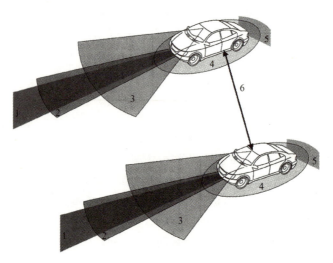

图 2.3 智能网联汽车周边环境感知示意图

1—长距离雷达;2—短距离雷达;3—视觉传感器;4—超声波传感器;
5—视觉传感器;6—自组织网络

2.1.4 基于机器视觉的环境感知流程

机器视觉是环境感知常用的方法之一,具有以下特点。

(1)视觉图像的信息量极为丰富,尤其是彩色图像,不仅包含视野范围内物体的距离信息,而且包含物体的颜色、纹理、深度和形状等信息。

(2) 在视野范围内可同时实现道路识别、车辆识别、行人识别、交通标志识别、交通信号灯识别等,信息获取面积大。当多辆智能网联汽车同时工作时,不会出现相互干扰的现象。

(3) 获取的视觉信息是实时的场景图像,提供的信息不依赖于先验知识(如 GPS 导航依赖地图信息),有较强的环境适应能力。目前驾驶过程中,绝大多数信息都是人们通过眼睛获取的。

因此,基于视觉的高效、低成本的环境感知并辅以信息融合技术将成为智能网联汽车未来产业化的主要发展方向。

基于视觉的环境感知流程如图 2.4 所示,**一般包括图像采集、图像预处理、图像特征提取、图像模式识别、结果传输等,根据具体识别对象和采用的识别方法,感知流程也会略有差异。**

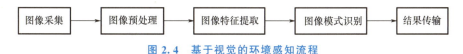

图 2.4 基于视觉的环境感知流程

1. 图像采集

图像采集主要是通过摄像头采集图像,如果是模拟信号,要把模拟信号转换为数字信号,并把数字图像以一定的格式表现出来。根据具体研究对象和应用场合,选择性价比高的摄像头。摄像头包括 CCD(charge-coupled device,电荷耦合器件)摄像头和 CMOS(complementary metal-oxide semiconductor,互补性氧化金属半导体)摄像头,同时要充分考虑车载的实际情况。

图 2.5 所示为 Sony HDR‐XR520E 高清摄像机采集的车道线的原始图像。

图 2.5 Sony HDR‐XR520E 高清摄像机采集的车道线的原始图像

2. 图像预处理

图像预处理包含的内容较多,要根据实际情况进行选择。

(1) 图像灰度化。视觉传感器采集的原始图像是彩色图像,即有红色(R)、绿色

(G)、蓝色（B）三通道构成的图像，直接对采集到的图像进行处理时需要对每个像素点的三个颜色分量信息进行处理，需要处理的数据量很大。而灰度图像是 R＝G＝B 的一种特殊的彩色图像，其中 R＝G＝B 的值就称为灰度值。在灰度图像中，每个像素点的信息只需一个变量来表示（即灰度值数据处理范围为 0～255），需要处理的数据量小。同时，灰度图像与彩色图像一样可以完整地反映图像的色度和亮度的分布及特征。彩色图像灰度化常用方法有分量法、最大值法、平均值法等。

图 2.6 所示为车道线的灰度图像。

图 2.6　车道线的灰度图像

（2）图像压缩。图像压缩技术可以减少描述图像的数据量，以便节省图像传输、处理时间和减少所占用的存储器容量。图像压缩可以在不失真的前提下获得，也可以在允许失真的条件下进行。比较常用的数字图像压缩方法有基于傅里叶变换的图像压缩算法、基于离散余弦变换的图像压缩算法、基于小波变换的图像压缩算法、基于 NNT（数论变换）的图像压缩算法、基于神经网络的图像压缩算法等。

（3）图像增强和复原。图像增强和复原的目的是提高图像的质量，如去除噪声、提高图像的清晰度等。

图像增强技术有两种方法：空域法和频域法。空域法主要是在空域内对像素灰度值直接运算处理，如图像灰度变换、直方图修正、图像空域平滑和锐化处理、伪彩色处理等。频域法就是在图像的某种变换域内，对图像的变换值进行计算，如傅里叶变换等。

图像复原技术与增强技术不同，它需要了解图像降质的原因，一般要根据图像降质过程的某些先验知识，建立降质模型，再用降质模型，按照某种处理方法，恢复或重建原来的图像。

图 2.7 所示为增强处理后的车道线图像。

（4）图像分割。图像分割就是把图像分成若干个特定的、具有独特性质的区域并提出感兴趣目标的技术和过程，它是图像处理和图像分析的关键步骤之一。图像分割方法主要有阈值分割法、区域分割法、边缘分割法和特定理论分割法等。

3. 图像特征提取

为了完成图像中目标的识别，要在图像分割的基础上，提取需要的特征，并将某些特征计算、测量、分类，以便于计算机根据特征值进行图像分类和识别。

图 2.7 增强处理后的车道线图像

在图像识别中，主要有以下特征。

（1）边缘特征。图像的边缘特征往往体现了图像属性的显著变化，主要包括场景照明的变化、深度上的不连续性、表面方向的不连续性、物体属性的变化。因此，图像边缘包含大量信息（如物体形状、纹理等），不仅可以反映图像局部的不连续性，而且可以根据图像边缘特征将图像划分为不同的区域。在图像处理和机器视觉检测过程中，往往只对图像中的那些能体现物体结构属性的信息感兴趣。因此，对图像进行边缘检测能保留图像的重要信息，剔除不相关信息，大大减少后续处理的计算量。常用来获取图像边缘的检测算子有 Canny 算子、Roberts 算子和 Prewitt 算子等。

图 2.8 所示为不同检测算子的边缘检测结果。

（a）灰度图

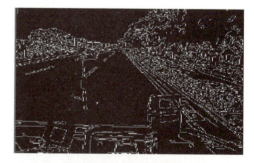

（b）Canny 算子检测结果

（c）Roberts 算子检测结果

（d）Prewitt 算子检测结果

图 2.8 不同检测算子的边缘检测结果

（2）图像幅度特征。图像像素灰度值、RGB、HSI 和频谱值等表示的幅值特征是图像的最基本特征。

（3）直观性特征。直观性特征主要有图像的边沿、轮廓、纹理和区域等，这些都属于图像灰度的直观特征。它们的物理意义明确，提取比较容易，可以针对具体问题设计相应的提取算法。

（4）图像统计特征。图像统计特征主要有直方图特征、统计性特征（如均值、方差、能量、熵等）、描述像素相关性的统计特征（如自相关系数、协方差等）。

（5）图像几何特征。图像几何特征主要有面积、周长、分散度、伸长度、曲线的斜率和曲率、凸凹性、拓扑特性等。

（6）图像变换系数特征。图像变换系数主要有傅里叶变换系数、Hough 变换系数、Wavelet 变换系数、Gabor 变换系数、哈达玛变换系数、K-L 变换系数等。

此外，还有一些其他描述图像的特征，如纹理特征、三维几何结构描述特征等。

4. 图像模式识别

图像模式识别的方法很多，从图像模式识别提取的特征对象来看，图像识别方法可分为基于形状特征的识别技术、基于色彩特征的识别技术及基于纹理特征的识别技术等。

根据模式特征选择及判别决策方法，图像模式识别方法可分为统计（决策理论）模式识别方法、句法（结构）模式识别方法、模糊模式识别方法和神经网络模式识别方法等。

为了减小图像识别的运算量，一般要对图像感兴趣的区域进行划分。车道线图像划分如图 2.9 所示，区域 A 和 B 构成了感兴趣区域，其中 A 为近视野区域，约为道路区域的 3/4；B 为远视野，约为道路区域的 1/4。

图 2.9　车道线图像划分

基于形状特征的识别技术，车道线识别结果如图 2.10 所示。

5. 结果传输

通过环境感知系统识别出的信息，传输到汽车其他控制系统或传输到汽车周围的其他车辆，完成相应的控制功能。

图 2.10 车道线识别结果

把车道线识别结果输入车道偏离预警系统中,可以对车道偏离进行预警,如图 2.11 所示。

图 2.11 车道偏离预警系统仿真

2.1.5 环境感知系统的组成

智能网联汽车环境感知系统如图 2.12 所示,由信息采集单元、信息处理单元和信息传输单元组成。

(1)信息采集单元。对环境的感知和判断是智能网联汽车工作的前提和基础。环境感知系统获取周围环境和车辆信息的实时性和稳定性,直接关系到后续检测或识别的准确性和执行的有效性。信息采集主要有超声波传感器、激光雷达、毫米波雷达、视觉传感器、定位导航及车载自组织网络等。

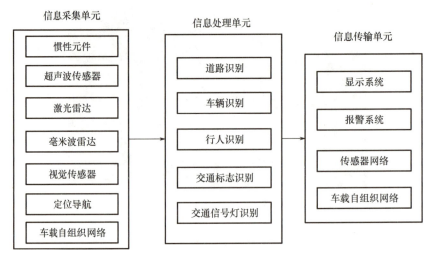

图 2.12　智能网联汽车环境感知系统

（2）**信息处理单元**。信息处理单元主要是对信息采集单元输送来的信号，通过一定的算法对道路、车辆、行人、交通标志、交通信号灯等进行识别。

（3）**信息传输单元**。信息处理单元对环境感知信号进行分析后，信息送入传输单元，传输单元根据具体情况执行不同的操作，如分析后确定前方有障碍物，并且本车与障碍物之间的距离小于安全距离，则将这些信息送入控制执行模块，控制执行模块结合本车速度、加速度、转向角等自动调整汽车的车速和方向，实现自动避障，在紧急情况下也可以自动制动。信息传输单元把信息传输到传感器网络上，实现汽车内部资源共享；也可以把处理信息通过车载自组织网络传输给周围的其他车辆，实现车与车之间的信息共享。

2.2　智能网联汽车环境感知传感器

2.2.1　环境感知传感器的类型

智能网联汽车环境感知传感器主要有超声波传感器、毫米波雷达、激光雷达、视觉传感器等。

【环境感知传感器的类型】

（1）超声波传感器。超声波传感器主要应用于短距离场景下（如辅助泊车），结构简单、体积小、成本低。

（2）毫米波雷达。毫米波雷达主要有用于中短测距的 24GHz 雷达和长测距的 77GHz 雷达两种。毫米波雷达可有效提取景深及速度信息，识别障碍物，有一定的穿透雾、烟和灰尘的能力，但在环境障碍物复杂的情况下，由于毫米波依靠声波定位，声波出现漫反射，导致漏检率和误差率比较高。

（3）激光雷达。激光雷达分单线激光雷达和多线激光雷达，多线激光雷达可以获得极高的速度、距离和角度分辨率，形成精确的三维地图，抗干扰能力强，是智能网联汽车发展的最佳技术路线，但是成本较高，也容易受到恶劣天气和烟雾环境的影响。

(4) 视觉传感器。视觉传感器分为前视摄像头和环视摄像头。前视摄像头有单目、双目和三目之分，主要应用于中远距离场景，能识别清晰的车道线、交通标志、障碍物、行人，但对光照、天气等条件很敏感，而且需要复杂的算法支持，对处理器的要求也比较高；环视摄像头主要应用于短距离场景，可识别障碍物，但对光照、天气等外在条件很敏感，技术成熟，价格低廉。

不同传感器的感知范围如图 2.13 所示。它们均有各自的优点和局限性，现在发展的趋势是通过传感器信息融合技术，弥补单个传感器的缺陷，提高整个智能驾驶系统的安全性和可靠性。

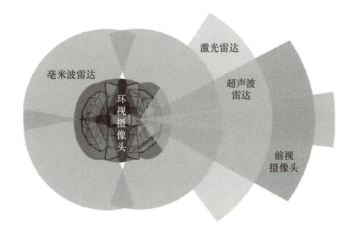

图 2.13　不同传感器的感知范围

智能驾驶主要是通过摄像头和雷达（超声波雷达、毫米波雷达、激光雷达）实现感知的。图 2.14 所示为奥迪某车型配备自动驾驶系统的传感器。这些传感器包括两个激光雷达，位于汽车前方和后方；四个中程雷达，位于汽车的四角；四个摄像头，位于汽车前后和两侧后视镜；两个远程雷达，位于汽车前方；一个前视摄像头（三维相机），位于汽车内后视镜后方；四个超声波传感器，位于汽车前后及侧方；一个 GPS 定位传感器，位于汽车后方；两个短程雷达，位于汽车后方。

图 2.14　奥迪某车型配备自动驾驶系统的传感器

随着汽车智能化和网联化的发展，智能网联汽车配备的先进传感器的数量将会逐渐增加，预计 2030 年先进传感器将达到 30 个左右。

2.2.2 超声波传感器

1. 超声波传感器的定义

【超声波传感器】

频率高于人类听觉上限频率（约 20000Hz）的声波，称为超声波。

超声波传感器是利用超声波的特性研制而成的传感器，是在超声频率范围内将交变的电信号转换为声信号或将外界声场中的声信号转换为电信号的能量转换器件。

2. 超声波传感器的特点

超声波传感器具有以下特点。

（1）超声波的传播速度仅为光波的百万分之一，并且指向性强，能量消耗缓慢，因此可以直接测量较近目标的距离，一般测量距离小于 10m。

（2）超声波对色彩、光照度不敏感，可适用于识别透明、半透明及漫反射差的物体。

（3）超声波对外界光线和电磁场不敏感，可用于黑暗、有灰尘或烟雾、电磁干扰强、有毒等恶劣环境。

（4）超声波传感器结构简单，体积小，成本低，信息处理简单可靠，易于小型化与集成化，并且可以进行实时控制。

超声波传感器在速度很高的情况下测量距离具有一定的局限性，这是因为超声波的传输速度容易受天气情况的影响，在不同的天气情况下，超声波的传输速度不同；当汽车高速行驶时，使用超声波传感器测量距离无法跟上汽车的车距实时变化，误差较大。另外，超声波散射角大，方向性较差，在测量较远距离的目标时，其回波信号会比较弱，影响测量精度。但是，在短距离测量中，超声波传感器具有非常大的优势。

3. 超声波传感器的结构

超声波传感器如图 2.15 所示。它有一个发射头和一个接收头，安装在同一面上。在有效的检测距离内，发射头发射特定频率的超声波，遇到检测面反射部分超声波；接收头接收返回的超声波，由芯片记录声波的往返时间，并计算出距离值。超声波传感器可以通过模拟接口和 IIC 接口两种方式将数据传输给控制单元。

图 2.16 所示为博世公司第六代超声波传感器。该传感器将反应时间缩短了一半，能够对近距离物体实现检测和对突然出现的障碍物（如行人、变化的场景等）进行快速响应。

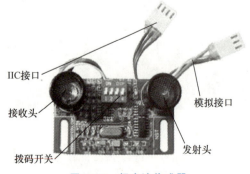
图 2.15 超声波传感器

图 2.16 博世公司第六代超声波传感器

4. 超声波传感器的测距原理

超声波传感器的测距原理如图 2.17 所示，发射头发出的超声波脉冲，经媒质（空气）传到障碍物表面，反射后通过媒质（空气）传到接收头，测出超声波脉冲从发射到接收所需的时间，根据媒质中的声速，求得从探头到障碍物表面之间的距离。设探头到障碍物表面的距离为 L，超声波在空气中的传播速度为 v（约为 340m/s），从发射到接收所需的传播时间为 t，当发射头和接收头之间的距离远小于探头到障碍物之间的距离时，则有

$$L = \frac{vt}{2} \qquad (2-1)$$

由此可见，被测距离与传播时间之间具有确定的函数关系，只要能测出传播时间，就可求出被测距离。

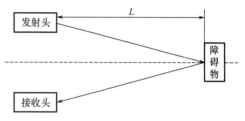

图 2.17　超声波传感器测距原理

5. 超声波传感器的主要指标

超声波传感器主要有以下指标。

（1）测量范围。超声波传感器的测量范围取决于其使用的波长和频率；波长越长，频率越小，检测距离越大。测量汽车前后障碍物的短距超声波传感器的探测距离一般为 15～250cm；安装在汽车侧面、用于测量汽车侧方障碍物的长距超声波传感器的探测距离一般为 30～500cm。

（2）测量精度。测量精度是指传感器测量值与真实值的偏差。超声波传感器测量精度主要受被测物体体积、表面形状、表面材料等影响。被测物体体积过小、表面形状凹凸不平、物体材料吸收声波等情况都会降低超声波传感器的测量精度。测量精度越高，感知信息越可靠。

（3）波束角。超声波传感器产生的超声波以一定的角度向外发出，超声波沿传感器中轴线延长线（垂直于传感器表面）方向上的超声射线能量最强，能量向其他方向逐渐减弱。以传感器中轴线的延长线为轴线，到一侧能量强度减小一半处的角度称为波束角。波束角越小，指向性越好。一些超声波传感器具有较窄的波束角（6°），适合精确测量相对较小的物体。一些波束角为 12°～15°的超声波传感器能够检测具有较大倾角的物体。

（4）工作频率。工作频率直接影响超声波的扩散和吸收损失、障碍物反射损失、背景噪声，并直接决定传感器的尺寸。一般选择工作频率为 40kHz 左右的超声波传感器，其方向性尖锐，而且避开了噪声，提高了信噪比；虽然传播损失相对低频有所增加，但不会给发射和接收带来困难。

（5）抗干扰性能。超声波为机械波，使用环境中的噪声会干扰超声波传感器接收物体反射回来的超声波，因此要求超声波传感器具有一定的抗干扰能力。

6. 超声波传感器的应用

超声波传感器在智能网联汽车中有着广泛的应用，最常见的是泊车辅助系统，如图 2.18 所示。泊车辅助系统通常使用 6～12 个超声波传感器，车后部的 4 个短距超声波传感器负责探测倒车时车与障碍物之间的距离，两侧的长距超声波传感器负责探测停车位空间。

图 2.18 基于超声波传感器的泊车辅助系统

2.2.3 毫米波雷达

1. 毫米波雷达的定义

【毫米波雷达】

毫米波雷达如图 2.19 所示，是工作在毫米波频段的雷达。毫米波是指长度为 1～10mm 的电磁波，对应的频率范围为 30～300GHz。毫米波位于微波与远红外波相交叠的波长范围，所以毫米波兼有这两种波谱的优点，同时也有自己独特的性质。毫米波雷达主要用于先进驾驶辅助系统中的自动制动辅助系统、盲区监测预警系统等。

图 2.19 毫米波雷达

根据波的传播理论，频率越高，波长越短，分辨率越高，穿透能力越强，但在传播过程的损耗也越大，传输距离越短；相对地，频率越低，波长越长，绕射能力越强，传输距离越远。所以与微波相比，毫米波的分辨率高，指向性好，抗干扰能力强和探测性能好；与远红外波相比，毫米波的大气衰减小，对烟雾、灰尘具有更好的穿透性，受天气影响小。这些特质决定了毫米波雷达具有全天时全天候的工作能力。

2. 毫米波雷达的类型

车载毫米波雷达按照其频率的不同，主要可分为两种：**24GHz 毫米波雷达和 77GHz 毫米波雷达**。通常 24GHz 毫米波雷达的检测范围为中短距离，用作实现盲区监测预警、变道辅助等功能，而77GHz毫米波雷达用作实现自适应巡航控制、自动制动辅助等功能。

24GHz毫米波雷达与77GHz毫米波雷达具有以下不同点。

（1）77GHz毫米波雷达的体积更小。24GHz毫米波雷达和77GHz毫米波雷达的性能及算法其实相差不大，主要的差距在雷达体积上。由于24GHz毫米波雷达的频率更低、波长更长，因此雷达所需要的天线就更长，做成小体积雷达的难度就更高。所以24GHz毫米波雷达的体积比77GHz毫米波雷达的体积大，而在追求美观与轻量化的车载领域体积是一个关键问题。

（2）77GHz毫米波雷达所需要的工艺更高。77GHz毫米波雷达最大的制造难题体现在其工艺上。由于77GHz毫米波雷达体积小，其线路板的面积很小，因此射频线路的设计难度非常高，成片的成品率比较低。

（3）77GHz毫米波雷达的检测精度更好。相比于24GHz毫米波雷达，77GHz毫米波雷达的波长更短，虽然绕射能力比24GHz毫米波雷达弱，但是其检测精度更高。因此未来对于检测精度精益求精的自动驾驶来说，77GHz毫米波雷达无疑更具优势。

（4）24GHz毫米波雷达的射频芯片相对77GHz毫米波雷达的射频芯片更易获取。

3. 毫米波雷达的特点

毫米波雷达具有以下优点。

（1）优异的探测性能。毫米波波长较短，并且汽车行驶中其前方目标一般是由金属构成的，这会形成很强的电磁反射，而且探测不受颜色与温度的影响。

（2）很快的响应速度。毫米波的传播速度与光速一样，并且其调制简单，配合高速信号处理系统，可以快速地测量出目标的角度、距离、速度等信息。

（3）对环境的适应性强。毫米波具有很强的穿透能力，在雨、雪、大雾等恶劣天气依然可以正常工作；由于其天线属于微波天线，相较于光波天线，它在大雨及轻微上霜的情况下依然可以正常工作。

（4）抗干扰能力强。毫米波雷达一般工作在高频段，而周围的噪声和干扰处于中低频区，基本上不会影响毫米波雷达的正常运行，因此，毫米波雷达具有抗低频干扰特性。

毫米波雷达最主要的缺点是毫米波在空气中传播时会受到空气中的氧分子和水蒸气的影响，这些气体的谐振会对毫米波频率产生选择性吸收和散射，大气传播衰减严重。因此，实际应用中，应找到毫米波在大气中传播时，由气体分子谐振吸收所致衰减为极小值的频率。

4. 毫米波雷达的测距原理

车载毫米波雷达根据测量原理的不同，一般分为脉冲式和调频连续波式两种。

脉冲式毫米波雷达测量原理简单，但由于受技术、元器件等方面的影响，实际应用中很难实现。脉冲式毫米波雷达需在很短的时间（一般是微秒的数量级）内发射大功率的信号脉冲，并通过脉冲信号控制雷达发射装置发射出高频信号，因此在硬件结构上比较复杂，而且成本高。除此之外，在高速路上行驶的汽车，其脉冲式毫米波雷达的回波信号难免会受到周围树木、建筑物的影响，使回波信号衰减，从而降低接收系统的灵敏度。同时，如果脉冲式毫米波雷达的收发采用同一个天线，在对回波信号进行放大处理之前，应将其与发射信号进行严格的隔离，否则会因为发射信号的窜入，导致回波信号放大器饱和或损坏。为了避免发射信号窜入接收信号中,需进行隔离处理,通常情况下,采用环形器或收发使用不同的天线,但这样会导致硬件结构的复杂性增加,产品成本高。故在车用领域,脉冲式毫米波雷达应用较少。

目前,大多数车载毫米波雷达为调频连续波式,其测量原理如图 2.20 所示。

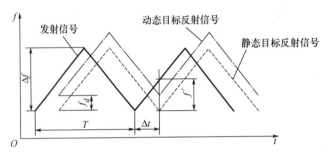

图 2.20 调频连续波式毫米波雷达的测量原理

调频连续波式毫米波雷达结构简单、体积小,可以同时得到目标的相对距离和相对速度。它的基本原理是当发射的连续调频信号遇到前方目标时,会产生与发射信号有一定延时的回波,再通过雷达的混频器进行混频处理,而混频后的结果与目标的相对距离和相对速度有关。毫米波雷达测距和测速的计算公式为

$$s = \frac{c\Delta t}{2} = \frac{cTf'}{4\Delta f} \quad (2-2)$$

$$u = \frac{cf_d}{2f_0} \quad (2-3)$$

式中,s 为相对距离;u 为相对速度;c 为光速;T 为信号发射周期;f' 为发射信号与反射信号的频率差;Δf 为调频带宽;f_d 为多普勒频率;f_0 为发射信号的中心频率。

5. 毫米波雷达的布置

毫米波雷达的布置如图 2.21 所示,分为正向毫米波雷达布置、侧向毫米波雷达布置和毫米波雷达布置高度。

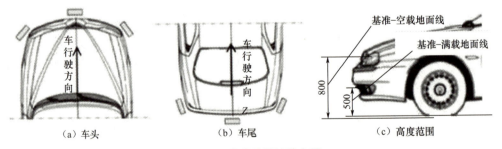

图 2.21 毫米波雷达的布置

(1)正向毫米波雷达布置。正向毫米波雷达一般布置在汽车中轴线,外露或隐藏在保险杠内部。雷达波束的中心平面要求与路面基本平行,考虑雷达系统误差、结构安装误差、汽车载荷变化后,需保证与路面夹角的最大偏差不超过 5°。

另外,在某些特殊情况下,正向毫米波雷达无法布置在汽车中轴线上时,允许正 Y 向最大偏置距离为 300mm,偏置距离过大会影响雷达的有效探测范围。

（2）侧向毫米波雷达布置。侧向毫米波雷达在汽车辆四角呈左右对称布置，前侧向毫米波雷达与汽车行驶方向呈45°夹角，后侧向毫米波雷达与汽车行驶方向呈30°夹角，雷达波束的中心平面与路面基本平行，角度最大偏差仍需控制在5°以内。

（3）毫米波雷达布置高度。毫米波雷达在 Z 方向探测角度一般只有 $\pm5°$，雷达安装高度太高会导致下盲区增大，太低又会导致雷达波束射向地面，地面反射带来杂波干扰，影响雷达的判断。因此，毫米波雷达的布置高度（即地面到雷达模块中心点的距离），一般建议在500（满载状态）~800mm（空载状态）。

在布置毫米波雷达时，还需要考虑其他因素，如雷达区域外造型的美观性，对行人保护的影响，设计安装结构的可行性，雷达调试的便利性，售后维修成本等。

6. 毫米波雷达的主要指标

短程、中程和远程毫米波雷达的技术指标见表2-1。

表2-1 短程、中程和远程毫米波雷达的技术指标

参数	短程毫米波雷达	中程毫米波雷达	远程毫米波雷达
频带/GHz	24	76~77	77~81
带宽/GHz	4	0.6	0.6
测距范围/m	0.15~30	1~100	10~250
最大视角/（°）	±80	±40	±15
测距精度/m	±0.02	±0.1	±0.1
方位精度/（°）	±1	±0.5	±0.1
测速精度/（m/s）	0.1	0.1	0.1

77GHz毫米波雷达的主要指标见表2-2。

表2-2 77GHz毫米波雷达的主要指标

序号	参数	指标
1	频段/GHz	76~77
2	测距范围/m	1~160
3	方位角最大覆盖/（°）	45
4	俯仰角覆盖/（°）	±5
5	速度范围/（km/h）	最大180
6	测距精度/m	0.3
7	速度精度/（m/s）	0.25
8	最大目标数量/个	超过32
9	扫描周期/ms	<50
10	主要应用	防撞预警系统逐步到自适应巡航控制系统、自动制动辅助系统

美国德尔福公司开发的高频电子扫描毫米波雷达采用连续调制方式，应用多普勒测试原理，能够扫描最远范围175m以内的64个目标。

高频电子扫描毫米波雷达能够提供目标的相对距离、角度和速度等信息。它从CAN总线获取所需的车速、横摆角速度、转向盘转角等自车信息，扫描后将目标的信息，如距离、相对速度等同样通过CAN总线传输给车载计算机。

高频电子扫描毫米波雷达同时具有中距离扫描和远距离扫描的功能,并将所扫描的目标数据存入相应的内存地址,其性能参数见表 2-3。

表 2-3 高频电子扫描毫米波雷达的性能参数

参 数		长 距 离	中 距 离
系统特性	频段/GHz	76~77	
	尺寸/mm×mm×mm	130×90×39	
	刷新率/ms	50	
	可检测的目标数	通过长距离和中距离目标的合并,总共 64 个目标	
覆盖范围	距离/m	1~175	1~60
	相对速度/(m/s)	-100±25	-100±25
	水平视角/(°)	±10	±45
精确度	距离/m	±0.5	±0.25
	相对速度/(m/s)	±0.12	±0.12
	角度/(°)	±0.5	±0.2

7. 毫米波雷达的应用

毫米波雷达因其硬件体积小,而且不受恶劣天气影响,被广泛应用在智能网联汽车先进驾驶辅助系统或无人驾驶汽车上。

【毫米波雷达检测仿真】

对于汽车安全来说,最主要的判断依据就是两车之间的相对距离和相对速度信息,特别是汽车在高速行驶中,两车的距离过近容易导致追尾事故。凭借出色的测距、测速能力,毫米波雷达被广泛地应用在自适应巡航控制、前向防撞报警、盲区监测、辅助停车、辅助变道等汽车先进驾驶辅助系统中。

通常,为了满足不同距离的探测需要,一辆汽车上会安装多个短程、中程和长程毫米波雷达。其中,24GHz 毫米波雷达系统主要实现近距离探测,77GHz 毫米波雷达系统主要实现中远距离的探测。不同的毫米波雷达在汽车前方、车身和后方发挥不同的作用。

毫米波雷达在智能网联汽车先进驾驶辅助系统中的应用如图 2.22 所示。

图 2.22 毫米波雷达在智能网联汽车先进驾驶辅助系统中的应用

2.2.4　激光雷达

1. 激光雷达的定义

激光雷达如图 2.23 所示。它主要是通过发射激光束来探测周围环境，其功能包括搜索和发现目标；测量目标距离、速度、角位置等运动参数；测量目标反射率、散射截面和形状等特征参数。车载激光雷达普遍采用多个激光发射器和接收器，建立三维点云图，从而达到实时环境感知的目的。

2. 激光雷达的类型

激光雷达按有无机械旋转部件，可分为机械激光雷达、固态激光雷达和混合固态激光雷达。

（1）机械激光雷达。机械激光雷达带有控制激光发射角度的旋转部件，体积较大，价格昂贵，测量精度相对较高，一般置于汽车顶部。机械激光雷达相对成熟，代表厂商为美国 Velodyne 公司和德国 IBEO 公司。

（2）固态激光雷达。固态激光雷达则依靠电子部件来控制激光发射角度，不需机械旋转部件，故尺寸较小，可安装于车体内。固态激光雷达厂商主要是德国 Quanergy 公司。

图 2.23　激光雷达

（3）混合固态激光雷达。混合固态激光雷达没有大体积旋转结构，采用固定激光光源，通过内部玻璃片旋转的方式改变激光光束方向，实现多角度检测的需要，并且采用嵌入式安装。美国 Velodyne 公司和德国 IBEO 公司都有混合固态激光雷达产品。

激光雷达按维度可以分为一维激光雷达、二维激光雷达和三维激光雷达。其中，一维激光雷达主要用于测距、测速等，二维激光雷达主要用于轮廓测量、物体识别、区域监控等，三维激光雷达可以实现实时三维空间建模。

车载三维激光雷达一般安装在车顶，可以高速旋转，以获得周围空间的点云数据，从而实时绘制出汽车周边的三维空间地图；同时，激光雷达还可以测量出周边其他汽车在三个方向上的距离、速度、加速度、角速度等信息，再结合 GPS 地图计算出汽车的位置，这些庞大丰富的数据信息传输给电子控制单元（electronic control unit，ECU）分析处理后，供汽车快速做出判断。

3. 激光雷达的特点

激光雷达以激光作为载波，激光是光波波段电磁辐射，波长比微波和毫米波短得多。激光雷达具有以下特点。

（1）全天候工作，不受白天和黑夜的光照条件的限制。

（2）激光束发散角小，能量集中，有很好的分辨率和灵敏度，探测精度高。

（3）可以获得幅度、频率和相位等信息，并且多普勒频移大，可以探测从低速到高速的目标。

(4) 抗干扰能力强，隐蔽性好，激光不受无线电波干扰，能穿透等离子鞘套，低仰角工作时，对地面的多路径效应不敏感。

(5) 激光雷达的波长短，可以在分子量级上对目标进行探测且探测系统的结构尺寸可做得很小。

(6) 激光雷达具有三维建模功能，能够检测周围360°所有物体。

4. 激光雷达的组成

激光雷达是由发射系统、接收系统、信号采集处理系统、控制系统等组成的，如图2.24所示。

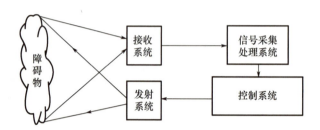

图2.24 激光雷达系统的组成

激光雷达发射系统主要负责向障碍物发出激光信号；接收系统主要负责接收障碍物反射回来的激光信息；信号采集处理系统主要负责处理接收回来的信号，使之能够符合下一级系统的要求，这是激光雷达系统最关键的环节，直接影响激光雷达系统的测量精度；控制系统的主要作用是提供信号并且对接收回来的信号进行数据处理。

5. 激光雷达的测距原理

激光雷达的测距原理是通过测算激光发射信号与激光回波信号的往返时间，从而计算出目标的距离。激光雷达发出激光束，激光束碰到障碍物后被反射回来，被激光接收系统进行接收和处理，从而得知激光从发射至被反射回来并接收之间的时间，即激光的飞行时间，根据飞行时间，可以计算出障碍物的距离。

根据所发射激光信号的不同形式，激光测距方式可分为脉冲激光测距和连续波相位激光测距两大类。目前，主要用到的测距方法有脉冲测距法、干涉测距法和相位测距法等。

(1) **脉冲测距法**。用此法测量距离时，激光器发出一个光脉冲，同时设定的计数器开始计数，当接收系统接收到经过障碍物反射回来的光脉冲时停止计数。计数器所记录的时间就是光脉冲从发射到接收所用的时间。光速是一个固定值，所以只要得到发射到接收所用的时间就可以算出所要测量的距离，如图2.25所示。

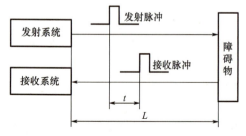

图2.25 脉冲测距法测距原理

设 c 为光在空气中传播的速度，$c=3×10^8\,\text{m/s}$，

光脉冲从发射到接收的时间为 t，则待测距离为 $L=ct/2$。

脉冲测距法所测的距离比较远，激光发射功率较高，一般从几瓦到几十瓦不等，最大射程可达几十千米。脉冲测距法的关键之一是对激光飞行时间的精确测量。脉冲测距法的测量精度和分辨率与发射信号带宽或处理后的脉冲宽度有关，脉冲越窄，性能越好。

（2）**干涉测距法**。干涉测距法是指利用光波的干涉特性来实现距离测量的方法。根据干涉原理，产生干涉现象的条件是两列有相同频率、相同振动方向的光相互叠加，并且这两列光的相位差固定。如图 2.26 所示，激光器发射出一束激光，通过分光镜分为两束相干光波，两束光波各自经过反射镜 M1 和 M2 反射回来，在分光镜处又汇合到一起。由于两束光波的路程差不同，通过干涉后形成的明暗条纹不同，因此传感器将干涉条纹转换为电信号之后，就可以实现测距功能。

干涉测距法虽然已经很成熟，并且测量精度也很好，但是它一般用于测量距离变化，不能直接测量距离，所以一般应用于干涉仪、测振仪、陀螺仪。

（3）**相位测距法**。相位测距法的测距原理是利用发射波和返回波之间形成的相位差来测量距离。首先，经过调制的频率通过发射系统发出一个正弦波的光束，然后，通过接收系统接收经过障碍物之后反射回来的激光。只要求出这两束光波之间的相位差，便可通过此相位差计算出待测距离。相位测距法测距原理如图 2.27 所示。

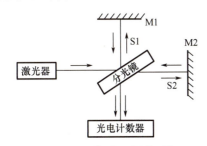

图 2.26 干涉测距法测距原理

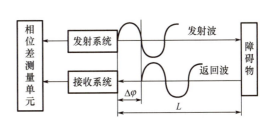

图 2.27 相位测距法测距原理

激光从发射到接收的时间为

$$t = \frac{\Delta\varphi}{\omega} = \frac{\Delta\varphi}{2\pi f} \quad (2-4)$$

式中，$\Delta\varphi$ 为发射波和返回波之间的相位差；ω 为正弦波角频率；f 为正弦波频率。

待测距离为

$$L = \frac{1}{2}ct = \frac{c\Delta\varphi}{4\pi f} \quad (2-5)$$

相位测距法具有测量精度高、体积小、结构简单、昼夜可用的优点，被公认为最有发展潜力的距离测量方法。相比于其他类型的测距方法，相位测距法是朝着小型化、高稳定性、方便与其他仪器集成的方向发展的。

6. 激光雷达的主要指标

美国 Velodyne 公司生产的激光雷达如图 2.28 所示，从左至右分别是 HDL-64、HDL-32 和 VLP-16，其主要指标见表 2-4。

图 2.28 美国 Velodyne 公司生产的激光雷达

表 2-4 美国 Velodyne 公司生产的激光雷达的主要指标

指标	HDL-64	HDL-32	VLP-16
激光束	64	32	16
扫描距离/m	120	100	100
精度/cm	±2	±2	±3
数据类型	距离/密度	距离/校准发射率	距离/校准发射率
垂直扫描角度/(°)	26.8	40	30
水平扫描角度/(°)	360	360	360
功率/W	60	12	8
尺寸（直径×高）/mm×mm	203×284	86×145	104×72
质量/kg	15	1	0.83

7. 激光雷达的应用

【激光雷达检测仿真】

图 2.29 IBEO LUX（4线）激光雷达

IBEO LUX（4线）激光雷达是德国 IBEO 公司借助高分辨率激光测量技术推出的第一款多功能的汽车智能传感器，如图 2.29 所示。它拥有 110°的宽视角、0.3～200m 的探测距离和绝对安全的一等级激光。

IBEO LUX（4线）激光雷达不仅输出原始扫描数据，而且同时输出每个测量对象的数据，如位置、尺寸、纵向速度、横向速度等，拥有智能分辨率、远距离测量、全天候测量等能力，结合 110°的宽视角，在以下方面具有出色的性能。

（1）行人保护。当一个人出现在汽车行驶的前方路面时，需要汽车提供保护，LUX（4线）激光雷达能检测 0.3～30m 视场范围内的所有行人。通过分析对象的外形、速度和腿部移动来区分行人与普通物体，传感器在启动安全保护措施（如安全气囊前300ms时发出警告，这样便可在发生碰撞之前保护行人。

（2）自适应巡航控制系统的启和停。基于IBEO LUX（4线）激光雷达的自适应巡航控制系统可在0～200km/h的速度范围内实现自动行驶，并可自动调整车速，如有必要，制动停行。宽视场范围使它能及时地检测到并线的汽车，并且快速判断它的横向速度。

（3）车道偏离预警。IBEO LUX（4线）激光雷达可以检测汽车行驶前方的车道线标识和潜在的障碍，同时也可以计算汽车在道路中的位置。如果汽车偏离航线，系统会立即发出预警。

（4）自动紧急制动。IBEO LUX（4线）激光雷达实时检测汽车行驶前方的所有静止物体和移动物体，并且判断它们的外形，当要发生危险时，自动紧急制动。

（5）预碰撞处理。通过分析所有的环境扫描数据，不管即将发生什么样的碰撞（如擦碰），预碰撞功能都会在碰撞发生前100ms发出警告。IBEO LUX（4线）激光雷达能计算出碰撞的初始接触点并且采取措施以减小碰撞，提前启动安全系统。

（6）交通拥堵辅助。针对城市拥堵路况，IBEO LUX（4线）激光雷达能够在上下班路上消除频繁起停而带来的烦恼，驾驶人只需掌握好汽车转向盘。该功能在车速小于30km/h的路况下显得尤为重要；缓和的加、减速度和可靠行人保护功能，使汽车驾驶既安全又省心。

（7）低速防碰撞功能。汽车行驶途中，哪怕是一小会儿的分神也有可能导致事故的发生，引入低速防碰撞功能，IBEO LUX（4线）激光雷达检测并分析前方的路况，汽车会在发生碰撞前自动停驶，使以前在30km/h速度下时常发生的类似事故不再发生。

2.2.5 视觉传感器

1. 视觉传感器的定义

视觉传感器是指利用光学元件和成像装置获取外部环境图像信息的仪器，通常用图像分辨率来描述视觉传感器的性能。 视觉传感器的精度不仅与分辨率有关，而且同被测物体的检测距离相关。被测物体距离越远，其绝对的位置精度越差。

【视觉传感器】

广义的视觉传感器主要由光源、镜头、图像传感器、模数转换器、图像处理器、图像存储器等组成，如图2.30所示，其主要功能是获取足够的机器视觉系统要处理的最原始图像。

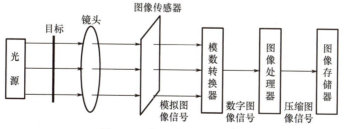

图2.30 视觉传感器的组成

狭义的视觉传感器是指图像传感器，它的作用是将镜头所成的图像转变为数字或模拟信号输出，是视觉检测的核心部件，主要有CCD图像传感器和CMOS图像传感器。

CCD摄像机的灵敏度和解析度均比CMOS摄像机高，为了能够确保视觉识别的精度和准确度，一般选用CCD摄像机作为图像传感器。

2. 视觉传感器的类型

视觉传感器在智能网联汽车上的应用是以摄像头的方式出现的，主要用于自适应巡航控制系统、车道偏离预警系统、车道保持辅助系统、盲区监测系统、自动制动辅助系统中的障碍物检测和道路检测等。

摄像头一般分为单目摄像头、双目摄像头和环视摄像头。

图2.31 单目摄像头

（1）**单目摄像头**。单目摄像头如图2.31所示，一般安装在前风窗玻璃上部，用于探测汽车前方环境，识别道路、车辆、行人等。先通过图像匹配进行目标识别（各种车型、行人、物体等），再通过目标在图像中的大小去估算目标距离。这就要求对目标进行准确识别，然后建立并不断维护一个庞大的样本特征数据库，保证这个数据库包含待识别目标的全部特征数据。如果缺乏待识别目标的特征数据，就无法估算目标的距离，导致先进驾驶辅助系统的漏报。

单目摄像头的优点是成本低廉，能够识别具体障碍物的种类，识别准确；缺点是由于其识别原理导致其无法识别没有明显轮廓的障碍物，工作准确率与外部光线条件有关，并且受限于数据库，没有自学习功能。

（2）**双目摄像头**。双目摄像头通过对两幅图像视差的计算，直接对前方景物（图像所拍摄到的范围）进行距离测量，而无须判断前方出现的是什么类型的障碍物。依靠两个平行布置的摄像头产生的视差，找到同一个物体所有的点，依赖精确的三角测距，就能够算出摄像头与前方障碍物的距离，实现更高的识别精度和更远的探测范围。使用这种方案，需要两个摄像头有较高的同步率和采样率，因此技术难点在于双目标定及双目定位。相比单目摄像头，双目摄像头没有识别率的限制，无须先识别可直接进行测量；直接利用视差计算距离精度更高；无须维护样本数据库。但因为检测原理上的差异，双目摄像头在距离测算上比单目摄像头及毫米波雷达、激光雷达硬件成本和计算量级大幅增加。

图2.32所示是博世的双目摄像头，两个摄像头之间的距离为12cm，像素数为1080×960，水平视角为45°，垂直视角为25°，最大探测距离为50m，不仅可以用于自动制动系统，而且可以用于车道偏离预警系统和交通标志识别系统等。

图2.32 博世的双目摄像头

（3）**环视摄像头**。环视摄像头一般至少包括四个摄像头，分别安装在汽车前、后、左、右侧，实现360°环境感知，如图2.33所示。

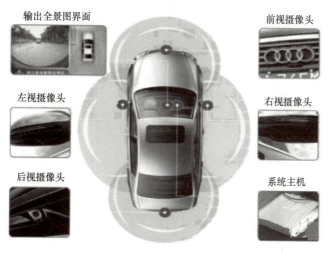

图 2.33 环视摄像头

摄像头有红外摄像头和普通摄像头，红外摄像头既适合白天工作，也适合黑夜工作；普通摄像头只适合白天工作，不适合黑夜工作。目前使用的主要是红外摄像头。

3. 视觉传感器的安装位置

根据不同先进驾驶辅助系统的功能需要，摄像头的安装位置也有所不同，主要分为前视、后视、侧视及内置，如图2.34所示。实现自动驾驶时先进驾驶辅助系统将安装六个以上摄像头。

图 2.34 智能网联汽车摄像头的安装位置

前视摄像头一般采用55°左右的镜头来得到较远的有效距离，有单目和双目两种解决方案。双目摄像头需要安装在两个位置，成本较单目摄像头高50%。前视摄像头可以实现先进驾驶辅助系统主动安全的核心功能，如车道偏离预警、车辆识别、行人识别、道路标志识别等，也是自动紧急制动、自适应巡航等主动控制功能的信号入口，安全等级较高，应用范围较广。

后视摄像头采用广角或鱼眼镜头，主要为倒车后视使用。

侧视摄像头一般使用两个广角摄像头，完成盲区监测等工作，也可代替后视镜，这一部分功能也可由超声波传感器替代。

内置摄像头采用广角镜头，安装在车内后视镜处，完成在行驶过程中对驾驶人的闭眼提醒。

环视摄像头也采用广角镜头，通常在汽车四周装备四个环视摄像头进行图像拼接实现全景图，通过辅助算法可实现道路线感知。

4. 视觉传感器的要求

车载摄像头在工艺上的首要特性是快速，特别是在高速行驶时，系统必须能够记录关键驾驶状况，评估这种状况并实时启动相应措施。在 140km/h 的速度下，汽车每秒要移动约 40m。为避免两次图像信息获取间隔自动驾驶的距离过长，要求摄像头具有最慢不低于每秒 30 帧的影像捕捉率，在汽车制造商的规格中，甚至提出了每秒 60 帧和 120 帧的要求。

在功能上，要求车载摄像头在复杂的运动路况环境下能采集到稳定的数据。具体表现为以下几点。

（1）高动态。在较暗环境及明暗差异较大环境下仍能实现识别，要求摄像头具有高动态的特性。

（2）中低像素。为降低计算处理的负担，摄像头的像素并不需要非常高，目前 30 万～120 万像素已经能满足要求。

（3）角度要求。对于环视摄像头和后视摄像头，一般采用 135°以上的广角镜头；前视摄像头对视距要求更大，一般采用 55°左右的镜头。

（4）相比工业级和生活级摄像头，车载摄像头在安全级别上要求更高，尤其是前视摄像头安全级别要求更高。

（5）温度要求。车载摄像头的温度范围为 -40~80℃。

（6）防磁抗振。汽车起动时会产生极高的电磁，车载摄像头必须具备极高的防磁抗振的可靠性。

（7）使用寿命长。车载摄像头的使用寿命要在 10 年以上才能满足要求。

5. 视觉传感器的应用

【视觉传感器检测仿真】

车载摄像头是实现众多预警、识别类先进驾驶辅助功能的基础。在众多先进驾驶辅助功能中，视觉影像处理系统较基础，对于驾驶人也更直观，而摄像头是视觉影像处理系统的基础，因此车载摄像头对于智能驾驶必不可少。车道偏离预警、前向碰撞预警、交通标志识别、车道保持辅助、行人碰撞预警、盲区监测、全景泊车、泊车辅助、驾驶人疲劳预警等众多功能都可借助摄像头实现，有的功能甚至只能通过摄像头实现。

汽车上使用的视觉传感器的主要型号见表 2-5，表中报价仅供参考。

图 2.35 显示了视觉传感器在智能网联汽车中的主要应用，包括前视、后视、侧视、内视等。以前视为例，夜视、车道偏离预警、碰撞预警、交通标志识别等应用要求视觉系统在各种天气、路况条件下，能够清晰地识别车道线、车辆、障碍物、交通标志等。

表 2-5 汽车上使用的视觉传感器的主要型号

公司/型号	主要参数		报价	图片
Point Grey Firefly	帧率	每秒60幅	2000～3000元	
	像素/μm	6.0×6.0		
	分辨率/dpi	752×480		
IDS uEys XS	帧率	每秒30幅	6000～8000元	
	像素/μm	1.4×1.4		
	分辨率/dpi	2592×1944		

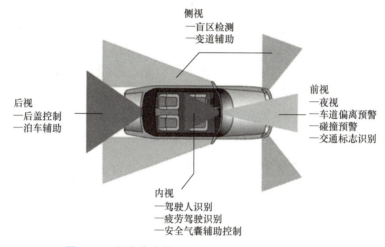

图 2.35 视觉传感器在智能网联汽车中的主要应用

超声波传感器、毫米波雷达、激光雷达和视觉传感器作为主要的环境感知传感器,它们的选择需要综合考虑其性能特点和性价比,它们之间的比较见表2-6。

表 2-6 环境感知传感器的比较

传感器类型	一般测量性能	环境影响
超声波传感器	测量范围为0.2～10m;测量精度为±0.1m;测量频率为10～20Hz	不受光照影响,测量精度受测量物体表面形状、材质的影响大
毫米波雷达	测量范围为0～100m;测量精度为±0.5m;测量频率为20～50Hz	角度分辨率高,抗电子干扰强
激光雷达	测量范围为1～200m;测量精度为±0.1m;测量频率为10～20Hz	聚焦性好,易实现远程测量,能量高度集中,具有一定的危害性
视觉传感器	测量范围为3～25m;测量精度为0.3m;测量频率为每秒30～50帧	测量精度不受物体表面材质、形状等因素影响,受环境光照强度的影响大

2.3 道路识别技术

道路识别主要是识别道路的车道线,用于车道偏离报警系统和车道保持辅助系统等,如图 2.36 所示。

图 2.36 道路识别

道路识别在实现方法上主要分为基于雷达成像原理的雷达传感器道路识别和基于机器视觉图像的视觉传感器道路识别两类。

2.3.1 道路识别分类

道路识别的任务是提取车道的几何结构,如车道的宽度、车道线的曲率等;确定汽车在车道中的位置、方向;提取汽车可行驶的区域。

根据道路构成的特点,道路识别可以分为结构化道路识别和非结构化道路识别两类。

(1) 结构化道路识别。结构化道路具有明显的车道标识线或边界,几何特征明显,车道宽度基本上保持不变,如城市道路、高速公路。结构化道路识别一般依据车道线的边界或车道线的灰度与车道明显不同来实现检测。结构化道路识别对道路模型有较强的依赖性,并且对噪声、阴影、遮挡等环境变化敏感。结构化道路识别技术比较成熟。

(2) 非结构化道路识别。非结构化道路相对比较复杂,一般没有车道线和清晰的道路边界,或路面凹凸不平,或交通拥堵,或受到阴影和水迹的影响。多变的道路类型,复杂的环境背景,以及阴影与变化的天气等都是非结构化道路识别所面临的困难,而且这些使道路区域和非道路区域更难以区分,所以针对非结构化道路的道路识别方法尚处于研究阶段。非结构化道路识别主要依据车道的颜色或纹理。

从算法的实现原理来看,虽然道路识别在实现细节上各不相同,但可以用图 2.37 所示的理论框架加以概括。也有部分道路识别未使用框架内的方法,如神经网络方法。

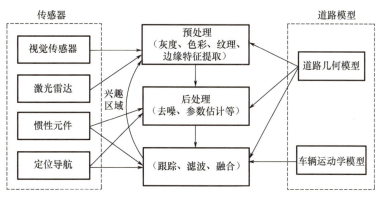

图 2.37　道路识别算法的理论框架

2.3.2　道路图像特点

复杂的道路环境和复杂的气候变化都会影响道路识别，道路图像具有以下特点。

1. 阴影条件下的道路图像

阴影检测和去除一直是计算机视觉研究中的热点和难点，可以通过分析阴影特征来识别道路。

阴影检测一是基于物体的特性，二是基于阴影的特性。前者通过目标的三维几何结构、已知场景和光源信息来确定阴影区域。后者通过分析阴影在色彩、亮度和几何结构等方面的特征来识别阴影。第一种方法局限性很大，因为获得场景、目标的三维结构信息并不是件容易的事。而第二种方法则具有普遍性和实用性，因为直射光线被遮挡，造成阴影区域较暗，亮度较小，这些都是检测阴影的重要特征；另外，分析阴影的色彩特征是目前的研究热点，因为彩色图像比灰度图像包含更多的信息。

2. 强弱光照条件下的道路图像

光照可分为强光照射和弱光照射。强光照射造成的路面反射会使道路其余部分图像的亮度变大，而弱光照射会使道路的图像变得暗淡。例如，阴天，道路图像具有黑暗、车道线难辨别等特点。

3. 雨天条件下的道路图像

雨水覆盖分为完全覆盖和部分覆盖两种。前者完全改变了道路的相对特征和种子像素，因此这种情况下能够自然地识别。后者如果雨水能反光，可以通过光照处理来解决。

4. 弯道处的道路图像

弯道道路图像与直线道路图像相比，在建模上会有些复杂，但是并不影响道路图像的检测。弯道图像的彩色信息和普通图像的彩色信息差别不大，所以依然可以利用基于模型的道路图像进行建模，提取弯道曲线的斜率从而进一步检测图像。考虑到汽车行驶的重要信息均来自近区域，而近区域视野的车道线可近似看成直线模型。

2.3.3 图像特征分类

要对图像中的物体进行分类,就需要先知道图像当中各个部分的特征,并将这些特征作为划分的标准。从某种意义上,特征对分类的精确度起着决定性作用。图像中最基本的特征是颜色,除此之外,还有纹理、形状等个体特征,以及空间位置关系这种整体特征。

1. 颜色特征

颜色特征就是对图像或图像区域中色彩的一个描述。它的特点是并不关注细节,不关注具体的某一个像素,而是从整体上来统计图像或图像区域中的色彩。颜色特征有它自己的优点,如颜色是不会因为旋转图像而发生变化的,即使是放大或缩小图像,也一样不会有影响。但是这样一来颜色特征不太适用于对图像中某一局部进行描述。在图像处理中,常用的颜色特征包括颜色直方图、颜色集、颜色矩、颜色聚合向量等。

2. 纹理特征

纹理特征给人的直观印象是图像中色彩分布的某种规律性,它也是面向全局的。但是它和颜色特征还不太一样,它在对每个像素点进行讨论时,往往需要在此像素点的邻域内进行分析。纹理特征是不会因为图像的旋转而发生变化的,对于一些噪声也有比较好的适应性。但是它也有自己的缺点,如放大或缩小图像时,纹理特征会发生变化,而且光线的变化也会对纹理特征产生影响。纹理特征的提取方法有很多种,如统计方法、结构方法、模型方法和信号处理方法等。统计方法是基于像元及其邻域的灰度属性,研究纹理区域中的统计特性,或像元及其邻域内灰度的一阶、二阶或高阶统计特性,如灰度共生矩阵法;结构方法是基于纹理基元分析纹理特征,着力找出纹理基元,认为纹理由许多纹理基元构成,不同类型的纹理基元、不同的方向和数目等,决定了纹理的表现形式,如数学形态学法;模型方法中,假设纹理是以某种参数控制的分布模型方式形成的,从纹理图像的实现来估计计算模型参数,以参数为特征或采用某种分类策略进行图像分割,如随机场模型法;信号处理方法建立在时域分析、频域分析与多尺度分析的基础上,对纹理图像中的某个区域实行某种变换后,再提取保持相对平稳的特征值,以此特征值作为特征表示区域内的一致性,以及区域间的相异性,如小波变换方法。信号处理方法是从变换域中提取纹理特征,其他方法是从图像域中提取纹理特征。

3. 形状特征

形状特征的提出主要是为了讨论图像或图像区域中物体的各种形式的形状。这里的形状包含了图像或图像区域的周长、面积、凹凸性及几何形状等特征。按照形状特征的关注点不同,一般把形状特征分为着眼于边界的特征和关系到整个区域的特征。比较成熟的形状特征描述方法如下:边界特征法着眼于图像中的边界,借以描述图像的形状,采用Hough变换提取直线和圆就是这类方法的典型应用;傅里叶形状描述符法是针对物体的边界进行傅里叶变换,因为边界有封装和周期性的特征,它可以把二维的问题降为一维;几何参数法是利用形状的定量计算来描述形状特征,计算的参数包括面积、周长、圆度、偏心率等。

4. 空间位置关系特征

图像当中的物体是丰富多彩的，物体作为一个独立的个体有它自己的特性，而从整体来看，物体和物体之间也会存在一定的联系，其中最直接的联系就是空间位置关系。例如，物体之间可能邻接，也可能被其他物体间隔；可能相互重叠，也可能互不关联。在描述物体空间位置时，可以用绝对的描述，如用具体的图像中的坐标；也可以用相对的描述，如相对某一物体的左或右等。空间位置关系的作用是加强图像当中物体彼此区分的能力。但是存在的问题是，空间位置关系随着图像的旋转会发生变化，而尺度的变化也同样会影响它的效果。正是因为这个特点，一般要将空间位置关系和其他特征配合起来使用。

2.3.4　道路识别方法

为了能在智能网联汽车的先进驾驶辅助系统中应用视觉识别技术，视觉识别必须具备实时性、鲁棒性、实用性这三个特点。实时性是指系统的数据处理必须与汽车的行驶速度同步进行；鲁棒性是指智能网联汽车上的机器视觉系统对不同的道路环境和变化的气候条件具有良好的适应性；实用性是指智能网联汽车先进驾驶辅助系统能够被普通用户接受。

道路识别方法大体可以分为基于区域分割的识别方法、基于道路特征的识别方法和基于道路模型的识别方法。

1. 基于区域分割的识别方法

基于区域分割的识别方法是把道路图像的像素分为道路和非道路两类。分割的依据一般是颜色特征或纹理特征。基于颜色特征的区域分割识别方法的依据是道路图像中道路部分的像素与非道路部分的像素的颜色存在显著差别。根据采集到的图像性质，颜色特征可以分为灰度特征和彩色特征两类。灰度特征来自灰度图像，可用的信息为亮度的大小。彩色特征除了亮度信息外，还包含色调和饱和度。基于颜色特征的道路识别的本质是彩色图像分割问题，主要涉及颜色空间的选择和采用的分割策略两个方面。当然，由于不同道路的颜色和纹理会有变化，而且道路的颜色也随时间变化而变化，基于区域的分割是一个很困难的问题。同时，路面区域分割方法大多计算量大，难以精确定位车道的边界。

2. 基于道路特征的识别方法

基于道路特征的识别方法主要是结合道路图像的一些特征（如颜色、梯度、纹理等特征），从所获取的图像中识别出道路边界或车道标识线，适合于有明显边界特征的道路。基于道路特征的识别过程一般分为两个阶段：第一阶段是特征提取，主要是利用图像预处理技术、边缘检测技术提取属于车道线的像素集合，并利用相位技术确定车道线像素的方向；第二阶段是特征聚合，即把车道线像素聚合为车道线，包括利用车道线宽度恒定的约束进行车道线局部聚合，再利用车道线平滑性约束、平行车道线交于消隐点的约束进行车道线的长聚合。

基于道路特征的识别方法中的特征主要可以分为灰度特征和彩色特征。基于灰度特征的识别方法是从汽车前方的序列灰度图像中，利用道路边界和车道标识线的灰度特征完成对道路边界及车道标识线的识别；基于彩色特征的识别方法是利用获取的序列彩色图像，根据道路及车道标识线的特殊色彩特征来完成对道路边界和车道标识线的识别。目前，应用较多的是基于灰度特征的识别方法。

基于道路特征的识别方法与道路形状没有关系，其鲁棒性较好，但对阴影和水迹较为敏感，且计算量较大。

3. 基于道路模型的识别方法

基于道路模型的识别方法主要是基于不同的道路图像模型（二维或三维），采用不同的检测技术（Hough变换、模板匹配技术、神经网络技术等）对道路边界或车道线进行识别。

在道路平坦的假设前提下，道路图像中的车道线可以认为在同一平面上，这时道路模型有直线道路模型、多项式曲线道路模型、双曲线道路模型及样条曲线道路模型等。目前，最常用的道路几何模型是直线道路模型。

为了更准确地描述道路形状，提出了曲线道路模型。常用的弯道模型有同心圆曲线模型、二次曲线模型、抛物线模型、双曲线模型、直线-抛物线模型、线性双曲线模型、广义曲线模型、回旋曲线模型、样条曲线模型、圆锥曲线模型和分段曲率模型等。

在道路不平坦的情况下，可以利用双目视觉系统获得立体道路图像，通过建立三维道路图像模型进行车道检测。基于二维道路图像模型的识别方法便于采用，而且不需要精确的标定或了解汽车的自身参数，但其很难对汽车位置进行估计。基于三维道路图像模型的识别方法主要用于对距离的分析要求不是很高的、没有标志的道路识别，具有模型比较简单，当噪声强度比较大时，识别精度比较低，模型比较复杂时，模型的更新比较困难的缺点。

基于道路模型的识别方法检测出的道路较完整，只需较少的参数就可以表示整个道路，所以此方法对阴影、水迹等外界影响有较强的抗干扰性，不过在道路类型比较复杂的情况下，很难建立准确的模型，降低了对任意类型道路检测的灵活性。

4. 基于道路特征与模型相结合的识别方法

基于道路特征与模型相结合的识别方法的基本思想是利用基于道路特征的识别方法对阴影、光照变化等方面的鲁棒性，对待处理图像进行分割，找出其中的道路区域，再根据道路区域与非道路区域的分割结果找出道路边界，并使用道路边界拟合道路模型，从而达到综合利用基于道路特征的识别方法与基于道路模型的识别方法的目的。

基于道路特征与模型相结合的识别方法要取得好的识别效果，其关键之处在于分割与拟合这两个过程。基于特征的分割过程能否准确地分割待处理图像的道路区域与非道路区域，将直接影响拟合的准确性；道路模型的拟合过程能否排除分割过程残留的噪声的影响，能否适应复杂环境中道路形状的变化，将直接影响道路检测的最终结果。因此，找到一种鲁棒性强的分割方法及一种能适应多种道路形状变化的道路模型，是算法成功的关键。

2.3.5 道路识别实例

(1) 获取原始图像。利用视觉传感器采集道路原始图像，如图2.38所示。

【道路和车辆识别】

图2.38 道路原始图像

(2) 选取图像感兴趣区域。视觉传感器采集的图像中，一般包含大量无用的干扰信息，为了加快图像处理的运算速度，提高应用的实时性要求，有必要确定图像感兴趣区域。道路图像感兴趣区域如图2.39所示。

图2.39 道路图像感兴趣区域

(3) 阈值分割。在进行图像边缘检测前一般要经过图像的阈值分割，使图像的边缘信息更加突出，易于识别检测。阈值分割相当于图像的二值化过程，其基本思想就是确定进行分割的阈值，然后将图像中的每一个像素点与此阈值进行比较，大于此阈值的像素点置为白色，小于此阈值的置为黑色，以此来增加图像的对比度。基于直方图的阈值分割实质上就是通过分析道路图像的灰度值在直方图中的分布特征，确定一个最优的阈值来实现图像分割。经过阈值分割后的二值化图像如图2.40所示。

图2.40 经过阈值分割后的二值化图像

(4) 边缘检测。应用Sobel算子对感兴趣区域的道路图像进行边缘检测，如图2.41所示，图像显示了经过运算后的图像边缘信息，图像中的像素突变处的轮廓都被有效地检测出来。

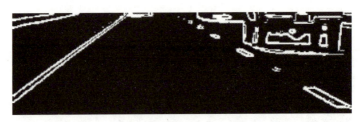

图 2.41　道路图像 Sobel 算子边缘检测

(5) 逻辑运算。将图像边缘检测的结果与图像阈值分割的结果进行逻辑运算,过滤掉图像中的干扰信息,保留相同的像素点,如图 2.42 所示。该方法对于图像干扰信息的过滤非常有效,而且计算简单方便,处理速度快,能够获得良好的前处理效果,有利于后续应用 Hough 变换原理等进行道路的检测识别。

图 2.42　道路图像 Sobel 算子边缘检测与阈值分割的逻辑运算

(6) 道路识别。在 MATLAB│Simulink 中构建基于单目视觉的道路识别与检测系统,对感兴趣区域进行识别,识别结果如图 2.43 所示。

图 2.43　感兴趣区域道路的识别结果

2.4　车辆识别技术

2.4.1　车牌识别技术

1. 车牌识别系统的组成

车牌识别系统集合了先进的光电、计算机视觉、信号处理、图像处理、模式识别、人工智能、远程数据访问等技术,实现对监控路面过往的每一辆机动车的特征图像和车辆全景图像进行连续全天候实时记录，利用图像处理的分析方法，提取车牌区域，进而对车牌区域进行字符分割和识别。车牌识别系统的组成如图 2.44 所示。

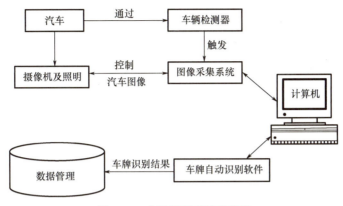

图 2.44　车牌识别系统的组成

2. 车牌识别系统的功能

车牌识别系统包括以下功能。

（1）图像预处理。汽车图像的采集主要是利用摄像机室外拍摄车牌图像，因此存在许多干扰，为了减小误差，必须对图像进行预处理（灰度化、图像滤波、图像增强等），为车牌定位做好准备。

（2）车牌定位。车牌定位包括车牌的粗定位和精确定位，以及从汽车图像中提取车牌图像。

（3）车牌字符分割。车牌中的字符可能出现一定的倾斜，故要对车牌倾斜进行校正。然后将车牌中的字符正确地分割成单个字符。

（4）车牌字符识别。对分割出的车牌中的字符进行归一化处理，识别字符并显示车牌号码。

3. 车牌区域特征

不同国家，车牌的特征是不一样的，我国车牌具有以下四种可用于定位的特征：颜色特征、纹理特征、形状特征、灰度跳变特征。

（1）颜色特征。颜色特征是一种全局特征，是基于像素点的特征。现有的车牌主要由四种类型组成：小型汽车的蓝底白字车牌、大型汽车的黄底黑字车牌、军警车的白底黑字车牌、国外驻华使馆用车的黑底白字车牌。车牌底色和字符颜色反差较大，由于颜色对图像区域的方向、大小等变化不敏感，因此颜色特征不能很好地捕捉图像中车牌的局部特征。另外，仅使用颜色特征，信息量过大，基本上是灰度信息的 3 倍大，处理时间太长。

（2）纹理特征。纹理特征描述了车牌区域的表面性质。车牌内的字符大小统一、水平排列，有一部分会因为拍摄的原因存在一定程度的倾斜，字符和背景之间灰度值对比明显。但由于纹理只是物体表面的特性，并不能完全反映出物体的本质属性，因此仅仅利用纹理特征也是有问题的。与颜色特征不同，纹理特征不是基于像素点的特征，它需要在包含多个像素点的区域中进行统计计算。在模式识别中，这种区域性的特征具有较大的优越性。作为一种统计特征，纹理特征对于噪声有较强的抵抗能力。但是，纹理特征也有其缺点，如容易受到光照强度、反射情况的影响。

（3）形状特征。形状特征通常有两类表示方法，一类是轮廓特征，另一类是区域特征。轮廓特征主要针对物体的外边界，而区域特征则关系到整个形状区域。由于受摄像头的安装位置和拍摄角度的限制，拍摄到的图像中车牌区域往往不是矩形，而是平行四边形。但是车牌大小是按标准统一的，即宽高比是一定的，即使有所变形也在一定的范围内，因此车牌在原始图像中的相对位置比较集中，偏差不会很大。

（4）灰度跳变特征。车牌的底色、边缘颜色和车身的颜色各不相同，表现在图像中就是灰度级互不相同，这样在车牌边缘形成灰度突变边界，形成灰度跳变特征。事实上，车牌边缘在灰度上的表现就是一种屋顶状边缘。在车牌区域内部，由于字符本身和牌照底色的灰度是均匀的，因此穿过车牌的水平直线呈连续的峰、谷、峰分布。

4. 车牌定位算法

车牌定位算法很多，如基于灰度值的车牌定位算法、基于边缘检测技术的车牌定位算法、基于频谱分析的车牌定位算法、基于神经网络的车牌定位算法、基于遗传算法的车牌定位算法、基于模糊逻辑的车牌定位算法等。

（1）基于灰度值的车牌定位算法。基于灰度值的车牌定位算法，其基本原理是车牌底色、车牌边框颜色及背景颜色灰度化后灰度值不同，形成了灰度值突变的边界。车牌边框的灰度值高于背景的灰度值，并且车牌边框为平行四边形，通过边缘提取进行定位。

（2）基于边缘检测技术的车牌定位算法。基于边缘检测技术的车牌定位算法，根据车牌的特征和车牌内部字符的边缘特征，估计出最大车牌的区域。该算法可能会把干扰强的边缘误记为车牌窗口，需要大量的车牌字符区域和图像宽度比例的先验知识。

（3）基于频谱分析的车牌定位算法。基于频谱分析的车牌定位算法，如小波变换，根据小波分析可以在不同的分辨率层次上对图像进行分割，在低分辨率层次上进行粗分割，可以节约时间并同时为细分割缩小检测范围。

（4）其他车牌定位算法。基于神经网络、遗传算法、模糊逻辑的车牌定位算法等需要大量的先验知识，同时计算量巨大，但记忆性好。

任何算法均有其优劣，仅靠单一的算法是无法在多种情况下取得较好的定位效果的，可以多种算法综合使用。

5. 字符识别算法

字符识别算法有很多，如基于模板匹配的字符识别算法、基于特征统计匹配算法、基于边缘检测和水平灰度变化特征的算法、基于颜色相似度及彩色边缘的算法等。

（1）<u>基于模板匹配的字符识别算法</u>。模板匹配算法是一种经典的模式识别算法，是最直接的字符识别算法，其实现方式是计算输入模式与样本之间的相似性，取相似性最大的样本为输入模式所属类别。这种算法具有较快的识别速度，尤其对二值图像，速度更快，可以满足实时性要求。但它对噪声十分敏感，任何有关光照、字符清晰度的变化都会影响识别的正确率，而且往往需要使用大量的模板或多个模板进行匹配。

（2）<u>基于特征统计匹配算法</u>。针对字符图像的特征提取法多种多样，有逐像素特征提取法、垂直方向数据统计特征提取法、基于网格的特征提取法、弧度梯度特征提取法等。这种特征对一般噪声不敏感，选取的特征能够反映出图像的局部细节特征，算法相对简单，然而在实际应用中，由于外部原因的存在常常会出现字符模糊、字符倾斜等情况，从而影响识别效果，当字符出现笔画融合、断裂、部分缺失时，此算法更加无能为力，因此实际应用效果不理想，抗干扰性不强。

（3）**基于边缘检测和水平灰度变化特征的算法**。这类算法是使用最多的，细分类也较多，有用可变矩形模板检测的方法搜索符合条件的车牌矩形区域的算法，有记录灰度水平跳变频度的算法，速度快、漏检率低，但误检率高。

（4）**基于颜色相似度及彩色边缘的算法**。这类算法一般利用颜色模型转换，结合先验知识，进行定位和判断，不受大小限制，精度较高，但是对图像品质要求高，对偏色、牌照褪色及背景色干扰等情况无能为力，一般也不独立使用。

6. 车牌识别应用

电子警察是车牌识别技术在我国交通管理中的一个成功应用。随着技术的进步，电子警察系统已由早期单一的闯红灯抓拍演变为多项违章内容的监控系统，包括超速行驶、违章压黄线、禁区停车、逆行等多项内容。此外，对打击有记录的黑车也有很大帮助，使之无所遁形、束手就擒，很大程度上节省了警力。电子警察的应用缓解了日益繁忙的交通勤务管理与警力严重不足之间的矛盾，有效抑制了机动车驾驶人的违章行为，规范了城市交通秩序。

在停车场管理和停车场信息系统中也应用了车牌识别技术。在园区停车场出口、入口处，设有车牌自动识别系统，对进出停车场的车辆自动识别，根据数据库中的车牌数据进行管理，并记录其出入停车场的时间，以便在出现汽车被盗等情况时查询，有效地加强了管理，降低了汽车丢失率，打击盗窃车辆的犯罪活动。目前，车牌自动识别技术大量应用于智能园区的障碍是识别率和成本。随着识别率的提高和成本的降低，这种车牌自动识别产品将会大量使用于智能园区的车辆管理。

2.4.2　运动车辆识别技术

前方运动车辆识别如图2.45所示。前方运动车辆识别是判断安全车距的前提。车辆识别的准确与否不仅决定了测距的准确性，而且决定了是否能够及时发现一些潜在的交通事故。运动车辆识别在智能网联汽车先进驾驶辅助系统中有着广泛的应用，如前车防撞预警系统、自动制动辅助系统、自适应巡航控制系统等。

【车辆和车道线识别】

识别算法用于确定图像序列中是否存在汽车，并获得其基本信息，如大小、位置等。摄像头跟随汽车在道路上运动时，所获取道路图像中汽车的大小、位置和亮度等是在不断变化的。根据车辆识别的初始结果，对汽车大小、位置和亮度的变化进行跟踪。由于车辆识别时需要对所有图像进行搜索，因此算法的耗时较大。而跟踪算法可以在一定的时间和空间条件约束下进行目标搜索，还可以借助一些先验知识，因此计算量较小，一般可以满足预警系统的实时性要求。

目前，**用于识别前方运动车辆的方法主要有基于特征的识别方法、基于机器学习的识别方法、基于光流场的识别方法和基于模型的识别方法等**。

图 2.45 前方运动车辆识别

1. 基于特征的识别方法

基于特征的识别方法是在车辆识别中较常使用的方法之一，也称基于先验知识的识别方法。

对于行驶在前方的汽车，其颜色、轮廓、对称性等特征都可以用来将它与周围背景区别开来。因此，基于特征的识别方法就以汽车的外形特征为基础从图像中检测前方行驶的汽车。当前常用的基于特征的识别方法主要有使用阴影特征的识别方法、使用边缘特征的识别方法、使用对称特征的识别方法、使用位置特征的识别方法和使用汽车尾灯特征的识别方法等。

(1) 使用阴影特征的识别方法。前方运动汽车底部的阴影是一个非常明显的特征。通常的做法是先使用阴影找到汽车的候选区域，再利用其他特征或方法对候选区域进行下一步的验证。

(2) 使用边缘特征的识别方法。前方运动车辆无论是水平方向上还是垂直方向上都有着显著的边缘特征，边缘特征通常与汽车所符合的几何规则结合起来运用。

(3) 使用对称特征的识别方法。前方运动车辆在灰度化的图像中表现出较明显的对称特征。一般来说对称特征分为灰度对称特征和轮廓对称特征两类。灰度对称特征一般指统计意义上的对称特征，而轮廓对称特征指的是几何规则上的对称特征。

(4) 使用位置特征的识别方法。一般情况下，前方运动车辆存在于车道区域之内，所以在定位出车道区域的前提下，将检测范围限制在车道区域之内，不但可以减少计算量，而且能够提高检测的准确率。而在车道区域内，如果检测到不属于车道的物体，则一般是汽车或障碍物，对于驾驶人来说这些都是需要注意的目标物体。

(5) 使用汽车尾灯特征的识别方法。在夜间驾驶场景中，前方运动车辆的尾灯是将车辆与背景区别开来的显著且稳定的特征。夜间汽车尾灯在图像中呈现的是高亮度、高对称性的红白色车灯对。利用空间及几何规则能够判断前方是否存在汽车及其所在的位置。

因为周围环境的干扰和光照条件的多样性，如果仅仅使用一个特征实现对汽车的检测，则难以达到良好的稳定性和准确性，所以要想获得较好的检测效果，可使用多个特征相结合的识别方法完成对前方运动车辆的识别。

2. 基于机器学习的识别方法

前方运动车辆的识别其实是对图像中车辆区域与非车辆区域的定位与判断的问题。基于机器学习的识别方法一般需要从正样本集和负样本集提取目标特征，再训练出识别车辆区域与非车辆区域的决策边界，最后使用分类器判断目标。通常的识别过程是对原始图像进行不同比例的缩放，得到一系列的缩放图像，然后在这些缩放图像中全局搜索所有与训练样本尺度相同的区域，再由分类器判断这些区域是否为目标区域，最后确定目标区域并获取目标区域的信息。

基于机器学习的识别方法无法预先定位车辆可能存在的区域，因此只能对图像进行全局搜索，这样造成识别过程的计算复杂度高，无法保证检测的实时性。

3. 基于光流场的识别方法

光流场是指图像中所有像素点构成的一种二维瞬时速度场，其中的二维速度矢量是景物中可见点的三维速度矢量在成像表面的投影。通常光流场是由于摄像机、运动目标或二者在同时运动的过程中产生的。在存在独立运动目标的场景中，通过分析光流可以检测目标数量、目标运动速度、目标相对距离及目标表面结构等。

光流分析的常用方法有特征光流法和连续光流法。特征光流法是在求解特征点处的光流时，利用图像角点和边缘等进行特征匹配。特征光流法的主要优点是能够处理帧间位移较大的目标，对于帧间运动的限制很小；降低了对于噪声的敏感性；所用特征点较少，计算量较小。特征光流法的主要缺点是难以从得到的稀疏光流场中提取运动目标的精确形状，不能很好地解决特征匹配问题。连续光流法大多采用基于帧间图像强度守恒的梯度算法，其中最经典的算法是 L-K 法和 H-S 法。

光流场在进行运动背景下的目标识别时效果较好，但是也存在计算量较大、对噪声敏感等缺点。在对前方车辆进行识别尤其是车辆距离较远时，目标车在两帧之间的位移非常小，有时候仅移动一个像素，因此这种情况下不能使用连续光流法。另外，汽车在道路上运动时，车与车之间的相对运动较小，而车与背景之间的相对运动较大，这就导致了图像中的光流包含了较多的背景光流，而目标车光流相对较少，因此特征光流法也不适用于前方车辆识别。但是在进行从旁边超过的车辆识别时，由于超越车和摄像头之间的相对运动速度较大，因此在识别从旁边超过的车时采用基于光流场的识别方法，则效果较好。

4. 基于模型的识别方法

基于模型的识别方法是根据前方运动车辆的参数来建立二维模型或三维模型，然后利用指定的搜索算法来匹配查找前方车。这种识别方法对建立的模型依赖度高，但是汽车外部形状各异，难以通过仅建立一种或少数几种模型的方法来对汽车实施有效的检测，如果为每种车外形都建立精确的模型，则又将大幅增加检测过程中的计算量。

多传感器融合技术是未来车辆识别技术的发展方向。目前，在车辆识别中主要有两种融合技术，即视觉传感器和激光雷达的融合技术，以及视觉传感器和毫米波雷达的融合技术。

2.5 行人识别技术

2.5.1 行人识别类型

行人识别技术是采用安装在汽车前方的视觉传感器（摄像头）采集前方场景的图像信息，通过一系列复杂的算法分析处理这些图像信息实现对行人的识别，如图 2.46 所示。

图 2.46 行人识别

根据所采用摄像头的不同，可以将基于视觉的行人识别分为可见光行人识别和红外行人识别。

1. 可见光行人识别

可见光行人识别采用的视觉传感器为普通光学摄像头。由于普通光学摄像头基于可见光进行成像，非常符合人的正常视觉习惯，并且硬件成本十分低廉。但是受到光照条件的限制，可见光行人识别只能应用在白天，在光照条件很差的阴雨天或夜间则无法使用。

2. 红外行人识别

红外行人识别采用红外热成像摄像头，利用物体发出的热红外线进行成像，不依赖于光照，具有很好的夜视功能，在白天和晚上都适用，尤其是在夜间及光线较差的阴雨天具有无可替代的优势。红外行人识别相比可见光行人识别的主要优势如下：红外摄像头靠感知物体发出的红外线（与温度成正比）进行成像，与可见光光照条件无关，对于夜间场景中的发热物体检测有明显的优势；行人属于恒温动物，温度一般会高于周围背景很多，在红外图像中表现为行人相对于背景明亮突出；由于红外成像不依赖于光照条件，对光照明暗、物体颜色变化及纹理和阴影干扰不敏感。随着红外成像技术的不断发展，红外摄像头的硬件成本在慢慢降低，由原来的军事应用转向了民事应用。

2.5.2 行人识别系统

行人识别系统如图 2.47 所示。该系统由预处理、分类检测和决策报警三部分组成。

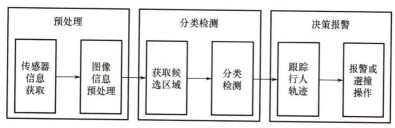

图 2.47　行人识别系统

(1) 预处理。预处理阶段，首先通过传感器获得汽车前方的图像信息，对这些信息进行预处理（如降噪、增强等）。

(2) 分类检测。分类检测阶段，用图像分割、模型提取等一些图像处理技术在图像中选取一些感兴趣的区域，即行人的候选区域，然后对感兴趣的区域进行进一步的验证，用分类等技术方法判断候选区域中是否包含行人。

(3) 决策报警。决策报警阶段，对含有行人的区域进行跟踪，得到行人的运动轨迹，提高检测精度和速度的同时，也能对行人是否会和汽车发生碰撞进行判断，对可能发生碰撞的情况，进行报警或其他避免碰撞的操作。

2.5.3　行人识别特征

行人识别特征的提取就是利用数学方法和图像处理技术从原始的灰度图像或彩色图像中提取表征人体信息的特征，并伴随分类器训练和识别的全过程，直接关系到行人识别系统的性能，因此行人识别特征提取是行人识别的关键技术。在实际环境中，由于行人自身的姿态不同、服饰各异和背景复杂等因素的影响，行人识别特征提取比较困难，因此选取的行人识别特征的鲁棒性要较好。目前，行人识别特征主要有 HOG 特征、Haar 小波特征、Edgelet 特征和颜色特征等。

1. HOG 特征

HOG 特征的主要思想是用局部梯度大小和梯度方向的分布来描述对象的局部外观和外形，而梯度和边缘的确切位置不需要知道。

梯度方向直方图描述符一般有三种不同形式，如图 2.48 所示，都是基于密集型的网格单元，用图像梯度方向的信息代表局部的形状信息。图 2.48（a）所示为矩形梯度直方图描述符（R - HOG），图 2.48（b）所示为圆形梯度方向直方图描述符（C - HOG），图 2.48（c）所示为单个中心单元的圆形梯度直方图描述符。

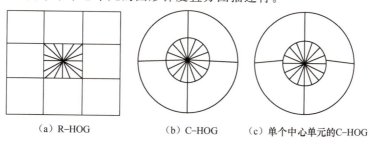

图 2.48　梯度方向直方图描述符

2. Haar 小波特征

Haar 小波特征反应图像局部的灰度值变化,是黑色矩形与白色矩形在图像子窗口中对应区域灰度级总和的差值。Haar 小波特征计算方便且能充分地描述目标特征,常与 Adaboost 级联分类器结合,识别行人目标。

常用的 Haar 小波特征主要分为八种线性特征、四种边缘特征、两种圆心环特征和一种特定方向特征,如图 2.49 所示。

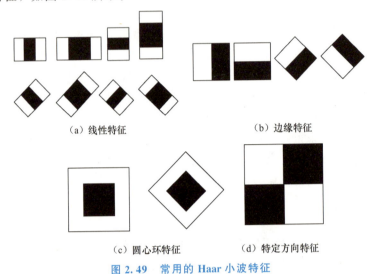

（a）线性特征　　　（b）边缘特征

（c）圆心环特征　　（d）特定方向特征

图 2.49　常用的 Haar 小波特征

可以看出,Haar 小波特征都是由 2～4 个白色和黑色的矩形框构成的。由该特征定义可知,每一种特征的计算都是黑色填充区域的像素值之和与白色填充区域的像素值之和的差值,这种差值就是 Haar 小波特征的特征值。实验表明,一幅很小的图像就可以提取成千上万的 Haar 小波特征,这样就给算法带来了巨大的计算量,严重降低了检测 Haar 和分类器的训练速度。为了解决这些问题,可以在特征提取中引入积分图的概念,并应用到实际的对象检测框架中。

3. Edgelet 特征

Edgelet 特征描述的是人体的局部轮廓特征,该特征不需要人工标注,从而避免了重复计算相似的模板,降低了计算的复杂度;由于是对局部特征的检测,能较好地处理行人之间的遮挡问题,对复杂环境多个行人相互遮挡检测效果明显优于其他特征。

人体部位的定义如图 2.50 所示。

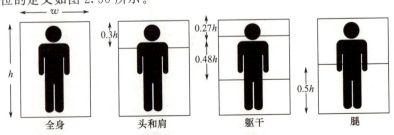

全身　　　头和肩　　　躯干　　　腿

图 2.50　人体部位的定义

每一个 Edgelet 特征就是一条由边缘点组成且包含一定形状与位置信息的小边,主要有直线型、弧型和对称型三种形式的 Edgelet 特征。该方法是通过 Adaboost 算法筛选出一组能力强的 Edgelet 特征进行学习训练,以便能识别行人的各个部位,如头、肩、躯干和腿,最后分析各个局部特征相互之间的关系来进行整体的行人识别。

4. 颜色特征

就几何特征而言,颜色特征具有较强的鲁棒性,图像中对象的方向和大小的改变对其影响不大。颜色给人以直观的视觉冲击,是最稳定、最可靠的视觉特征。颜色特征经常通过描述跟踪对象来实现目标的跟踪。

颜色特征的提取与颜色空间和颜色直方图有关。颜色空间包括 RGB、HSV 和 HIS 等。颜色直方图表示的是整幅图像中不同颜色所占的比例,并不关心每种颜色所处的空间位置,即无法描述图像中的对象。在运动目标的检测与跟踪中,颜色直方图有其独特的优点,即物体形变对其影响较小。由于颜色直方图不表示物体的空间位置,仅表示颜色,跟踪目标的颜色不变,形体发生变化不会影响颜色直方图的分布,因此应用颜色直方图作为特征进行行人跟踪,很好地改善了行人动作随意和形变较大的缺点。

上述四种特征各有优缺点,概括如下。

(1) HOG 特征是比较经典的行人特征,具有良好的光照不变性和尺度不变性,能较强地描述行人的特征,对环境适应性较强;但它也有其自身的不足,如特征维数较高和计算量大,难以保证实时性。

(2) Haar 小波特征容易理解,计算简单,特别是引入积分图概念后,计算速度提高,实时性高,在稀疏行人且遮挡不严重的环境下检测效果较好;但是它对光照和环境遮挡等因素敏感,适应性差,不适合复杂易变的行人场景。

(3) Edgelet 特征表征的是人体局部轮廓特征,可以进行一定遮挡情况下的行人识别,但是要匹配图像中所有相似形状的边缘,这样就需要耗费大量时间进行搜索,不能达到实时要求。

(4) 颜色特征具有较强的鲁棒性,图像中对象的方向和大小的改变对它影响不大,给人以直观的视觉冲击,是最稳定、最可靠的视觉特征,常应用于行人跟踪领域,但是容易受到背景环境的影响。

2.5.4 行人识别方法

行人识别方法主要有基于特征分类的行人识别方法、基于模型的行人识别方法、基于运动特性的行人识别方法、基于形状模型的行人识别方法、基于小波变换和支持向量机的行人识别方法及神经网络方法等。

【行人识别】

1. 基于特征分类的行人识别方法

基于特征分类的行人识别方法着重于提取行人特征,然后通过特征匹配来识别行人目标,是目前较主流的行人识别方法,主要有基于 HOG 特征的行人识别方法、基于 Haar 小波特征的行人识别方法、基于 Edgelet 特征的行人识别方法、基于形状轮廓模板特征的行人识别方法、基于部件特征的行人识别方法等。

2. 基于模型的行人识别方法

基于模型的行人识别方法通过建立背景模型来识别行人，常用的是基于背景建模的行人识别方法，它又可分为混合高斯法、核密度估计法和 Codebook 法。

利用轮廓模型进行跟踪有利于减少计算的复杂度，如果开始能够合理地分开每个运动目标并实现轮廓初始化，即使在有部分遮挡存在的情况下也能连续地进行跟踪，然而初始化通常是很困难的。

3. 基于运动特性的行人识别方法

基于运动特性的行人识别方法就是利用人体运动的周期性特性来确定图像中的行人。该方法主要针对运动的行人进行识别，不适合识别静止的行人。基于运动特性的行人识别方法中，比较典型的算法有背景差分法、帧间差分法和光流法。

大多数基于运动特性的行人识别方法运用行人独有的运动节奏特征或运动模式来探测行人，而且能在摄像机随车运动情况下探测到运动目标，但是应用该方法进行行人识别还有一定的局限性：①为了提取运动节奏特征要求行人脚或腿是可见的；②识别时需要连续几帧序列图像，这样延误了行人的识别，增加了处理时间；③不能识别静止行人。

4. 基于形状模型的行人识别方法

基于形状模型的行人识别方法主要依靠行人形状特征来识别行人，避免了由于背景变化和摄像头运动带来的影响，适合于识别运动和静止的行人。

基于形状模型的行人识别方法存在两大难点：一是行人是非刚性的，形状信息具有多样性，需要考虑很多基本的信息，导致计算量增大；二是行人在行走的过程中，由于会产生遮挡现象，这就无形中增加了基于形状信息行人检测的难度。

5. 基于小波变换和支持向量机的行人识别方法

基于小波变换和支持向量机的行人识别方法主要是基于小波模板概念，按照图像中小波相关系数子集定义目标形状的小波模板。系统首先对图像中每个特定大小的窗口及该窗口进行一定范围的比例缩放得到的窗口进行 Haar 小波变换，然后利用支持向量机检测变换的结果是否可以与小波模板匹配，如果匹配成功则认为检测到一个行人。

基于小波变换和支持向量机的行人识别方法需要按不同尺度搜索整幅图像来找到行人，这样计算量很大。为了实现对行人进行实时检测与跟踪，需要减少小波特征，降低支持向量机的维数。

6. 神经网络方法

人工神经网络在行人识别技术中的应用主要是对利用视觉信息探测到的可能含有行人区域进行分类识别。首先利用立体视觉进行目标区域分割，然后合并和分离子目标候选图像使其成为满足行人尺寸和形状约束的子图像,最后将所有探测到的可能含有行人目标的方框区域输入神经网络进行行人识别。

2.6 交通标志识别技术

2.6.1 交通标志介绍

道路交通标志作为重要的道路交通安全附属设施,可向驾驶人提供各种引导和约束信息。驾驶人实时、正确地获取交通标志信息,可保障行车更安全。

鉴于地区和文化差异,世界各国(地区)执行的交通标志标准有所不同。目前,我国道路交通标志执行的标准是GB 5768.2—2009《道路交通标志和标线 第2部分:道路交通标志》。由该标准可知,我国的交通标志分为主标志和辅助标志两大类。主标志又可以分为警告标志、禁令标志、指示标志、指路标志、旅游区标志、作业区标志、告示标志七种,其中,警告标志、禁令标志和指示标志是最重要也是最常见的交通标志,直接关系到道路交通的通畅与安全,更与智能网联汽车的行车路径规划直接相关。为引起行人和车辆驾驶人的注意,交通标志都具有鲜明的颜色特征。我国交通警告标志、禁令标志和指示标志由五种主要颜色(红、黄、蓝、黑和白色)组成。

1. 警告标志

警告标志主要用来警告汽车驾驶人、行人前方有危险,道路使用行动需谨慎。警告标志有明显的颜色特征,即黄色的底、黑色边缘、黑色内部图形,其形状大多数是顶角朝上的正三角形,其部分样式如图2.51所示。

T形交叉路口

反向弯路

十字交叉路口

向右急转弯

向左急转弯

右侧变窄

注意行人

左侧变窄

图2.51 部分警告标志样式

2. 禁令标志

禁令标志主要用来禁止或限制车辆、行人的交通行为及相应解除,道路使用者应严格遵守。禁令标志有明显的颜色特征,即白色的底、红色的边缘、红色的斜杠、黑色的内部图形,而且黑色图形在红色斜杠之上(解除速度限制和解除禁止超车除外)。禁令标志的形状大多数是圆形,其中特殊的是正八边形和倒三角形,这两者都各有一个。部分禁令标志样式如图2.52所示。

禁止直行　　　禁止向右转弯　　禁止直行和向右转弯　　禁止直行和向左转弯

禁止向左转弯　　禁止向左和向右转弯　　停车让行　　减速让行

图 2.52　部分禁令标志样式

3. 指示标志

指示标志主要用来指示车辆、行人的行进。指示标志有明显的颜色特征，即蓝色的底、白色内部图形（个别除外），其形状多为圆形、矩形，其部分样式如图 2.53 所示。

图 2.53　部分指示标志样式

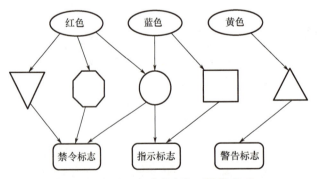

图 2.54　交通标志颜色与形状的关系

国家标准对交通标志的规定包括交通标志的大小规格、制作材料、表面颜色、形状及安装位置等信息，如圆形交通标志的外径有 60cm、80cm 和 100cm 三种规格；交通标志表面采用反光材料；交通标志一般安装在道路的右侧或道路上方的悬臂或桥梁上，有固定高度。同时，交通标志的颜色与形状之间也有着一定的关系，如图 2.54 所示，禁令标志的颜色以红色为主，形状有倒三角形、正八边形和圆形；指示标志以蓝色为主，形状为圆形和矩形，警告标志以三角形为主。在交通标志的检测与识别过程中，应该充分利用这些颜色信息和形状信息，以及颜色与形状信息之间的对应关系。

交通标志具有鲜明的色彩特征，因此要实现对交通标志图像的有效分割，颜色是一个重要信息，选择合适的颜色空间对交通标志图像加以分析和提取，将有助于提高系统识别的实时性和准确性。

2.6.2 交通标志识别系统

在智能网联汽车中，交通标志的识别是通过图像识别系统实现的。交通标志识别系统如图 2.55 所示，首先使用车载摄像机获取目标图像，然后进行图像分割和特征提取，通过与交通标志标准特征库比较进行交通标志识别，识别结果可以与其他智能网联汽车共享。

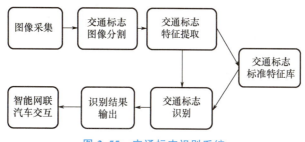

图 2.55 交通标志识别系统

2.6.3 交通标志识别方法

交通标志的识别方法主要有基于颜色信息的交通标志识别方法、基于形状特征的交通标志识别方法、基于显著性的交通标志识别方法、基于特征提取和机器学习的交通标志识别方法等。

【交通标志识别】

1. 基于颜色信息的交通标志识别方法

颜色分割就是利用交通标志特有的颜色特征，将交通标志与背景分离。颜色特征具有旋转不变性，即颜色信息不会随着图像的旋转、倾斜而发生变化，与几何、纹理等特征相比，基于颜色特征设计的交通标志识别算法对图像旋转、倾斜的情况具有较好的鲁棒性。目前，大部分的文献中所采用的颜色模型包括 RGB 模型、HSI 模型、HSV 模型及 XYZ 模型等。

2. 基于形状特征的交通标志识别方法

除颜色特征外，形状特征也是交通标志的显著特征。我国交通警告标志、指示标志、禁令标志基本都有规则的形状，即圆形、矩形、正三角形、倒三角形、正八边形。颜色检测和形状检测是交通标志识别中的重要内容。识别方法通常都以颜色分割做粗检测，排除大部分的背景干扰；再提取二值图像各连通域的轮廓，进行形状特征的分析，进而确定交通标志候选区域并完成定位。

3. 基于显著性的交通标志识别方法

显著性作为从人类生物视觉中引入的概念，用来度量场景中最显眼的特征，最容易吸引人优先看到的区域。由于交通标志被设计为具有显眼的颜色和特定的形状，在一定程度上满足显著性的要求，可以采用显著性模型来识别交通标志。

4. 基于特征提取和机器学习的交通标志识别方法

无论是基于颜色信息和形状特征的识别方法,还是基于显著性的识别方法,由于其能包含信息的局限性,在背景复杂或出现与目标物十分相似的干扰物时,都不能很好地去除干扰,因此,可以通过合适的特征描述符更充分地表示交通标志,再通过机器学习方法区分标志和障碍物。

基于特征提取和机器学习的交通标志识别一般使用滑动窗口的方式或使用之前处理得到的感兴趣块进行验证的方式。前者对全图或交通标志可能出现的感兴趣区域进行操作,以多尺度的窗口滑动扫描目标区域,对得到的每一个窗口均用训练好的分类器判断是否是标志。后者则认为经过之前的处理,如颜色、形状分析等,得到的感兴趣块已经是一整个标志或干扰物,只需对其整体进行分类即可。

2.6.4 交通标志识别实例

(1) 获取交通标志原始图像。利用视频传感器获取交通标志原始图像,如图 2.56 所示。

(2) 图像灰度化处理。对交通标志原始图像进行灰度化处理,如图 2.57 所示。

图 2.56 交通标志原始图像

图 2.57 交通标志灰度图

(3) 直方图均衡化。对交通标志灰度图进行直方图均衡化,如图 2.58 所示。

(4) 交通标志图像去噪。采用自适应中值滤波去除噪声,其效果如图 2.59 所示。

图 2.58 交通标志灰度图直方图均衡化

图 2.59 自适应中值滤波后的交通标志图

(5) 交通标志识别。采用交通标志识别方法,利用 Matlab 可以识别出交通标志。

2.7 交通信号灯识别技术

2.7.1 交通信号灯介绍

不同国家和地区采用的交通信号灯式样各不相同,在我国,交通信号灯的设置必须遵循 GB 14887—2011《道路交通信号灯》和 GB 14886—2016《道路交通信号灯设置与安装规范》两个标准。

从颜色来看,交通信号灯的颜色有红色、黄色、绿色三种,而且这三种颜色在交通信号灯中出现的位置都有一定的顺序关系。

从功能来看,交通信号灯有机动车信号灯、非机动车信号灯、左转非机动车信号灯、人行横道信号灯、车道信号灯、方向指示信号灯、闪光警告信号灯、道口信号灯、掉头信号灯等。其中,机动车信号灯、闪光警告信号灯、道口信号灯的光信号无图案;非机动车信号灯、左转非机动车信号灯、人行横道信号灯、车道信号灯、方向指示信号灯、掉头信号灯的光信号为各种图案。

从安装方式来看,交通信号灯的安装方式有横放安装和竖放安装两种,一般安装在道路上方。

机动车信号灯由红、黄、绿三个几何位置分立单元组成一组,指导机动车通行。非机动车信号灯由红、黄、绿三个几何位置分立的内有自行车图案的圆形单元组成一组,指导非机动车通行。人行横道信号灯由几何位置分立的内有红色和绿色行人站立图案的单元组成一组,指导行人通行。机动车信号灯用于指导某一方向上机动车通行,箭头方向向左、向上和向右分别代表左转、直行和右转,绿色箭头表示允许车辆沿箭头所指的方向通行。

各种不同排列顺序的机动车信号灯如图 2.60 所示。

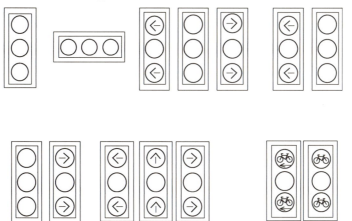

图 2.60 各种不同排列顺序的机动车信号灯

2.7.2 交通信号灯识别系统

交通信号灯识别系统包括检测和识别两个基本环节,首先是定位交通信号灯,通过摄像机从复杂的城市道路交通环境中获取图像,根据交通信号灯的颜色、几何特征等信息,准确定位其位置,获取候选区域;然后是识别交通信号灯,检测算法中,已经获取交通信号灯的候选区域,通过对其分析及特征提取,运用分类算法,实现对其分类识别。

图 2.61 所示为某**交通信号灯识别系统**。该系统**主要由图像采集模块、图像预处理模块、检测模块、识别模块、跟踪模块和通信模块组成**。

图 2.61 某交通信号灯识别系统

(1) 图像采集模块。摄像机成像质量好坏影响后续识别和跟踪的效果,一般采用彩色摄像机,其中摄像机的镜头焦距、曝光时间、增益、白平衡等参数的选择都对摄像机成像效果和后续处理有重要影响。

(2) 图像预处理模块。图像预处理模块包括彩色空间选择和转换、彩色空间各分量的统计分析、基于统计分析的彩色图像分割、噪声去除、基于区域生长聚类的区域标记,通过图像预处理后得到交通信号灯的候选区域。

(3) 检测模块。检测模块包括离线训练和在线检测两部分。离线训练通过交通信号灯的样本和背景样本的统计学习得到分类器,利用得到的分类器完成交通信号灯的在线检测。

(4) 识别模块。通过检测模块在图像中的检测定位,结合图像预处理得出的交通信号灯色彩结果、交通信号灯发光单元面积和位置先验知识完成交通信号灯的识别功能。

(5) 跟踪模块。通过识别模块得到的结果可以得到跟踪目标,利用基于彩色的跟踪算法可以对目标进行跟踪,有效提高目标识别的实时性和稳定性。运动目标跟踪方法可分为四种,分别是基于区域的跟踪方法、基于特征的跟踪方法、基于主动轮廓线的跟踪方法和基于模型的跟踪方法。

(6) 通信模块。通信模块是联系环境感知模块、规划决策模块与汽车底层控制模块的桥梁,通过制定的通信协议完成各系统的通信,实现信息共享。

2.7.3 交通信号灯识别方法

交通信号灯的识别方法主要有基于颜色特征的交通信号灯识别方法和基于形状特征的交通信号灯识别方法。

1. 基于颜色特征的交通信号灯识别方法

基于颜色特征的交通信号灯识别方法主要是选取某个色彩空间对交通信号灯的红、黄、绿三种颜色进行描述。在这种方法中,通常依据色彩空间,主要有以下三类。

(1) 基于 RGB 颜色空间的识别方法。通常采集到的交通信号灯图像都是 RGB 格式的,因此，如果直接在 RGB 色彩空间进行交通信号灯的识别，由于不需要色彩空间的转换，识别的实时性会很好；但是 R、G、B 三个通道之间的相互依赖性较高，对光学变化很敏感。

（2）基于 HSI 颜色空间的识别方法。HSI 色彩模型比较符合人类对色彩的视觉感知，而且 HSI 模型的三个分量之间的相互依赖性比较低，更加适合交通信号灯的识别；但是从 RGB 色彩空间转换过来会比较复杂。

（3）基于 HSV 颜色空间的识别方法。在 HSV 颜色空间中，H 和 S 两个分量是用来描述色彩信息的，V 则是表征对非色彩的感知。虽然在 HSV 颜色空间进行交通信号灯的识别对光学变化不敏感，但是相关参数的确定比较复杂，必须视具体环境而定。

2. 基于形状特征的交通信号灯识别方法

基于形状特征的交通信号灯识别方法主要是利用交通信号灯和它的相关支撑物之间的几何信息。这种识别方法的主要优势在于交通信号灯的形状信息一般不会受到光学变化和天气气候变化的影响。

可以将交通信号灯的颜色特征和形状特征结合起来进行识别，以减少单独利用某一特征所带来的影响。

2.7.4 交通信号灯识别实例

（1）采集交通信号灯原始图像。利用视觉传感器采集交通信号灯原始图像，如图 2.62 所示。

（2）图像灰度处理。对交通信号灯原始图像进行灰度处理，如图 2.63 所示。

图 2.62　交通信号灯原始图像

图 2.63　交通信号灯灰度图

（3）直方图均衡化。对交通信号灯灰度图进行直方图均衡化，消除光照强度对灰度分布的影响，增强图像对比度，如图 2.64 所示。

（4）图像二值化处理。交通信号灯的灰度值较高，可以使用求得的最近阈值对灰度图进行二值化，高于阈值的置为 1，低于阈值的置为 0。使用 Matlab 进行二值化，得到的二值图像如图 2.65 所示。

（5）交通信号灯识别。交通信号灯识别结果如图 2.66 所示，识别出红灯，并输出"红灯，禁止直行"的指令。

图 2.64 交通信号灯灰度图直方图均衡化

图 2.65 交通信号灯图像二值化处理

图 2.66 交通信号灯识别结果

思 考 题

1. 智能网联汽车环境感知系统由哪几部分组成？
2. 智能网联汽车环境感知传感器主要有哪几种？
3. 超声波传感器有什么特点？在智能网联汽车上有什么应用？
4. 毫米波雷达有什么特点？在智能网联汽车上有什么应用？
5. 激光雷达有什么特点？在智能网联汽车上有什么应用？
6. 视觉传感器有什么特点？在智能网联汽车上有什么应用？
7. 如何对道路进行识别？
8. 如何对运动车辆进行识别？
9. 如何对行人进行识别？
10. 如何对交通标志进行识别？
11. 如何对交通信号灯进行识别？

第3章 智能网联汽车无线通信技术

通过本章的学习，要求读者能够掌握无线通信技术的组成与分类、智能网联汽车的通信类型，以及蓝牙技术、FRID（radio frequency identification，射频识别）技术、DSRC技术、LTE-V通信技术、5G移动通信技术的基本知识。

知识要点	能力要求	相关知识
无线通信技术概述	无线通信技术的组成与分类、智能网联汽车的通信类型	无线通信技术、智能网联汽车的通信类型
蓝牙技术	掌握蓝牙技术的定义、组成、特点和应用	蓝牙技术的基本知识
FRID技术	掌握FRID技术的定义、组成、特点和应用	FRID技术的基本知识
DSRC技术	掌握DSRC技术的定义、架构、技术要求和支持的业务	DSRC技术的基本知识
LTE-V通信技术	掌握LTE-V通信技术的定义、架构、应用场景，以及与DSRC的比较	LTE-V通信技术的基础知识
5G移动通信技术	掌握5G移动通信技术的定义、架构、应用场景、特点	5G移动通信技术的基础知识

【导入案例】

智能网联汽车不是独立的运输个体，而是无数个移动终端。智能网联汽车之间，智能网联汽车与道路基础设施、行人之间都有信息交流，以保证行驶安全，提高通行效率。图3.1所示是利用DSRC技术进行V2X通信。除了DSRC技术，智能网联汽车还有哪些常用的通信技术？通过本章的学习，读者可以得到答案。

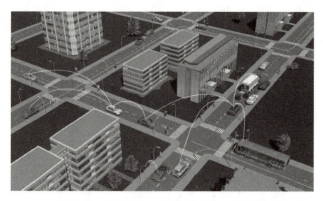

图 3.1　利用 DSRC 技术进行 V2X 通信

3.1　无线通信技术概述

无线通信是利用电磁波的辐射和传播，经过空间传送信息的通信方式，传输数据、图像、音频和视频等。

3.1.1　无线通信系统的组成

无线通信系统一般由发射设备、传输介质和接收设备组成，其中传输介质为电磁波，发射设备和接收设备上需要安装天线，完成电磁波的发射与接收，如图 3.2 所示。

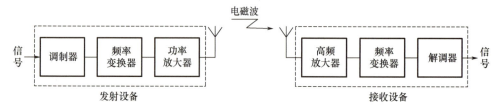

图 3.2　无线通信系统的组成

发射设备是将原始的信号转变为适合在给定传输介质上传输的信号，其中包括调制、频率变换、功率放大等。调制器将低频信号加到高频载波信号上，频率变换器进一步将信号转变为发射电波所需要的频率（如短波频率、微波频率等），经功率放大器放大后，再通过天线发射出去进行传输。

接收设备是将收到的信号还原为原来的信息送至接收端。接收设备把天线接收的射频载波信号，经过高频放大、频率变换、解调，恢复原始信息，完成无线通信。

3.1.2　无线通信系统的分类

无线通信系统可以根据传输信号形式、无线终端状态、电磁波波长、信道路径和传输方式、通信距离等进行分类。

1. 根据传输信号形式分类

根据传输信号的形式，无线通信系统可以分为模拟无线通信系统和数字无线通信系统。

(1) 模拟无线通信系统。模拟无线通信系统是将采集的信号直接进行传输，传输的是模拟信号。

(2) 数字无线通信系统。数字无线通信系统是将采集的信号转变为数字信号后再进行传输，传输的信号只包括0、1两个数字，数字无线通信系统正在逐步取代模拟无线通信系统。

2. 根据无线终端状态分类

根据无线终端的状态，无线通信系统可以分为固定无线通信系统和移动无线通信系统。

(1) 固定无线通信系统。固定无线通信系统是指终端设备是固定的，如固定电话通信系统。

(2) 移动无线通信系统。移动无线通信系统是指终端设备是移动的，如移动电话通信系统。

3. 根据电磁波波长分类

根据电磁波的波长，无线通信系统可以分为长波无线通信系统、中波无线通信系统、短波无线通信系统、超短波无线通信系统、微波无线通信系统等。

(1) 长波无线通信系统。长波无线通信系统是指利用波长大于1000m、频率低于300kHz的电磁波进行的无线电通信，也称低频通信。它可细分为在长波（波长为1～10km、频率为30～300kHz）波段的通信，甚长波（波长为10～100km、频率为3～30kHz）波段的通信，特长波（波长为100～1000km、频率为300～3000Hz）波段的通信，超长波（波长为1000～10000km、频率为30～300Hz）波段的通信，以及极长波（波长为10000～100000km、频率为3～30Hz）波段的通信。

(2) 中波无线通信系统。中波无线通信系统是指利用波长为100～1000m、频率为300～3000kHz的电磁波进行的无线电通信。

(3) 短波无线通信系统。短波无线通信系统是指利用波长为10～100m、频率为3～30MHz的电磁波进行的无线电通信。

(4) 超短波无线通信系统。超短波无线通信系统是指利用波长为1～10m、频率为30～300MHz的电磁波进行的无线电通信。

(5) 微波无线通信系统。微波无线通信系统是指利用波长小于1m、频率高于300MHz的电磁波进行的无线电通信。它可细分为分米波（波长为100～1000mm、频率为300～3000MHz）波段的通信，厘米波（波长为10～100mm、频率为3～30GHz）波段的通信，毫米波（波长为1～10mm、频率为30～300GHz）波段的通信，以及丝米波（波长为0.1～1mm、频率为300～3000GHz）波段的通信。

4. 根据信道路径和传输方式分类

根据信道路径和传输方式，无线通信系统可以分为红外通信系统、可见光通信系统、微波中继通信系统和卫星通信系统等。

(1) 红外通信系统。红外通信系统利用红外线进行信息传输。

(2) 可见光通信系统。可见光通信系统利用可见光波段的光作为信息载体，在空气中直接传输光信号。

(3) 微波中继通信系统。微波中继通信系统利用微波的视距传输特性，采用中继站接力的方法进行无线电通信。

（4）卫星通信系统。卫星通信实际上是一种微波通信。卫星通信系统以卫星作为中继站转发微波信号，在多个地面站之间通信。

5. 根据通信距离分类

根据通信距离，无线通信系统可以分为短距离无线通信系统和远距离无线通信系统。

（1）短距离无线通信系统。短距离无线通信和远距离无线通信在传输距离上至今并没有严格的定义。一般来说，只要通信收发两端是以无线电方式传输信息，并且传输距离被限定在较短的范围内（一般是几厘米至几百米），就可以称为短距离无线通信。短距离无线通信具有低成本、低功耗和对等通信三个重要特征。短距离无线通信技术主要有蓝牙技术、ZigBee（紫蜂）技术、Wi-Fi技术、UWB（ultrawideband，超宽带）技术、60GHz技术、IrDA（红外）技术、RFID技术、NFC（near field communication，近场通信）技术、可见光技术、DSRC技术等。

（2）远距离无线通信系统。当无线通信传输距离超过短距离无线通信的传输距离时，称为远距离无线通信。远距离无线通信技术主要有移动通信技术、微波通信技术和卫星通信技术等。

3.1.3 智能网联汽车的通信类型

智能网联汽车的通信类型可根据通信对象划分为五种，即车与车通信、车与基础设施通信、车与人通信、车与应用平台通信、车内部通信。

1. 车与车通信

车与车（V2V）通信主要是指通过车载单元进行车间通信。车载单元可实时获取周围车辆的车速、车辆位置、行车状态警告等信息，车与车之间也可以构成一个互动的平台，实时交换各种文字、图片、音乐和视频等信息。车与车通信主要应用于避免和减缓交通事故、车辆监督管理、生活娱乐等，以及基于公共网络的车与车通信，还应用于车与车之间的语音、视频通话等。

车与车通信如图3.3所示。

【V2X技术】

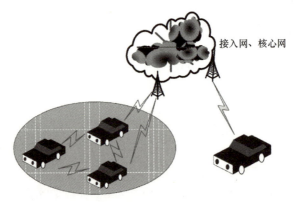

图3.3 车与车通信

车与车通信技术是将无线数字传输模块植入智能网联汽车中，无线数字传输模块可以向周边联网汽车提供本车状态信息和数字化交通信号灯信息等。联网汽车中的无线数字传输模块可同步接收来自其他联网汽车的数字化信息并在汽车内进行显示,同时将信息与车内的驾驶辅助系统相连,为联网汽车的安全行驶提供依据。根据接收到的由其他联网汽车发送的数字信息,联网汽车便会了解周边联网汽车的状况,包括位置、距离、相对速度及加速度等,并在紧急制动情况下,可令随后的联网汽车同步减速,有效防止汽车追尾事故的发生。

车与车通信的主要特点包括车与车之间的连接是间断性和随机的;车与车之间的通信可以进行多跳传输,能保证消息安全正确到达;车与车之间的多跳传输取决于路由的选择。

2. 车与基础设施通信

车与基础设施(V2I)通信是指车辆区域设备与道路区域的设备(如交通信号灯、交通摄像头、路侧单元等)进行通信,道路区域设备获取附近区域的车辆信息并发布实时的各种信息。车与基础设施通信主要应用于实时信息服务、车辆监控管理、不停车收费等。

车与基础设施通信如图 3.4 所示。

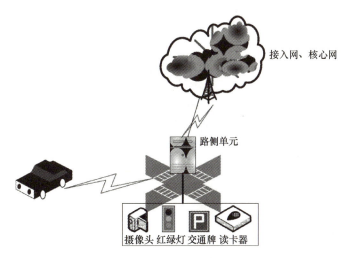

图 3.4 车与基础设施通信

车与基础设施通信技术是将无线数字传输模块植入当前的道路交通基础设施中,无线数字传输模块可向路经的汽车发送数字化交通信号灯信息、指示信息、路况信息等,并接收联网汽车的信息查询及导航请求,然后可将有关信息反馈给相关联网汽车。联网汽车可接收来自基础设施的数字化信息,并将信息显示于联网汽车内,同时还将信息与车内的驾驶辅助系统相连接,作为汽车安全驾驶的控制信号。

车与基础设施通信的主要特点:汽车可以通过路侧单元(road side unit,RSU)接入互联网;路侧单元可以对在其覆盖范围内的汽车节点进行信息广播;路侧单元可以准确地捕获其覆盖范围内的道路状况、交通信号灯及车辆状况;车与基础设施通信具有一定的实时性和可靠性。

3. 车与行人通信

车与行人(vehicle to pedestrian,V2P)通信是指人使用用户区域的设备,如智能手机、笔记本电脑、多功能读卡器等,与车辆区域的设备进行通信。车与行人通信主要应用于防止车与人相撞、智能钥匙、信息服务、车辆信息管理等。

车与行人通信如图 3.5 所示。

4. 车与应用平台通信

车与应用平台通信是指车载单元通过接入网、核心网与远程的应用平台建立连接,应用平台与车辆之间进行数据交互,并对获取的数据进行存储和处理,提供远程车辆交通、娱乐、商务服务和车辆管理等应用。

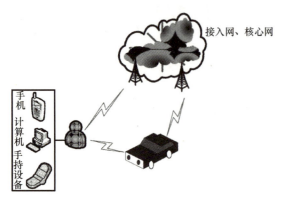

图 3.5　车与行人通信

车与应用平台通信主要应用于车辆导航、车辆远程监控、紧急救援、信息娱乐服务等。

车与应用平台通信如图 3.6 所示。

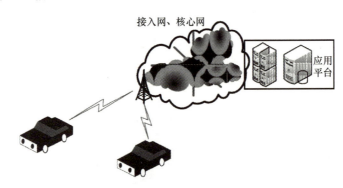

图 3.6　车与应用平台通信

5. 车内部通信

车内部通信是指车载单元与用户终端之间的通信,用户终端可以是智能手机、笔记本电脑等,连接方式可以是有线也可以是无线。

3.2　蓝牙技术

3.2.1　蓝牙技术的定义与组成

1. 蓝牙技术的定义

蓝牙技术是由世界著名的五家公司——爱立信、诺基亚、东芝、IBM 和英特尔,于 1998 年 5 月联合宣布的一种短距离无线通信技术。

蓝牙技术是一种支持设备短距离通信的无线电技术,能在包括移动电话、无线耳机、笔记本电脑、智能汽车、相关外围设备等众多设备之间进行无线信息交互。利用蓝牙技术能够有效地简化移动通信终端设备之间的通信，也能够简化设备与互联网之间的通信，从而使数据传输更加迅速高效，为无线通信拓宽道路。蓝牙技术采用分散式网络结构及快跳频和短包技术，支持点对点及点对多点通信，工作在全球通用的 2.4GHz ISM（即工业、科学、医学）频段，采用时分双工传输方案实现全双工传输。

2. 蓝牙系统的组成

蓝牙系统一般由天线单元、链路控制（固件）单元、链路管理（软件）单元和软件（协议栈）单元四个功能单元组成，如图 3.7 所示。

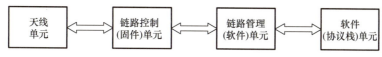

图 3.7 蓝牙系统的组成

（1）天线单元。蓝牙系统要求其天线单元体积十分小巧、质量轻。蓝牙系统的天线发射功率符合 FCC（federal communications commission，美国联邦通信委员会）关于 ISM 波段的要求。由于采用扩频技术，发射功率可增加到 100mW。系统的最大跳频为每秒 1600 跳，在 2.4~2.48GHz，采用 79 个 1MHz 带宽的频点。系统的设计通信距离为 0.1~10m，如果增加发射功率，距离可以达到 100m。

（2）链路控制（固件）单元。蓝牙系统使用了三个 IC（integrated circuit，集成电路）分别作为连接控制器、基带处理器及射频传输/接收器，此外还使用了 30~50 个单独调谐元件。链路控制（固件）单元负责处理基带协议和其他的底层连接规程，支持同步面向连接和异步无连接两种方式。

（3）链路管理（软件）单元。链路管理（软件）单元携带了链路的数据设备、鉴权、链路硬件配置和其他一些协议。链路管理（软件）单元可以发现其他远端链路管理并通过链路管理协议与之通信。链路管理（软件）单元提供的服务主要有发送和接收数据、请求名称、地址查询、鉴权、建立连接、链路模式协商和建立及决定帧的类型等。

（4）软件（协议栈）单元。软件（协议栈）单元是一个独立的操作系统，不与任何操作系统捆绑，它必须符合已经制定好的蓝牙规范。链路协议分为四层：核心协议层、电缆替代层、电话控制协议层和采纳的其他协议层。软件（协议栈）单元主要实现的功能有配置及诊断、蓝牙设备的发现、电缆仿真、与外围设备的通信、音频通信及呼叫控制等。

在蓝牙协议栈中，还有一个主机控制接口和音频接口。主机控制接口是到基带控制器、链路管理器及访问硬件状态和控制寄存器的命令接口。利用音频接口，可以在一个或多个蓝牙设备之间传递音频数据，该接口与基带直接相连。

3.2.2 蓝牙技术的特点

蓝牙技术具有以下特点。

（1）全球范围适用。蓝牙设备工作在 2.4GHz 的 ISM 频段，全球大多数国家 ISM 频段的范围是 2.4~2.4835GHz，使用该频段无须向各国的无线电资源管理部门申请许可证，便可直接使用。

（2）通信距离为 10cm~10m，发射功率为 100mW 时可以达到 100m。

（3）同时可传输语音和数据。蓝牙设备采用电路交换和分组交换技术，支持异步数据信道、三路语音信道及异步数据与同步语音同时传输的信道。蓝牙设备有两种链路类型，即异步无连接链路和同步面向连接链路。

（4）可以建立临时性的对等连接。根据蓝牙设备在网络中的角色，可分为主设备和从设备。主设备是组网连接主动发起连接请求的蓝牙设备，几个蓝牙设备连接成一个皮网时，其中只有一个主设备，其余都是从设备。皮网是蓝牙最基本的一种网络形式，最简单的皮网是一个主设备和一个从设备组成的点对点的通信连接。

（5）抗干扰能力强。工作在ISM频段的无线电设备有很多种，为了很好地抵抗来自这些设备的干扰，蓝牙设备采用了跳频方式来扩展频谱。蓝牙设备在某个频点发送数据之后，再跳到另一频点发送，而频点的排列顺序是伪随机的，每秒频率改变1600次，每个频率持续$625\mu s$。

（6）蓝牙模块体积很小，便于集成。

（7）功耗低。蓝牙设备在通信连接状态下，有四种工作模式：激活模式、呼吸模式、保持模式和休眠模式。激活模式是正常的工作状态，另外三种模式是为了节能所规定的低功耗模式。

（8）接口标准开放。蓝牙技术联盟为了推广蓝牙技术，将蓝牙的技术标准全部公开，全世界范围内的任何单位和个人都可以进行蓝牙产品的开发，只要最终通过蓝牙技术联盟的蓝牙产品兼容性测试，就可以推向市场。

（9）成本低。随着市场需求的扩大，各个供应商纷纷推出自己的蓝牙芯片和模块，蓝牙产品价格下降。

3.2.3 蓝牙技术的应用

蓝牙技术的实质是建立通用的无线接口及其控制软件的开放标准，使计算机和通信进一步结合，使不同厂家生产的便携式设备在没有电缆或电线连接的情况下，能在短距离内互联。

蓝牙技术主要有三方面的应用：外围设备互联，个人局域网，语音、数据接入。外围设备互联是指将各种设备通过蓝牙链路连接到主机；个人局域网主要用于个人网络和信息的共享；语音、数据接入是将一台计算机通过安全的无线链路连接到广域网。

蓝牙技术在汽车上的应用主要有车载蓝牙电话、车载蓝牙音响、车载蓝牙导航、蓝牙汽车防盗、蓝牙后视镜、利用蓝牙技术对汽车进行解锁等。

（1）车载蓝牙电话。车载蓝牙电话是专为行车安全和舒适性设计的。其功能主要如下：自动辨识移动电话，不需要电缆或电话托架便可与手机联机；使用者不需要触碰手机（双手保持在转向盘上）便可控制手机，用语音指令控制接听或拨打电话。使用者可以通过车上的音响或蓝牙无线耳机进行通话。若选择通过车上的音响进行通话，当有来电或拨打电话时，车上播放的音乐会自动静音，通过音响的扬声器进行话音传输。若选择蓝牙无线耳机进行通话，只要耳机处于开机状态，当有来电时按下接听按钮就可以实现通话。

（2）车载蓝牙音响。车载蓝牙音响是以稳定的、高度通用的蓝牙无线技术为基础的无线有源音响，内设锂电池，可以随时充电。车载蓝牙音响的使用方式就是将手机和音响进行蓝牙配对即可，方便快捷。在开车时，可以通过蓝牙连接手机，播放手机中的歌曲，同时，蓝牙还可以作为手机的音响，接打电话；想户外听歌时，可以插卡播放，充当便携式音响。

(3) 车载蓝牙导航。具备蓝牙功能的车载 GPS，能为驾驶人提供定位导航的同时，还能作为蓝牙耳机，实现免提接听，极大地方便驾驶人，也大大地提高了驾驶人行车途中接打电话的安全性，还可以传送图片和文件，充分支持用户的各种需求。

(4) 蓝牙汽车防盗。把驾驶人的蓝牙手机当作汽车的第二把锁，如果蓝牙手机不在车内，一旦汽车被起动，系统就会认定汽车被盗，从而开启报警装置。

(5) 蓝牙后视镜。汽车后视镜通过蓝牙与手机相连，手机来电时，后视镜显示来电号码，如图 3.8 所示。除此以外，该后视镜还集成了免提电话功能，可以通过汽车供电，也可以用内置电池供电。

图 3.8　蓝牙后视镜

(6) 利用蓝牙技术对汽车进行解锁。汽车虚拟钥匙技术能够通过蓝牙连接使汽车与智能手机、智能手表互联，实现汽车解锁及获取汽车信息，如图 3.9 所示。当驾驶人靠近汽车时（几米范围内），手机 App 通过蓝牙与汽车连接，能够实现汽车解锁及获取汽车信息。

当驾驶人远离汽车时，可以利用手机 App 通过移动网络获取汽车信息，如胎压、预估续航里程、汽车位置、离保养剩余里程等，如图 3.10 所示；软件会提示虚拟钥匙超出范围，此时手机 App 无法对汽车解锁。

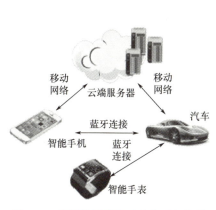

图 3.9　利用蓝牙技术对汽车进行解锁

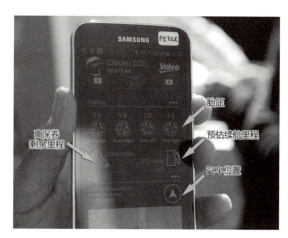

图 3.10　利用蓝牙技术获取汽车信息

手机 App 虚拟钥匙共享功能可自动识别手机通讯录中安装了相同 App 的人。车主可以通过简单操作把汽车虚拟钥匙转交给相应的联系人；甚至可以设定虚拟钥匙的作用时间，使虚拟钥匙在指定时间内是有效的，过期的虚拟钥匙将无法对汽车进行任何操作，如图 3.11 所示。

图 3.11　手机 App 虚拟钥匙共享功能

汽车虚拟钥匙技术的共享功能使借车过程极大地简化，只要双方手机中都安装了相同的手机 App 就能够实现虚拟钥匙的移交，给用户带来了极大的便利。蓝牙这种短距离通信技术在一定程度上拉近了人与车的距离，只有携带虚拟钥匙的人靠近汽车时才能对汽车进行解锁操作，一定程度上增强了该技术的安全性。

智能蓝牙连接技术将在汽车与可穿戴技术连接的实现过程中发挥至关重要的作用，包括实现监测驾驶人疲劳驾驶、血液中酒精含量及血糖水平等生物计量指标的连接。智能手表、血压计、脉搏监测仪、酒精监测仪或血糖监测仪等将成为与汽车连接的可穿戴设备。

随着蓝牙技术的不断发展，蓝牙技术在汽车上的应用会越来越多。

3.3　RFID 技术

3.3.1　RFID 技术的定义与系统组成

1．RFID 技术的定义

RFID 技术是一种无线通信技术，可以通过无线电信号识别特定目标并读写相关数据，而无须识别系统与特定目标之间建立机械或光学接触，所以，它是一种非接触式的自动识别技术。

2．RFID 系统组成

RFID 系统主要由标签、阅读器和天线三部分组成，如图 3.12 所示。其一般由阅读器将收集到的数据信息传送到后台系统进行处理。

（1）标签。标签由耦合元件及芯片组成。每个标签都有一个全球唯一的 ID 号码——UID（user identification，用户身份证明），并在制作标签芯片时存放在只读存储器中，无法修改，

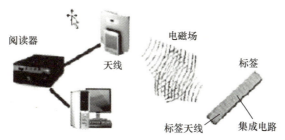

图 3.12　RFID 系统组成

其对物联网的发展有着很重要的影响。

(2) 阅读器。阅读器是读取或写入标签信息的设备,可设计为手持式或固定式等多种工作方式;对标签进行识别、读取和写入操作,一般情况下会将收集到的数据信息传送到后台系统,由后台系统处理数据信息。

(3) 天线。天线用来在标签和阅读器之间传递射频信号。射频电路中的天线是联系阅读器和标签的桥梁,阅读器发送的射频信号能量,通过天线以电磁波的形式辐射到空间,当标签天线进入该空间时,接收电磁波能量,但只能接收很小的一部分。阅读器和标签之间的天线耦合方式有两种:一种是电感耦合方式,适用于低频段的射频识别系统;另一种是反向散射耦合方式,适用于超高频段的射频识别系统。天线可视为阅读器和标签的空中接口,是 RFID 系统重要的组成部分。

3.3.2　RFID 产品的分类

RFID 技术衍生的产品有三类:无源 RFID 产品、有源 RFID 产品、半有源 RFID 产品。

(1) 无源 RFID 产品。无源 RFID 产品如公交卡、银行卡等,日常生活中随处可见,属于近距离识别类。其产品的主要工作频率有低频 125kHz、高频 13.56MHz、超高频 433MHz、915MHz。

(2) 有源 RFID 产品。有源 RFID 产品的远距离自动识别的特性决定了其巨大的应用空间和市场潜质,在远距离自动识别领域(如智能停车场、智能交通、物联网等领域)有重要应用。其产品的主要工作频率有超高频 433MHz、微波 2.45GHz 和 5.8GHz。

(3) 半有源 RFID 产品。半有源 RFID 产品结合有源 RFID 产品及无源 RFID 产品的优势,利用低频 125kHz 近距离精确定位、微波 2.45GHz 远距离识别和上传数据,来实现单纯的有源 RFID 产品和无源 RFID 产品没有办法实现的功能。

3.3.3　RFID 技术的特点

RFID 技术具有以下特点。

(1) 读取方便快捷。数据的读取无须光源,甚至可以透过外包装来进行。有效识别距离更大,采用自带电池的主动标签时,有效识别距离可达到 30m 以上。

(2) 识别速度快。标签一进入磁场,阅读器就可以即时读取其中的信息,而且能够同时处理多个标签,实现批量识别。

(3) 数据容量大。数据容量最大的二维条形码,最多只能存储 2725 个数字;若包含字母，存储量则会更少；RFID 标签则可以根据用户的需要扩充到数万字节。

（4）穿透性和无屏障阅读。在被覆盖的情况下，RFID 能够穿透纸张、木材和塑料等非金属或非透明的材质，并能够进行穿透性通信。

（5）使用寿命长，应用范围广。无线通信方式使其可以应用于粉尘、油污等高污染环境和放射性环境，而且其封闭式包装使其寿命大大超过印刷的条形码。

（6）标签数据可动态更改。利用编程器可以向标签写入数据，从而赋予 RFID 交互式便携数据文件的功能，而且写入时间相比打印条形码更少。

（7）安全性好。标签不仅可以嵌入或附着在不同形状、类型的产品上，而且可以为标签数据的读写设置密码保护，从而具有更高的安全性。

（8）动态实时通信。标签以每秒 50～100 次的频率与阅读器进行通信，所以只要 RFID 所附着的物体出现在阅读器的有效识别范围内，就可以对其位置进行动态的追踪和监控。

3.3.4 RFID 技术的应用

RFID 技术凭借其实时、准确对高速移动目标进行快速识别的特性，将成为未来交通信息采集与监管的主要手段，它在交通管理中的广泛应用也必将成为未来智能交通的发展趋势。

RFID 技术可以用于交通信息的采集，如采集机动车流量、车辆平均速度、道路拥挤状况；智能交通控制，如交通信号优化控制、公交信号优化控制、特定区域出入管理；违章、违法行为检测，通过与视频监控、视频抓拍系统配合，对过往车辆进行检测、抓拍和身份判别；高速公路自动收费系统；无钥匙系统；车牌自动识别系统等。这里仅介绍 RFID 技术在汽车无钥匙系统、汽车防伪查询和电子不停车收费系统中的应用。

1. 汽车无钥匙系统

汽车无钥匙系统如图 3.13 所示。它采用先进的 RFID 技术，通过车主随身携带的智能卡中的芯片感应自动开关门锁。通常情况下，当车主走近汽车 1m 以内距离时，门锁就会自动打开并解除防盗；当离开汽车时，门锁会自动锁上并进入防盗状态。当车主进入车内时，车内检测系统会马上识别智能卡，这时只需轻轻按动起动按钮（或旋钮），就可以正常起动汽车。整个过程，车主无须拿出车钥匙，非常方便。

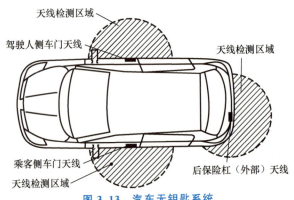

图 3.13 汽车无钥匙系统

2. 汽车防伪查询

汽车防伪查询的基本原理是将车牌号、发动机号、汽车类型、颜色、车主信息、驾驶证号、发证机关、年审情况等基本信息保存在射频芯片中，可以使用验证器（读写器）读出这些数据，通过核对这些信息，验证汽车、车主及车牌，如图 3.14 所示。芯片不断发射汽车的 ID，在任何天气和车速下均可识别，撞击、油污或破坏均不影响车牌工作，并且不能将其从一辆车上拆下而放到另一辆车上。通过核对这些信息，来判断汽车、车主、车牌的真伪和查验汽车违规违纪、年检的状况。

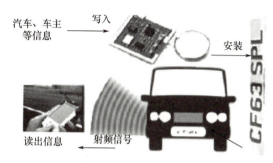

图 3.14 汽车防伪查询

3. 电子不停车收费系统

高速公路电子不停车收费（electronic toll collection，ETC）系统已在全国推广使用。电子不停车收费系统是应用 RFID 技术，通过路侧天线与车载电子标签之间的专用短程通信，在不需要驾驶人停车和其他收费人员采取任何操作的情况下，自动完成收费处理全过程，如图 3.15 所示。当电子不停车收费系统检测到汽车进入 ETC 车道时，安装在龙门架上的微波天线与安装在汽车风窗玻璃上的电子标签自动进行信息交换，与微波天线相连接的 ETC 车道计算机根据电子标签中存储的信息识别出汽车信息，并根据车主

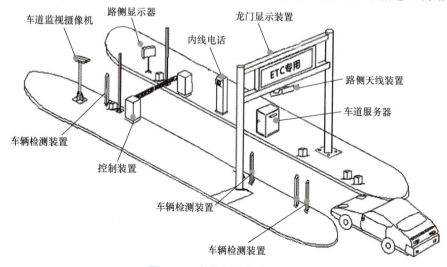

图 3.15 电子不停车收费系统

的使用情况计算并扣除通行费用。交易成功后，车道栏杆自动升起，放行汽车；汽车通过后，栏杆自动降下。整个收费过程无须人工干预，用户可不停车快速通过 ETC 车道。应用电子不停车收费系统可以提高汽车通过效率，是缓解收费站交通堵塞的有效手段。

3.4 DSRC 技术

3.4.1 DSRC 技术的定义与架构

1. DSRC 技术的定义

DSRC 技术是专门用于道路环境的车与车、车与基础设施、基础设施与基础设施之间，通信距离有限的无线通信方式，是智能网联汽车系统重要的通信方式之一。

2. DSRC 系统的参考架构

DSRC 系统的参考架构如图 3.16 所示。车与车之间及车与基础设施之间通过 DSRC 技术进行信息交互。

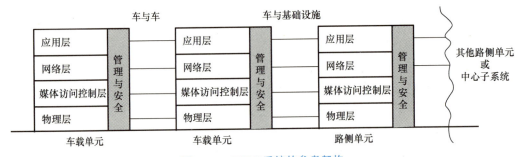

图 3.16 DSRC 系统的参考架构

DSRC 系统包含物理层、媒体访问控制层、网络层和应用层。

（1）物理层。物理层是建立、保持和释放专用短程通信网络数据传输通路的物理连接的层，位于协议栈的最底层。

（2）媒体访问控制层。媒体访问控制层是提供短程通信网络节点寻址及接入共享通信媒体的控制方式的层，位于物理层之上。

（3）网络层。网络层是实现网络拓扑控制、数据路由及设备的数据传送和应用的通信服务手段的层，位于媒体访问控制层之上。

（4）应用层。应用层是向用户提供各类应用及服务手段的层，位于网络层之上。

车载单元的媒体访问层和物理层负责处理车与车之间、车与基础设施之间的 DSRC 连接的建立、维护和信息传输；应用层和网络层负责把各种服务和应用信息传递到基础设施及车载单元，并通过车载子系统与用户进行交互。路侧单元通过 DSRC 接收来自车载单元的信息并向车载单元发送信息。管理与安全功能覆盖 DSRC 系统的整个框架。

3.4.2 DSRC 技术要求

1. 总体功能要求

DSRC 总体功能包含无线通信功能和网络通信功能,其中无线通信功能要求如下。
(1) 车与基础设施通信的路侧单元最大覆盖半径大于 1km。
(2) 车与车通信的单跳距离可达 300m。
(3) 支持车载单元的最大运动速度不小于 120km/h。
网络通信功能要求如下。
(1) 广播功能。
(2) 多点广播功能。
(3) 地域群播功能。
(4) 消息优先级的管理功能。
(5) 通道、连接管理功能。
(6) 车载单元的移动性管理功能。

2. 媒体访问控制层的技术要求

媒体访问控制层的技术要求如下。
(1) 车载单元与车载单元通信接口的要求:为满足汽车辅助驾驶中紧急安全事件消息的传播,媒体访问控制层的通信时延应小于 40ms。
(2) 媒体访问控制层支持的并发业务数应大于 3。
(3) 路侧单元支持的并发终端用户容量应大于 128。

3. 网络层的技术要求

网络层的技术要求如下。
(1) 网络层可适配不同的物理层。
(2) 支持终端的运动最大速度不小于 120km/h;在跨路侧设备覆盖区时,可保证业务的连续性。
(3) 紧急安全事件业务的端到端传输时延应小于 50ms。
(4) 可支持多种接入技术要求,网络层和应用层的接入技术具有相对独立性,可以通过多种接入技术为网络层提供服务。
(5) 支持传输技术多样性,网络层与数据传输技术相对独立,网络层不受底层传输技术的影响。
(6) 服务质量保证,可为业务建立优先级,并具备服务质量识别能力,以支持网络的服务质量保证机制。

4. 应用层的技术要求

应用层主要包括车与车通信应用、车与基础设施通信应用及其他通用交通应用,主要技术要求如下。

(1) 业务接口统一，制定标准格式。
(2) 业务支撑管理。
(3) 安全性。

3.4.3 DSRC 支持的业务

DSRC 支持的业务包括但不限于以下业务。

（1）汽车辅助驾驶，包括辅助驾驶和道路基础设施警告。其中，辅助驾驶包括碰撞风险预警、错误驾驶方式的警示、信号违规警告、慢速车辆指示、摩托车接近指示、车辆远程服务、行人监测、协作式自动车队等；道路基础设施警告包括车辆事故、道路工程警告、交通条件警告、气象状态及预警、基础设施状态异常警告等。

（2）交通运输安全，包括紧急救援请求及响应、紧急事件通告、紧急车辆调度与优先通行、运输车辆及驾驶人的安全监控、超载超限管理、交通弱势群体保护等。

（3）交通管理，包括交通法规告知、交通执法、信号优先、交通灯最佳速度指引、停车场管理等。

（4）导航及交通信息服务，包括路线实时指引和导航、施工区、收费、停车场、换乘、交通事件信息、流量监控、建议行程、兴趣点通知等。

（5）电子收费，包括以电子化的交易方式，向用户收取相关费用，如道路、桥梁和隧道通行费，停车费等。

（6）运输管理，包括运政稽查、特种运输监测、车队管理、场站区管理等。

（7）其他，包括汽车软件、数据配置和更新、汽车和路侧单元的数据校准、协作感知信息更新及发送等。

3.5 LTE-V 通信技术

3.5.1 LTE-V 通信技术的定义与架构

1. LTE-V 通信技术的定义

【LTE-V 通信技术】

V2X 通信是指车与车、基础设施、行人、网络等外界对象之间的信息交换，是实现交通安全、效率提升的前提，是未来智能交通运输系统的核心技术。

V2X 通信包括 V2V、V2I、V2P，以及 V2N（vehicle to network，车-网络）等通信模式及技术，如图 3.17 所示。V2X 通信应用对象主体是交通环境下的车辆。V2X 通信具有高速移动、高速率数据传输、低时延、多用户、高可靠性等特点，因此对技术方案的性能指标提出了较高的要求。车路通信技术不仅会提高行驶安全，而且会提升交通效率；同时以 V2X 通信为核心的车路通信也是自动驾驶的必要条件。

LTE-V（long term evolution-vehicle，长期演进-V2X）通信技术是我国具有自主知识产权的 V2X 通信技术，是基于 TD-LTE（time division-long term evolution，分时长期演进）的 ITS（intelligent traffic system，智能交通系统）解决方案，属于 LTE 后续演进技术

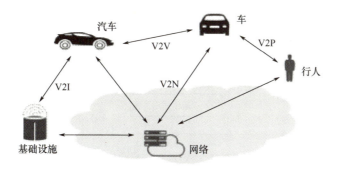

图 3.17　V2X 通信类型

的重要应用分支。LTE-V 通信按照全球统一规定的体系架构及通信协议和数据交互标准,在车与车、车与基础设施、车与行人之间组网,构建数据共享交互桥梁,助力实现智能化的动态信息服务、汽车安全驾驶、交通管控等。基于 LTE-V 通信技术标准的系统和设备已经开始商用测试。

2. LTE-V 通信系统的架构

LTE-V 通信系统的架构由物理层、数据链路层和应用层组成。

(1) 物理层。物理层是 LTE-V 通信系统的底层协议,主要提供帧传输控制服务和信道的激活、失效服务,具有收发定时及同步功能。

(2) 数据链路层。数据链路层负责信息的可靠传输,提供差错和流量控制,对上层提供无差错的链路连接。

(3) 应用层。应用层基于数据链路层提供的服务,实现通信初始化和释放程序、广播服务、远程应用等相关操作。

LTE-V 通信系统的设备组成包含用户终端(user equipment,UE)、路侧单元、基站(e-utran node B,eNB)三部分,示意图如图 3.18 所示。用户终端包含车载设备、个人用户便携设备等;路侧单元提供 V2I 服务,处于基站和用户终端之间,承担着双方的数据通信任务;基站是承担 LTE-V 通信系统的无线接入控制功能的设备,主要工作包括管理空中接口、用户资源分配、接入控制、移动性控制等。

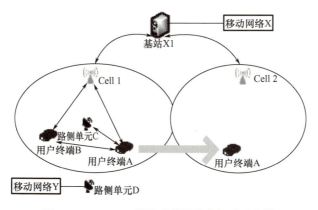

图 3.18　LTE-V 通信系统的设备组成示意图

3.5.2 LTE-V通信技术的应用场景

LTE-V通信能够满足智能交通多样化的应用需求,结合蜂窝和直通技术,全面支持行车安全、信息娱乐、后台监控等多种业务,如图3.19所示。

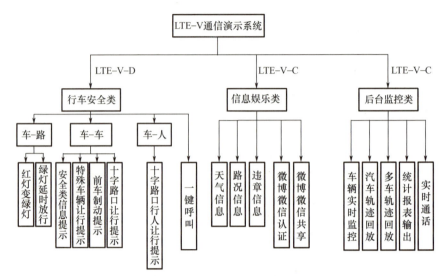

图3.19 LET-V通信技术应用场景

基于车-车通信的紧急车辆接近警示如图3.20所示。

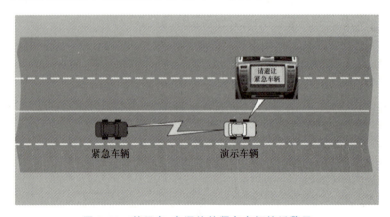

图3.20 基于车-车通信的紧急车辆接近警示

基于交叉口交通信息的车辆安全通行如图3.21所示。

基于车路协同的车辆引导控制如图3.22所示。

3.5.3 LET-V通信技术与DSRC技术比较

V2X通信技术包括LTE-V通信技术和DSRC技术两种。LTE-V通信是基于LTE的智能网联汽车协议,由3GPP主导制定规范,主要参与厂商包括华为、大唐、LG等;DSRC主要基于IEEE 802.11p与IEEE 1609系列标准,是一种专门用于V2V和V2I之间的通信标准,主要由美国、日本主导。

图 3.21　基于交叉口交通信息的车辆安全通行

图 3.22　基于车路协同的车辆引导控制

1. **LTE－V 通信与 DSRC 架构的对比**

LTE－V 通信针对车辆应用定义了两种通信方式，LTE－V－C（蜂窝链路式）和 LTE－V－D（短程直通链路式），如图 3.23 所示。其中，LTE－V－C 通过 Uu 接口承载传统的车联网远程信息处理业务，操作于传统的移动宽带授权频段；LTE－V－D 通过 PC5 接口实现 V2V、V2I 直接通信，促进实现汽车安全驾驶。需要注意的是，LTE－V－D 运行于 ITS 频段（如 ITS 5.9GHz），独立于蜂窝网络，直接通信可有效保证应用的低时延。

DSRC 架构如图 3.24 所示，路侧单元是其中的重要组成部分，并且通过有线光纤的方式连入互联网。白车代表 V2V、V2I 安全业务，灰车代表远程信息处理业务。车与车之间的信息交换通过路侧单元和车载设备之间的通信实现，远程信息处理业务通过 IEEE 802.11p＋路侧单元回程的方式实现。可以看到 DSRC 架构中需要部署大量的路侧单元才能较好地满足业务需求，建设成本较高。

从图 3.23 和图 3.24 可以看到，LTE－V 通信和 DSRC 均需要路侧单元，但两种技术的路侧单元的承载能力不尽相同。两种技术中，路侧单元均会为汽车提供道路相关的信息（如红绿灯、限速等），在 V2I 的模式下将这些信息发送给汽车。在 DSRC 技术下，车与车

图 3.23　LTE-V 通信架构

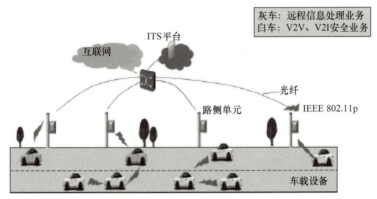

图 3.24　DSRC 架构

之间的信息交流必须通过路侧单元,因此对路侧单元的需求量很大。在 LTE-V-D 通信模式下,车与车之间的信息交互基于广播方式,可采用终端直通模式,也可经由路侧单元进行交互,可选的交互模式,大大减少了对路侧单元的需求量。

2. LTE-V 通信与 DSRC 技术参数的对比

LTE-V 通信技术与 DSRC 技术各有优缺点,其中 DSRC 技术的最大优势在于起步早,技术成熟度高,但在车速、带宽、速率及通信距离等方面与 LTE-V 相比均存在劣势,详细参数可见表 3-1。由表 3-1 可知基于蜂窝通信的 LTE-V 通信技术在主要指标上优于基于无线局域网的 DSRC 技术。

表 3-1　DSRC 技术与 LTE-V 通信技术的比较

性能	DSRC 技术	LTE-V 通信技术
支持车速	200km/h	500km/h
带宽	75MHz	可扩展至 100MHz
传输速率	3～27Mbit/s,平均 12Mbit/s	峰值速率上行 500Mbit/s,下行 1Gbit/s
通信距离	几百米,容易被建筑遮挡,受路侧单元密度影响	约为 DSRC 的 2 倍

续表

性　　能	DSRC 技术	LTE-V 通信技术
IP 接入方式	部署路侧单元作为网关	通过蜂窝基站接入，基站集中调度；业务连续性好，调度效率高
低延时安全业务（前车防撞预警、盲区预警等）	采用 IEEE 802.11p 协议	LTE 直通技术解决
演进性	较弱	可平滑演进至 5G
成熟度	已成熟	基本成熟

还有一项关键技术特性——通信时延，V2X 通信的关键是实现相对于普通交通系统更低的时延，通常要求小于 100ms。在实际测试中，基于 DSRC 标准的 IEEE 802.11p 在 5.9GHz 频率短距离通信的系统时延超过 100ms，而 LTE-V 通常为 50ms，而且 DSRC 传输质量难以保证，时延抖动通常很大。中国通信标准化协会关于 LTE-V 总体技术要求中，对时延有如下要求。

（1）针对 V2V 和 V2P，无论是直接通信还是路侧单元转发，时延都需要小于 100ms。
（2）仅对于特殊用例（如碰撞感知），V2V 通信时延需小于 20ms。
（3）V2I 通信时延应小于 100ms。
（4）V2N 业务最大端到端时延应小于 1000ms。

虽然目前没有国家政策明确我国的 V2X 通信政策将选择哪种技术，但业界普遍认为 LTE-V 通信将成为国内 V2X 的通信标准。

3.6　5G 移动通信技术

3.6.1　5G 移动通信技术的定义与架构

1. 5G 移动通信技术的定义

移动通信技术是指通信的双方至少有一方在运动中实现通信，包括移动台与固定台之间、移动台与移动台之间、移动台与用户之间的通信技术。在移动通信中，常处于移动状态的电台称为移动台，常处于固定状态的电台称为基地台或基站。

5G 是第 5 代移动通信系统。5G 是 4G 的延伸，是对现有无线接入技术（包括 3G、4G 和 Wi-Fi）的技术演进，以及一些新增的补充性无线接入技术集成后解决方案的总称。从某种程度上讲，5G 是一个真正意义上的融合网络。以融合和统一的标准，提供人与人、人与物及物与物之间高速、安全和自由的连通。除了要满足超高速的传输需求外，5G 还需满足超大带宽、超高容量、超密站点、超可靠性、随时随地可接入等要求。因此，通信界普遍认为，5G 是一个广带化、泛在化、智能化、融合化、绿色节能的网络。5G 移动通信技术已实现商用，能够满足未来移动互联网业务的发展需求，并带给移动互联网用户一种前所未有的全新体验。

2. 5G移动通信技术的架构

典型的移动通信系统通常由移动台、基站子系统、移动业务交换中心等组成,如图3.25所示。

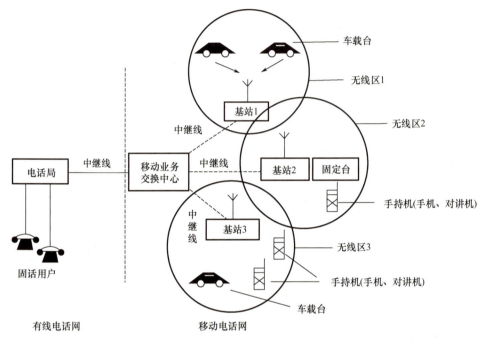

图 3.25　移动通信系统的组成

(1) 移动台。移动台是移动通信系统的用户设备,包括收发信机、天线、电源等,可以是手机、对讲机或车载台等。

(2) 基站子系统。基站子系统建在覆盖区域的中央或边缘,包括收发信机、天线公用设备、天线、馈线和电源等。基站一般具有较大的发射功率,并且天线架设较高,同时开通多个射频频道,形成一个可靠的通信覆盖区域,称为无线区。在这个区域内的所有移动用户之间的无线信号都由基站进行射频频道的实时分配和控制,以实现信号的转发。

(3) 移动业务交换中心。移动业务交换中心主要由交换和控制设备组成,其作用除了交换无线电信号外,还对整个移动通信系统进行控制管理,是协调呼叫路由的控制中心。移动业务交换中心还可以通过中继线与电话局连接,实现移动用户与固话用户的通信,从而构成有线、无线相结合的综合通信网。

5G网络将融合多类现有或未来的无线接入传输技术和功能网络,包括传统蜂窝网络、大规模多天线网络、认知无线网络、无线局域网、无线传感器网络、小型基站、可见光通信和设备直连通信等,并通过统一的核心网络进行管控,以提供超高速率和超低时延的用户体验和多场景的一致无缝服务。5G系统架构如图3.26所示。

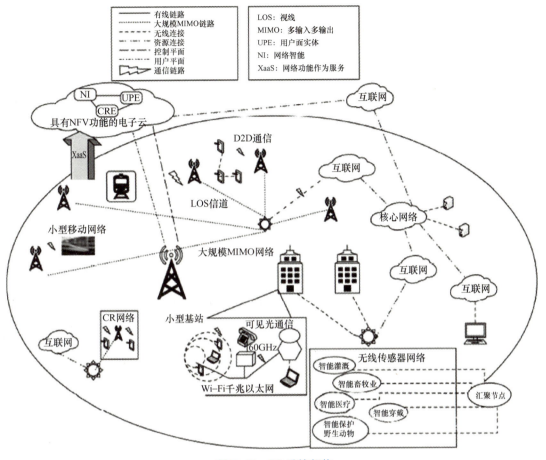

图 3.26 5G 系统架构

3.6.2 5G 移动通信技术的应用场景

5G 移动通信技术的应用场景由相关地点和该地点发生的业务组成。5G 移动通信技术的应用场景主要包括移动互联网和移动物联网两大类,而移动互联网又可以抽象为低移动性高速度和高移动性广覆盖两个子类;移动物联网可以抽象为低功耗大连接和低时延高可靠性两个子类,如图 3.27 所示。

【自动驾驶与 5G 移动通信技术】

(1) 低移动性高速度应用场景主要包括办公室、密集住宅区、室外热点、大型集会等,其对应的主要业务有高清视频、虚拟现实、增强现实及云存储等,主要挑战在于高速度、高连接密度等。

(2) 高移动性广覆盖应用场景主要发生在高铁、快速路及地铁等对移动性要求较高的地点,其对应的主要业务有网页浏览、实时在线游戏、云端办公等,主要挑战在于有一定移动性的前提下保持一定的体验速度。

(3) 低功耗大连接应用场景主要面向传感器类应用,包括环境监测、智能报表和可穿戴设备等,主要挑战在于连接数巨大且功耗要求低。

(4) 低时延高可靠性应用场景主要包括工业及医疗行业的自动控制、交通行业的自动驾驶、智能电网等,主要挑战在于时延和移动性等方面的要求。

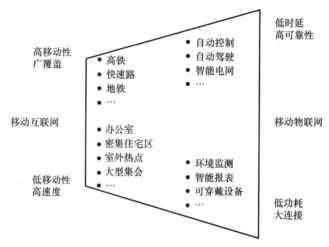

图 3.27　5G 移动通信技术的应用场景

3.6.3　5G 移动通信技术的特点

5G 移动通信技术具有以下特点。

(1) **高速度**。相对于 4G，5G 要解决的第一个问题就是高速度。网络速度提升，用户体验与感受才会有较大的提高，网络才能面对 VR、超高清业务时不受限制，对网络速度要求很高的业务才能被广泛推广和使用。对于 5G 的基站峰值速度要求不低于 20Gbit/s，当然这个速度是峰值速度，不是每一个用户的体验。随着新技术的使用，这个速度还有提升的空间。这样的速度，意味着用户可以每秒下载一部高清电影，也可支持 VR 视频。这样的高速度给未来对速度有很高要求的业务提供了机会和可能。

(2) **泛在网**。随着业务的发展，网络业务需要无所不包，广泛存在。只有这样才能支持更加丰富的业务，才能在复杂的场景上使用。泛在网有两个层面的含义：广泛覆盖和纵深覆盖。广泛是指我们社会生活的各个地方，需要广覆盖，以前高山峡谷就不一定需要网络覆盖，因为生活的人很少，但是如果能覆盖 5G，那么可以大量部署传感器，进行环境、空气质量甚至地貌变化、地震的监测，这就非常有价值。5G 可以为更多这类应用提供网络。纵深是指我们生活中，虽然已经有网络部署，但是需要进入更高品质的深度覆盖。5G 的到来，可把以前网络品质不好的卫生间、地下停车库等都用很好的 5G 网络广泛覆盖。一定程度上，泛在网比高速度还重要，只建一个少数地方覆盖、速度很高的网络，并不能保证 5G 的服务与体验，而泛在网才是 5G 体验的一个根本保证。

(3) **低功耗**。5G 要支持大规模物联网应用，就必须有功耗的要求。这些年，可穿戴产品有一定的发展，但是遇到很多瓶颈，最大的瓶颈就是体验较差。以智能手表为例，几乎每天甚至不到一天就需要充电。所有物联网产品都需要通信与能源，虽然今天通信可以通过多种手段实现，但是能源的供应只能靠电池。通信过程若消耗大量的能量，就很难让物联网产品被用户广泛接受。如果能把功耗降下来，使大部分物联网产品一周充一次电，甚至一个月充一次电，就能大大改善用户体验，促进物联网产品的快速普及。

（4）**低时延**。5G 的一个新场景是无人驾驶、工业自动化的高可靠连接。人与人之间进行信息交流，140ms 的时延是可以接受的，但是如果这个时延用于无人驾驶、工业自动化就无法接受。5G 对于时延的最低要求是 1ms，甚至更低。这就对网络提出严酷的要求。而 5G 是这些新领域应用的必然要求。无人驾驶汽车，需要中央控制中心和汽车进行互联，车与车之间也应进行互联，在高速度行驶中，一个制动，需要瞬间把信息送到车上做出反应，100ms 左右的时间，车就会冲出几米，这就需要在最短的时延中，把信息送到车上，进行制动与车控反应。无人驾驶飞机更是如此，如数百架无人驾驶编队飞行，极小的偏差就会导致碰撞和事故，这就需要在极短的时延中，把信息传递给飞行中的无人驾驶飞机。工业自动化过程中，一个机械臂的操作，如果要做到极精细化，保证工作的高品质与精准性，也需要极短的时延，以及时做出反应。这些特征，在传统的人与人通信，甚至人与机器通信时，要求都不那么高，因为人的反应是较慢的，也不需要机器那么高的效率与精细化。而无论是无人驾驶汽车、无人驾驶飞机还是工业自动化，都是高速度运行，还需要在高速中保证及时信息传递和及时反应，这就对时延提出了极高的要求。要满足低时延的要求，需要在 5G 网络建构中找到各种方法，降低时延。

（5）**万物互联**。传统通信中，终端是非常有限的，固定电话是以群体应用来定义的，而手机是以个人应用来定义的。到了 5G 时代，终端不是按人来定义的，因为每人、每个家庭可能拥有数个终端。通信业对 5G 的愿景是每一平方千米，可以支撑 100 万个移动终端。未来接入网络中的终端，不光有手机，还会有更多千奇百怪的产品。可以说，我们生活中每一个产品都有可能通过 5G 接入网络。我们的眼镜、手机、衣服、腰带、鞋子都有可能接入网络，成为智能产品。家中的门窗、门锁、空气净化器、新风机、加湿器、空调、冰箱、洗衣机都可能进入智能时代，并通过 5G 接入网络，我们的家庭成为智慧家庭。而社会生活中大量以前不可能联网的设备也会进行联网工作，更加智能。汽车、井盖、电线杆、垃圾桶这些公共设施，以前管理起来非常难，也很难做到智能化，而 5G 可以让这些设备都成为智能设备。

（6）**重构安全**。安全问题应该成为 5G 的一个基本特点。传统的互联网要解决的是信息速度、无障碍的传输，自由、开放、共享是互联网的基本精神，但是在 5G 基础上建立的是智能互联网。智能互联网不仅要实现信息传输，还要建立起一个社会和生活的新机制与新体系。智能互联网的基本精神是安全、管理、高效、方便。安全是 5G 之后的智能互联网第一位的要求。假设 5G 建设起来却无法重新构建安全体系，那么会产生巨大的破坏力。如果无人驾驶系统被攻破，就会像电影上展现的那样，道路上的汽车被黑客控制；智能健康系统被攻破，大量用户的健康信息被泄露；智慧家庭被攻破，家中安全根本无保障。这种情况不应该出现，出了问题也不是修修补补可以解决的。在 5G 网络构建中，在底层就应该解决安全问题，从网络建设之初，就应该加入安全机制，信息应该加密，网络并不应该是开放的，对于特殊的服务需要建立起专门的安全机制。网络不是完全中立、公平的。举一个简单的例子，网络保证上，普通用户上网，可能只有一套系统保证其网络畅通，用户可能会面临拥堵。但是智能交通体系，需要多套系统保证其安全运行，保证其网络品质，在网络出现拥堵时，必须保证智能交通体系的网络畅通，而这个体系也不是一般终端可以接入实现管理与控制的。

思 考 题

1. 智能网联汽车有哪些通信类型？
2. 什么是蓝牙技术？其在智能网联汽车上有什么应用？
3. 什么是 RFID 技术？其在智能网联汽车上有什么应用？
4. 什么是 DSRC 技术？其在智能网联汽车上有什么应用？
5. 什么是 LTE-V 通信技术？其在智能网联汽车上有什么应用？
6. 什么是 5G 移动通信技术？其有哪些应用场景？

第4章 智能网联汽车网络技术

通过本章的学习,要求读者能够掌握智能网联汽车的网络体系构成,了解车载网络的类型和特点,初步掌握车内网、车载自组织网络和车载移动互联网在智能网联汽车上的应用。

知识要点	能力要求	相关知识
智能网联汽车网络技术概述	掌握智能网联汽车的网络体系构成,了解车载网络的类型和特点	智能网联汽车的网络体系构成,车载网络的类型和特点
车载网络技术	初步掌握 CAN 总线网络、LIN 总线网络、FlexRay 总线网络、MOST 总线网络、以太网的定义、特点及在智能网联汽车上的应用	CAN 总线网络、LIN 总线网络、FlexRay 总线网络、MOST 总线网络、以太网
车载自组织网络技术	初步掌握自组织网络的定义、类型、路由协议类型、特征及在智能网联汽车上的应用	V2V、V2I、V2P 通信技术及应用
车载移动互联网技术	初步掌握移动互联网的定义、特点、体系架构、接入方式及车载移动互联网在智能网联汽车上的应用	移动互联网技术

【导入案例】

随着汽车智能化、网联化的发展,汽车上的传感器越来越多,达到成百上千,而且汽车上的传感器和道路基础设施上的传感器也要互联互通,这样智能网联汽车就会变成一个庞大的网络系统,如图 4.1 所示。

智能网联汽车由哪些网络构成?这些网络有什么特点?在智能网联汽车上如何应用?通过本章的学习,读者可以得到答案。

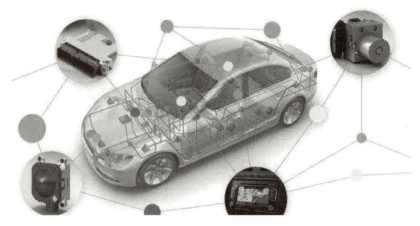

图 4.1 智能网联汽车网络系统

4.1 智能网联汽车网络技术概述

4.1.1 智能网联汽车的网络体系构成

智能网联汽车的网络体系主要包括三种网络，即以车内总线通信为基础的车内网络，常称车载网络；以短距离无线通信为基础的车载自组织网络；以远距离通信为基础的车载移动互联网。因此，智能网联汽车的网络体系是融合车载网络、车载自组织网络和车载移动互联网的一体化网络系统，如图 4.2 所示。

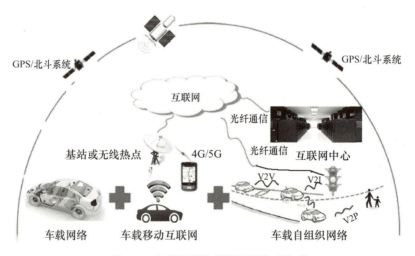

图 4.2 智能网联汽车的网络体系构成

（1）车载网络。车载网络是基于 CAN 总线技术、LIN 总线技术、FlexRay 总线技术、MOST 总线技术、以太网等建立的标准化整车网络，实现车内各电器、电子单元之间的状态信息和控制信号在车内网上的传输，使汽车具有状态感知、故障诊断和智能控制等功能。

（2）车载自组织网络。**车载自组织网络是基于短距离无线通信技术自主构建的 V2V、V2I、V2P 无线通信网络，实现 V2V、V2I、V2P 之间的信息传输，使汽车具有行驶环境感知、危险辨识、智能控制等功能，并能够实现 V2V、V2I 之间的协同控制。**

目前，研究较多的是 V2V 和 V2I 信息交换技术，而 V2P 信息交换技术研究较少。在我国，V2P 信息交换很重要，因为路面上有很多行人、自行车等。我国的交通事故高发于车辆右转的情况下，驾驶人很难看到右边的行人、自行车等。

（3）车载移动互联网。**车载移动互联网是基于远距离通信技术构建的车与互联网之间连接的网络，实现车辆信息与各种服务信息在车载移动互联网上的传输，使智能网联汽车用户能够开展商务办公、信息娱乐服务等。**

4.1.2 车载网络的类型

美国汽车工程师学会提出将车载网络划分为五种类型，分别为 A 类低速网络、B 类中速网络、C 类高速网络、D 类多媒体网络和 E 类安全应用网络。不同类型的车载网络需要通过网关进行信号的解析交换，使不同的网络类型能够相互协调，保证汽车各系统正常运转。

（1）**A 类低速网络**。A 类低速网络的传输速率一般小于 10kbit/s，有多种通信协议，该类网络的主流协议是 LIN。LIN 是用于连接智能传感器、执行器的低成本串行通信网络。LIN 采用 SCI（scalable coherent interface，可扩展一致性接口）、UART（universal asynchronous receiver/transmitter，通用异步接收发送设备）等通用硬件接口，配以相应的驱动程序，成本低廉，配置灵活，适应面较广，主要用于电动门窗、电动座椅、车内照明系统和车外照明系统等。

（2）**B 类中速网络**。B 类中速网络的传输速率为 10～125kbit/s，对实时性要求不太高，主要面向独立模块之间数据共享的中速网络。目前，该类网络的主流协议是低速 CAN，主要用于故障诊断、空调、仪表显示等。

（3）**C 类高速网络**。C 类高速网络的传输速率为 125～1000kbit/s，对实时性要求高，主要面向高速、实时闭环控制的多路传输网。该类网络的主流协议是高速 CAN、FlexRay 等，主要用于牵引力控制、发动机控制、制动防抱死控制、车身稳定控制、悬架控制等。

（4）**D 类多媒体网络**。D 类多媒体网络的传输速率为 250kbit/s～100Mbit/s，该类网络的协议主要有 MOST、以太网、蓝牙、ZigBee 等，主要用于要求传输效率较高的多媒体系统、导航系统等。

（5）**E 类安全网络**。E 类安全网络的传输速率为 10Mbit/s，主要面向汽车安全系统。汽车车载网络结构示意图如图 4.3 所示。

随着汽车智能化和网络化的发展，网络宽带和传输速率的要求越来越高，车载网络的类型会不断增加。

智能网联汽车的各种网络之间是一种相辅相成的配合关系，整车厂可以从实时性、可靠性、经济性等多方面出发，选择合适的网络配合使用，充分发挥各类网络技术的优势。

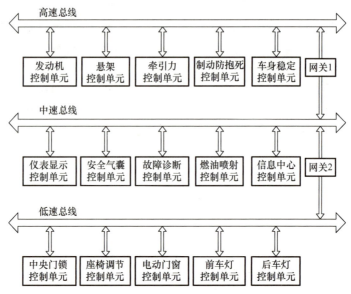

图 4.3　汽车车载网络结构示意图

4.1.3　车载网络的特点

智能网联汽车车载网络具有以下特点。

（1）复杂化。智能网联汽车电控系统的网络体系结构复杂，包含数百个控制单元通信节点，控制单元被划分到十几个不同的网络子系统中，由控制单元产生的需要进行通信的信号个数多达数千个。

（2）异构化。为满足各个功能子系统在网络带宽、实时性、可靠性和安全性的不同需求，CAN 总线网络、LIN 总线网络、FlexRay 总线网络、MOST 总线网络、以太网、自组织网络、移动互联网等多种网络技术都将在智能网联汽车上得到应用，因此，不同网络子系统中所采用的网络技术之间存在很大程度的异构性。这种异构性不仅体现在网络类型的不同方面，而且同种类型的网络在带宽和传输速率方面也存在异构性，如高速 CAN 总线网络和低速 CAN 总线网络。网关用来实现不同网络子系统之间的互联和异构网络的集成，所以在网关内需要对协议进行转换。

（3）网关互联的层次化架构。智能网联汽车电控系统和先进驾驶辅助系统的网络体系结构具有层次化特点，同时包括同一网络子系统内不同控制单元之间的通信和两个或多个网络子系统所包含的控制单元之间的跨网关通信等多种情况，如防碰撞系统功能的实现依赖于安全子系统、底盘控制子系统、车身子系统及 V2V、V2I、V2P 之间的交互和协同控制。

（4）通信节点组成和拓扑结构是变化的。智能网联汽车需要实现 V2V、V2I、V2P 之间的通信，所以它的网络体系结构中包含的通信节点和体系结构的拓扑结构是变化的。

4.2　车载网络技术

车载网络技术的应用提高了信息传输的速度，增强了汽车控制系统的稳定性和可靠性，特别是智能网联汽车和无人驾驶汽车,对车载网络提出了更高的要求。目前,汽车车载网络的类型主要有 CAN 总线、LIN 总线、FlexRay 总线等,它们在汽车上的应用如图 4.4 所示,主要应用于车身电子和一些关键的安全性应用,如电动车窗、车门、车椅控制,电动刮水器,发动机控制、安全气囊控制等,这些应用的特点是需要传输的数据量较小,但要求非常高的实时性和可靠性。随着智能网联汽车的发展,以太网的应用已引起广泛的重视。

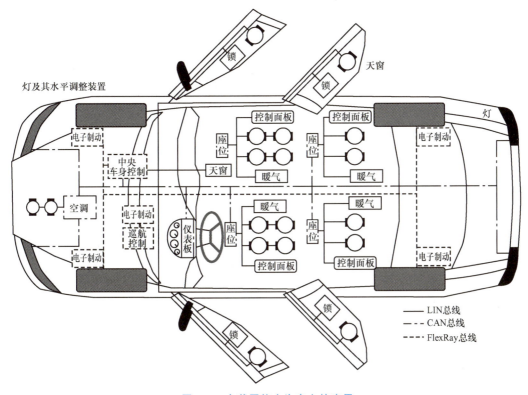

图 4.4　车载网络在汽车上的应用

4.2.1　CAN 总线网络

1. CAN 总线的定义

【CAN 总线网络】

CAN 总线是德国博世公司在 20 世纪 80 年代为了解决汽车上众多测试仪器与控制单元之间的数据传输而开发的一种支持分布式控制的串行数据通信总线。国际标准化组织在 1993 年提出了 CAN 总线的国际标准——ISO 11898,使 CAN 总线的应用更标准化和规范化。CAN 总线已经是国际上应用较广泛的网络总线之一,它的数据信息传输速率最大为 1Mbit/s,属于中速网络,通信距离(无须中继)最远可达 10km。

2. CAN 总线网络的特点

CAN 总线采用双绞线作为传输介质,媒体访问方式为位仲裁,是一种多主总线。CAN 总线网络为事件触发的实时通信网络,其总线仲裁方式采用基于优先级的 CSMA/CD(carrier sense multiple access with collision de-

【福特汽车 CAN 网络】

tection，载波侦听多址访问冲突检测）法。CAN 总线网络具有以下特点。

（1）多主控制。多主控制是指在总线空闲时，所有的单元都可开始发送消息；最先访问总线的单元可获得发送权（CSMA/CA 方式，即带有冲突避免的载波侦听多路访问方式）；多个单元同时开始发送时，发送高优先级 ID（标识符）消息的单元可获得发送权。

（2）消息的发送。在 CAN 协议中，所有的消息都以固定的格式发送。总线空闲时，所有与总线相连的单元都可以开始发送新消息。两个以上的单元同时开始发送消息时，根据 ID 决定优先级。ID 并不是表示发送的目的地址，而是表示访问总线的消息的优先级。两个以上的单元同时开始发送消息时，对各消息 ID 的每个位进行逐个仲裁比较。仲裁获胜（被判定为优先级最高）的单元可继续发送消息，仲裁失利的单元则立刻停止发送工作而进行接收工作。

（3）系统的柔软性。与总线相连的单元没有类似于"地址"的信息。因此，在总线上增加单元时，连接在总线上的其他单元的软硬件及应用层都不需要改变。

（4）高速度和远距离。当通信距离小于 40m 时，CAN 总线的传输速率可以达到 1Mbit/s。通信速度与其通信距离成反比，当通信距离达到 10km 时，其传输速率可以达到约 5kbit/s。

（5）远程数据请求。可通过发送"遥控帧"请求其他单元发送数据。

（6）错误检测功能、错误通知功能、错误恢复功能。错误检测功能是指所有的单元都可以检测错误；错误通知功能是指正在发送消息的单元一旦检测出错误，会强制结束当前的发送，并立即同时通知其他所有单元；错误恢复功能是指强制结束发送的单元会不断反复地重新发送此消息直到成功发送为止。

（7）故障封闭。CAN 总线可以判断出错误的类型，即是总线上暂时的数据错误（如外部噪声等）还是持续的数据错误（如单元内部故障、驱动器故障、断线等）。根据此功能，当总线上发生持续的数据错误时，可将引起此故障的单元从总线上隔离出去。

（8）连接。CAN 总线可以同时连接多个单元，可连接的单元总数理论上是没有限制的，但实际上可连接的单元总数受总线上的时延及电气负载的限制。降低传输速率，可连接的单元总数增加；提高传输速率，则可连接的单元总数减少。

总之，CAN 总线具有实时性强、可靠性高、传输速率快、结构简单、互操作性好、错误处理机制完善、灵活性高和价格低廉等特点，在车载网络上已经得到广泛的应用。

3. CAN 总线网络的分层结构

CAN 协议包含了国际标准化组织规定的 OSI（open system interconnection，开放系统互联）七层参考模型中的物理层、数据链路层和传输层。图 4.5 所示的 CAN 总线网络分层结构说明了 CAN 协议与 OSI 七层参考模型的比较及对应三层的总线功能。

OSI 七层参考模型是国际标准化组织制定的一个用于计算机或通信系统间互联的标准体系，它是一个七层的、抽象的模型，不仅包括一系列抽象的术语或概念，也包括具体的协议。

（1）物理层。物理层的主要功能是利用传输介质为数据链路层提供物理连接，实现相邻节点之间比特流的透明传输，尽可能屏蔽掉具体传输介质和物理设备的差异，使其上面的数据链路层不必考虑网络的具体传输介质是什么。

（2）数据链路层。数据链路层负责建立和管理节点之间的链路，其主要功能是通

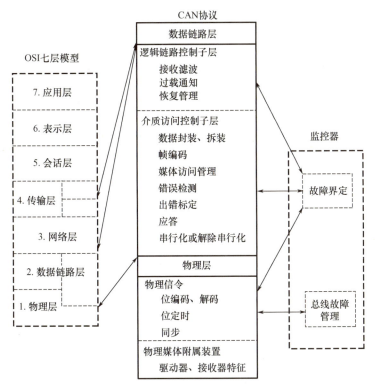

图 4.5 CAN 总线网络分层结构

过各种控制协议,将有差错的物理信道变为无差错的、能可靠传输数据帧的数据链路。数据链路层通常又被分为逻辑链路控制(logic link control,LLC)和介质访问控制(medium access control,MAC)两个子层。逻辑链路控制子层的主要任务是建立和维护网络连接,执行差错校验、流量控制和链路控制。介质访问控制子层的主要任务是解决共享型网络中多用户对信道竞争的问题,完成网络介质的访问控制。介质访问控制子层受一个名为"故障界定"的管理实体监管,此故障界定为自检测机制,以便把永久故障和短时扰动区别开来。数据链路层的具体工作是接收来自物理层的位流形式的数据,并封装成帧,传送到上一层;同样,也将来自上层的数据帧,拆装为位流形式的数据转发到物理层;并且,还负责处理接收端发回的确认帧的信息,以便提供可靠的数据传输。

(3)网络层。网络层是 OSI 参考模型中最复杂的一层,也是通信子网的最高一层。它在下两层的基础上向资源子网提供服务。其主要任务是通过路由选择算法,为报文或分组通过通信子网选择最适当的路径。该层控制数据链路层与传输层之间的信息转发,建立、维持和终止网络的连接。具体地说,数据链路层的数据在这一层被转换为数据包,然后通过路径选择、分段组合、顺序、进/出路由等控制,将信息从一个网络设备传送到另一个网络设备。一般地,数据链路层解决同一网络内节点之间的通信,而网络层主要解决不同子网间的通信。例如,在广域网之间通信时,必然会遇到路由(即两节点间可能有多条路径)选择问题。

(4)传输层。OSI 下三层的主要任务是数据通信,上三层的主要任务是数据处理。传输层是通信子网和资源子网的接口和桥梁，起到承上启下的作用。传输层的主要功能是传输连接管理、处理传输差错和监控服务质量。传输连接管理是指提供建立、维护和拆除传输连接的功能，传输层在网络层的基础上为高层提供"面向连接"和"面向无连接"的两种服务。处理传输差错是指提供可靠的"面向连接"和不太可靠的"面向无连接"的数据传输服务、差错控制和流量控制。在提供"面向连接"服务时，通过这一层传输的数据将由目标设备确认，如果在指定的时间内未收到确认信息，数据将被重发。监控服务质量是指监控传输的质量及服务的可用性，可用一些参数来描述，如传输连接建立延迟、传输失败率等。

（5）会话层。会话层是用户应用程序和网络之间的接口，具体功能是会话管理、会话流量控制、寻址、出错控制。会话管理是指允许用户在两个实体设备之间建立、维持和终止会话，并支持它们之间的数据交换，如提供单方向会话或双向同时会话，并管理会话中的发送顺序，以及会话所占用时间的长短；会话流量控制是指提供会话流量控制和交叉会话功能；寻址是指使用远程地址建立会话连接；出错控制是指负责纠正错误。

（6）表示层。表示层是对来自应用层的命令和数据进行解释，对各种语法赋予相应的含义，并按照一定的格式传送给会话层。其主要功能是处理用户信息的表示问题，如编码、数据格式转换和加密、解密等。

（7）应用层。应用层是计算机用户及各种应用程序和网络之间的接口，其功能是直接向用户提供服务，完成用户希望在网络上完成的各种工作。它负责完成网络中应用程序与网络操作系统之间的联系，建立与结束使用者之间的联系，并完成网络用户提出的各种网络服务及应用所需的监督、管理和服务等各种协议。此外，该层还负责协调各个应用程序之间的工作。

由于 OSI 参考模型是一个理想的模型，因此一般网络系统只涉及其中的几层，很少有系统能够具有所有的七层，并完全遵循它的规定。

4. CAN 总线网络的帧类型

CAN 总线网络传输的帧主要包括数据帧、远程帧、错误帧和过载帧。

（1）数据帧。数据帧用于传输数据，主要由帧起始、仲裁域、控制域、数据域、CRC（cyclic redundancy check，循环冗余校验）、应答域和帧结束构成，如图 4.6 所示。

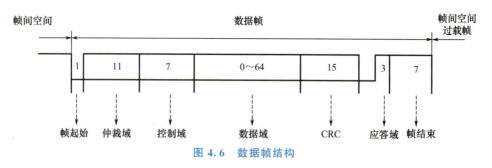

图 4.6　数据帧结构

（2）远程帧。远程帧主要用于接收单元向发送单元请求主动发送数据，其包含了数据帧中除了数据域以外的部分，其实质是没有数据域的数据帧，结构如图 4.7 所示。

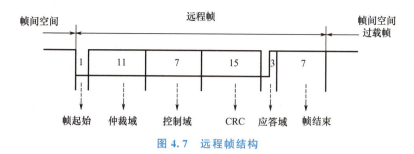

图 4.7 远程帧结构

(3) 错误帧。错误帧用于在接收和发送消息时检测出错误并向网络节点通知错误发出的帧。错误帧主要包含错误标志和错误界定符，其结构如图 4.8 所示。

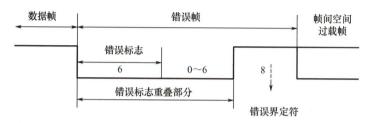

图 4.8 错误帧结构

(4) 过载帧。当总线数据传输量过大，接收节点对接收的数据无法及时处理时，会在相邻的两个数据帧之间穿插发送过载帧，以告知发送节点延迟下一帧消息的发送。过载帧由过载标志和过载界定符组成，其结构如图 4.9 所示。

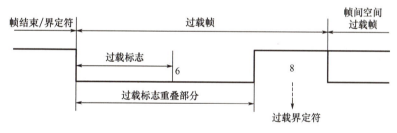

图 4.9 过载帧结构

5. CAN 总线在汽车上的应用

CAN 总线的最大传输速率可达 1Mbit/s，目前，汽车上的网络连接方式需采用两条 CAN 总线：一条为用于驱动系统的高速 CAN 总线，速率达到 500kbit/s；另一条为用于车身系统的低速 CAN 总线，速率为 100kbit/s。高速 CAN 总线主要连接发动机、自动变速器、制动防抱死系统、车身稳定控制系统等对通信实时性有较高要求的系统。低速 CAN 总线主要连接灯光、电动车窗、自动空调及信息显示系统等，多为低电动机和开关量器件，对实时性要求低而数量众多。不同速度的 CAN 总线之间通过网关连接。采集汽车 CAN 总线上的信号时，需要确定所采集的信号处于哪个 CAN 总线网络，以便于设置合适的 CAN 通道波特率。

某汽车驱动 CAN 总线拓扑结构如图 4.10 所示。

图 4.11 所示是 CAN 总线在电动汽车上的应用。

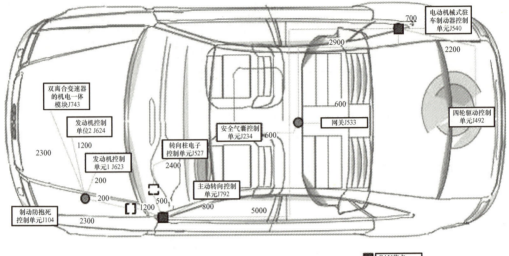

总长度：约29m

图 4.10　某汽车驱动 CAN 总线拓扑结构

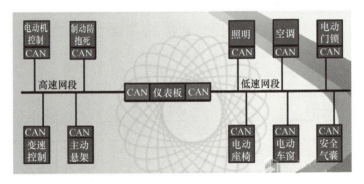

图 4.11　CAN 总线在电动汽车上的应用

4.2.2　LIN 总线网络

1. LIN 总线的定义

【LIN 总线网络】

　　LIN 总线是专门为汽车开发的一种低成本串行通信网络，属于低速网络，用于实现汽车中的分布式电子系统控制。LIN 总线的数据传输速率为 20kbit/s，媒体访问方式为单主多从，是一种辅助总线，辅助 CAN 总线工作。在不需要 CAN 总线的带宽和多功能的场合，使用 LIN 总线可大大降低成本。

2. LIN 总线网络的通信方法

　　LIN 总线网络的数据通信主要包括主—从通信模式和从—从通信模式，两种通信模式都由主节点控制，各有优势和劣势。

（1）主—从通信模式。主节点传输信息 ID，进而发送数据传输命令。网上所有 LIN 节点对该信息进行转换，然后进行相应的操作。根据主—从通信模式，主节点内部有一个从节点正在运行。它对正确的 ID 进行响应，然后将规定的比特传输到 LIN 总线。不同 LIN 节点在网络中都拥有完整的 LIN 帧，同时还按照各自的不同应用提供主节点数据和流程。例如，主节点可能希望所有门锁都打开，这样每个门锁节点被设定为对单个信息进行响应，然后完成开锁；或者主节点可能传输四条不同信息，然后选择性地打开门锁。

主—从通信模式的一个优势是将大部分调度操作转移到主节点上，从而简化其他节点操作，因此 LIN 从节点硬件大幅减少，甚至可能减少为单个状态设备；另一个优势是由于主节点能够同时与所有节点通信，已知信息和要求的 ID 数量都大大减少。主节点将所有数据通信发送到全部节点，然后在所有数据传输到其他设备之前从节点上接收该数据，这样可以检查传输数据的有效性。该操作允许主节点对所有通信进行监测，减少并消除潜在的错误。

但是，主—从通信模式速度缓慢，LIN 节点很难及时地接收和处理数据，并选择性地将它传输给其他节点。

（2）从—从通信模式。与主—从通信模式相比，从—从通信模式更迅速。各个信息帧上的节点共用信息，从而极大地提高响应速度。例如，单个信息可以打开两扇车窗，关闭一个车门，打开三个车门或移动车窗。这样就可以明显地减少网上的数据流量。

但是，从—从通信模式有很大的局限性，各个从节点的时钟源未知，因此当从节点将数据传输到网络时（根据主节点请求），数据可能发生漂移。主节点有一个精确度很高的时钟，数据漂移有较大的误差范围，但另一个接收数据的 LIN 从节点却没有，这会导致数据误译。这种情况下，主节点不显示，从—从通信已经失效。

3. LIN 总线网络的特点

LIN 总线网络具有以下特点。

（1）LIN 总线的通信基于 SCI 数据格式，媒体访问采用单主节点、多从节点的方式，数据优先级由主节点决定，灵活性好。

（2）一条 LIN 总线最多可以连接 16 个节点，共有 64 个标识符。

（3）LIN 总线采用低成本的单线连接，传输速率最高可达 20kbit/s。

（4）不需要进行仲裁，同时在从节点中无须石英或陶瓷振荡器，只采用片内振荡器就可以实现自同步，从而降低了硬件成本。

（5）大多数的 MCU（microcontroller unit，微控制单元）均具备 LIN 总线所需的硬件，并且实现费用较低。

（6）网络通信具有可预期性，信号传播时间可预先计算。

（7）通过主机节点可将 LIN 总线网络与上层网络（CAN 总线网络）相连接，实现 LIN 的子总线辅助通信功能，从而优化网络结构，提高网络效率和可靠性。

（8）总线通信距离最大不超过 40m。

LIN 总线规范中，除定义了基本协议和物理层外，还定义了开发工具和应用软件接口。因此，从硬件、软件及电磁兼容性方面来看，LIN 总线保证了网络节点的互换性。这极大地提高了开发速度，同时保证了网络的可靠性。

4. LIN 总线网络的结构

LIN 总线网络采用单主机多从机模式,一个 LIN 总线网络包括一个主节点和若干从节点。由于过多的网络节点将导致网络阻抗过低,因此,一般情况下网络节点总数不宜超过 16 个。如图 4.12 所示,所有的网络节点都包含一个从任务,提供通过 LIN 总线传输的数据,主节点除了包含从任务外还包含一个主任务,负责启动网络中的通信。

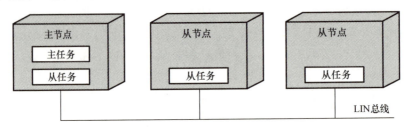

图 4.12　LIN 网络结构

5. LIN 总线的报文帧

LIN 总线上传输的数据有确定的格式,称为报文帧。报文帧由报头、响应和帧内响应空间组成,如图 4.13 所示。其中,报头由主任务提供,响应由主任务或从任务提供。可以看出,报头由同步间隔场、同步场和标识符场组成;响应由数据场及校验和场组成;报头和响应由帧内响应空间分隔。

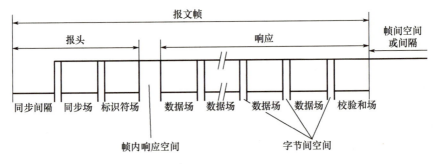

图 4.13　LIN 总线的报文帧结构

同步间隔表示 LIN 报文帧的开始,是由主任务产生的,告诉从任务为即将传送的帧做好同步准备;同步场包含时钟的同步信息,在 8 个位定时中有 5 个下降沿和 5 个上升沿,使从任务能与主时钟同步;标识符场描述报文的内容和长度;数据场由 8 位数据的字节场组成;校验和场是帧的最后一部分,是以 256 为模的所有数据字节算术和的反码。

6. LIN 总线网络在汽车上的应用

由于一个 LIN 总线网络通常由一个主节点、一个或多个从节点组成,因此 LIN 总线网络为主从式控制结构。各个 LIN 主节点是车身 CAN 总线上的节点,通过 CAN 总线连接成为低速车身 CAN 总线网络,并兼起 CAN/LIN 网关的作用。引入带 CAN/LIN 网关的混合网络,有效地降低了主干网的总线负载率。LIN 总线网络主要应用于车门、转向盘、座椅、空调系统、防盗系统等。LIN 总线网络将模拟信号用数字信号代替，实现对汽车低速网络的需求，结构简单，维修方便。

图 4.14 所示为 LIN 总线在车灯控制系统中的应用。该网络结构由一个主节点和四个从节点（分别为左侧前灯、右侧前灯、左侧后灯和右侧后灯）构成。主节点接收来自传感器和 CAN 总线的信号，经过一定处理后，发送不同报文帧头，以实现白天、傍晚、晚上、会车、左转和右转各个模式或组合模式下，各从节点车灯的状态控制。从节点 1 和从节点 2 包括远光灯、近光灯和侧向灯，从节点 3 和从节点 4 包括尾灯和驻车灯。此外，对于主节点发出的报文帧，如果从节点没有响应，则主节点上的报错指示灯点亮，并可以显示出是哪个从节点发生了故障。

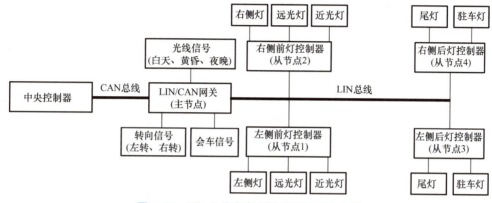

图 4.14 LIN 总线在车灯控制系统中的应用

4.2.3 FlexRay 总线网络

1. FlexRay 总线的定义

【FlexRay 总线网络】

FlexRay 总线是一种用于汽车的高速可确定性的、具备故障容错的总线系统。汽车中的控制器、传感器和执行器之间的数据交换主要是通过 CAN 总线网络进行的。然而新的 X-by-wire 系统设计思想的出现，导致汽车系统对信息传送速度尤其是故障容错与时间确定性的需求不断增加。FlexRay 总线通过在确定的时间槽中传送信息，以及在两条通道上的故障容错和冗余信息的传送，满足了这些新增加的要求。

2. FlexRay 总线网络的特点

FlexRay 总线网络具有以下特点。

（1）数据传输速率高。FlexRay 总线网络的最大传输速率可达到 10Mbit/s，双通道总数据传输速率可达到 20Mbit/s。因此，应用在车载网络上，FlexRay 总线网络的带宽可以是 CAN 总线网络的 20 倍。

（2）可靠性好。FlexRay 总线网络能够提供很多 CAN 总线网络所不具有的可靠性特点，尤其是 FlexRay 总线网络具备的冗余通信能力。具有冗余数据传输能力的总线系统使用两条相互独立的通道，每条通道都由一组双线导线组成。一条通道失灵时，该通道应传输的信息可在另一条没有发生故障的通道上传输。此外，总线监护器的存在进一步提高了通信的可靠性。

（3）确定性。FlexRay 总线是一种时间触发式总线系统，它也可以通过事件触发方式进行部分数据传输。在时间控制区域内，时隙分配给确定的信息。一个时隙是指一个规定的时间段，该时间段对特定信息开放。对时间要求不高的其他信息则在事件控制区域内传输。确定性数据传输用于确保时间触发区域内的每条信息都能实现实时传输，即每条信息都能在规定时间内进行传输。

（4）灵活性。灵活性是 FlexRay 总线的突出特点，反映在以下方面：支持多种方式的网络拓扑结构，点对点连接、串级连接、主动星形连接、混合型连接等；信息长度可配置，可根据实际控制应用需求，为其设定相应的数据载荷长度；双通道拓扑既可用于增加带宽，也可用于传输冗余的信息；周期内静态、动态信息传输部分的时间都可随具体应用而改变。

为了满足不同的通信需求，FlexRay 总线在每个通信周期内都提供静态和动态通信段。静态通信段可以提供有界延迟，而动态通信段则有助于满足在系统运行时间内出现的不同带宽需求。FlexRay 总线帧的固定长度静态段用固定时间触发的方法来传输信息，而动态段则使用灵活时间触发的方法来传输信息。

3. FlexRay 总线网络的拓扑结构

FlexRay 总线网络的拓扑结构分为总线型拓扑、星形拓扑和混合型拓扑。

（1）总线型拓扑结构。FlexRay 总线型拓扑结构如图 4.15 所示，节点通过总线驱动器直接连接到总线的两条通道上。节点可以选择同时连接两条通道，进行双通道冗余或非冗余配置，也可以选择只连接一条通道。总线上任意一个节点都可以接收总线数据，并且任意节点发出的信息可以被总线上的多个节点接收。

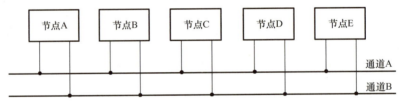

图 4.15　FlexRay 总线型拓扑结构（双通道）

（2）星形拓扑结构。FlexRay 星形拓扑结构如图 4.16 所示，连接着控制单元的有源星形设备，具有将一个分支的数据位流传输到所有其他分支的功能。有两个分支的有源星形设备可以被看成继电器或集线器，以增加总线长度。

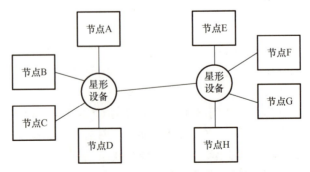

图 4.16　FlexRay 星形拓扑结构（有源）

（3）混合型拓扑结构。FlexRay 混合型拓扑结构如图 4.17 所示，由总线型拓扑结构和星形拓扑结构组成。混合型拓扑结构适用于较复杂的车载网络，其兼具总线型拓扑结构和星形拓扑结构的特点，在保证网络传输距离的同时可以提高传输性能。

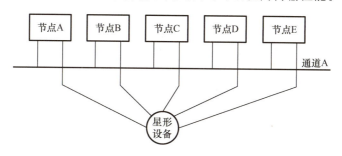

图 4.17　FlexRay 混合型拓扑结构

4. FlexRay 总线的数据帧格式

FlexRay 总线的数据帧格式如图 4.18 所示，由头部段、负载段和尾部段组成。

图 4.18　FlexRay 总线的数据帧格式

（1）头部段。头部段包括 1 位保留位、1 位数据指示位（表示静态消息帧是否包含 NMVector 或动态消息帧是否包含信息 ID）、1 位空帧指示位（表示负载段的数据是否为空）、1 位同步帧指示位（表示是否为同步帧）、1 位启动帧指示位（表示是否为起始帧）、11 位帧 ID、7 位有效数据长度、11 位 CRC 码和 6 位循环计数。

（2）负载段。负载段包含 0～254 位的数据、信息 ID 和网络管理向量。

（3）尾部段。尾部段主要是 CRC。

FlexRay 总线上的通信节点在发送一个报文帧时，先发送头部段，再发送负载段，最后发送尾部段。

5. FlexRay 总线网络在汽车上的应用

FlexRay 总线网络具有速度快、效率高、容错性强等特点，可用于汽车动力和底盘系统的控制数据传输。

（1）替代 CAN 总线。在数据传输速率的要求超过 CAN 总线的应用时会采用两条或多条 CAN 总线来实现，FlexRay 总线将是替代这种多总线解决方案的理想选择。

（2）用作"数据主干网"。FlexRay 总线网络具有很高的数据传输速率，并且支持多种拓扑结构，非常适合于汽车主干网络，用于连接多个独立网络。

（3）用于分布式测控系统。分布式测控系统用户要求确切知道消息到达的时间，并且消息周期偏差非常小，这使 FlexRay 总线成为首选，如动力系统、底盘系统的一体化控制。

（4）用于高安全性要求的系统。FlexRay 总线本身不能确保系统安全，但它具备大量功能以支持面向安全的系统设计。

图 4.19 所示是某汽车的 FlexRay 总线拓扑结构图。

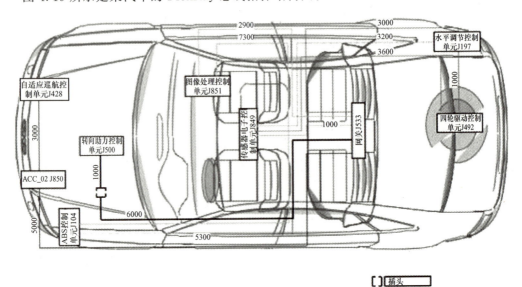

图 4.19　某汽车的 FlexRay 总线拓扑结构

4.2.4　MOST 总线网络

1. MOST 总线的定义

MOST 总线是使用光纤或双绞线作为传输介质的环形总线系统，可以同时传输音频/视频流数据、异步数据和控制数据，支持高达 150Mbit/s 的传输速率。

MOST 总线标准已经发展到第三代。第一代总线标准 MOST 25，最高可支持 24.6Mbit/s 的传输速率，以塑料光纤作为传输介质；第二代总线标准 MOST 50，传输速率是 MOST 25 的两倍，除了采用塑料光纤作为传输介质外，还可采用非屏蔽双绞线作为传输介质；第三代总线标准 MOST 150，不仅最高可支持 147.5Mbit/s 的传输速率，而且解决了与以太网的连接等问题。MOST 150 是 MOST 总线技术发展的趋势。

2. MOST 总线网络的特点

MOST 总线网络具有以下特点。

（1）保证低成本的条件下，最高可以达到 147.5Mbit/s 的数据传输速率。

（2）无论是否有主控计算机都可以工作。

（3）支持声音和压缩图像的实时处理。

（4）支持数据的同步传输和异步传输。

（5）发送器/接收器嵌有虚拟网络管理系统。

（6）支持多种网络连接方式，提供 MOST 设备标准及方便、简洁的应用系统界面。

（7）采用 MOST 总线，不仅可以减轻连接各部件的线束的质量、降低噪声，而且可以减轻系统开发技术人员的负担，最终在用户处实现各种设备的集中控制。

（8）光纤网络不会受到电磁辐射干扰与搭铁环的影响。

3．MOST 总线网络的拓扑结构

MOST 总线网络允许有不同的总线拓扑结构，最常见的是环形拓扑结构，如图 4.20 所示。

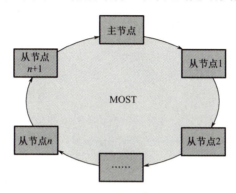

图 4.20　MOST 总线网络的环形拓扑结构

MOST 总线网络支持一条物理数据线上同时传送音频和视频等同步数据和数据包形式的异步数据。MOST 总线网络的经典拓扑结构为环形，各种组件通过一根塑料光纤连接，每个组件都称为网络的一个节点。MOST 总线网络是一个一点到多点的数据传输网络，系统支持的最大节点数为 64 个。

4．MOST 总线网络的分层结构

MOST 总线网络包含了国际标准化组织规定的 OSI 模型的所有七层结构。OSI 分层、MOST 总线网络分层和硬件分层的对应关系如图 4.21 所示。

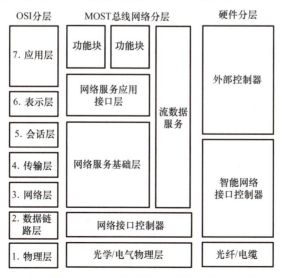

图 4.21　OSI 分层、MOST 总线网络分层和硬件分层的对应关系

物理层对应的是光学/电气物理层；数据链路层对应的是网络接口控制器；网络层、传输层、会话层、表示层、应用层对应的是网络服务层和功能块。与之相对应的硬件分别是光纤/电缆、智能网络接口控制器和外部控制器。

应用层主要是功能块及相应的动态特性。功能块定义了由"属性"和"方法"构成的应用层协议接口。"属性"用于描述功能块的相关属性，"方法"用于执行相应的操作，利用"属性"和"方法"，可以对整个MOST总线网络进行控制。

网络服务层可分为网络服务基础层和网络服务应用接口层两部分。网络服务基础层主要提供管理网络状态、信息接收/发送驱动和流信道分配等底层服务；网络服务应用接口层提供与功能块的接口，包括命令解释等。

5. MOST总线的数据帧格式

MOST总线数据帧的基本格式如图4.22所示，由传播流媒体数据的同步数据区、传播数据包的异步数据区和专门传输控制数据的控制信道组成。

图4.22 MOST数据帧的基本格式

MOST 25的数据帧长度为512位，64字节；MOST 50的数据帧长度为1024位，128字节。MOST 25中，每一帧有2字节长度用于控制消息的传输，16帧才能构成一个控制信息块。MOST 25的数据帧格式如图4.23所示。

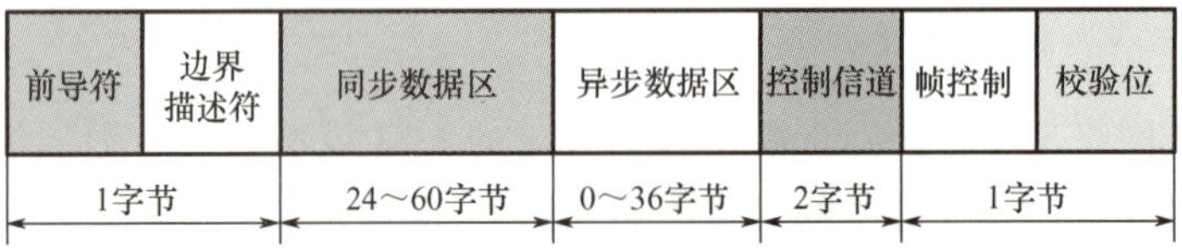

前导符	边界描述符	同步数据区	异步数据区	控制信道	帧控制	校验位
1字节		24～60字节	0～36字节	2字节	1字节	

图4.23 MOST 25的数据帧格式

前导符占4位，每个节点是利用前导符与网络同步的；边界描述符占4位，边界描述符由时间主节点确定，取值范围为6～15，表明后面数据段同步数据区与异步数据区各自所占的带宽；同步数据区占24～60字节，异步数据区占0～36字节，两个区共占用60字节，它们的分界靠边界描述符限定，以每4字节为单位进行调节；控制信道占2字节，控制数据可以用控制信道进行传递；帧控制和校验位占1字节。

6. MOST总线网络在汽车上的应用

MOST总线网络可以实现实时传输声音和视频，以满足高端汽车娱乐装置的需求，主要用于车载电视、车载电话、车载CD、车载网络、车载导航等系统的控制中，也可以用在车载摄像头等行车系统中。

图4.24所示为某汽车MOST总线拓扑结构图。

四种常用的总线网络传输速率与成本的比较如图4.25所示。

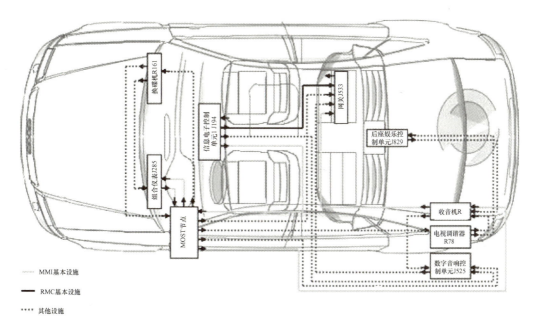

图 4.24　某汽车 MOST 总线拓扑结构

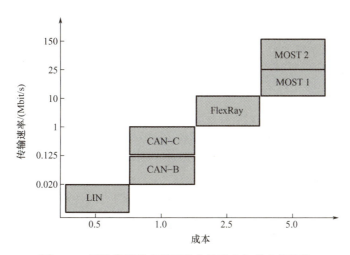

图 4.25　四种常用的总线网络传输速率与成本的比较

4.2.5　以太网

1. 以太网的定义

以太网是由美国 Xerox 公司创建并由 Xerox、Intel 和 DEC 公司联合开发的基带局域网规范,是现有局域网采用的最通用的通信协议标准。以太网包括标准以太网（10Mbit/s）、快速以太网（100Mbit/s）、千兆以太网（1000Mbit/s）和万兆以太网（10Gbit/s）。

【以太网】

2. 以太网的特点

以太网具有以下特点。

(1) 数据传输速率高。以太网的最大传输速率能达到10Gbit/s，并且还在提高，比任何一种现场总线都快。

(2) 应用广泛。基于TCP/IP（transmission control protocol/internet protocol，传输控制协议/互联协议）的以太网是一种标准的开放式网络，不同厂商的设备很容易互联。这种特性非常适合于解决不同厂商设备的兼容和互操作问题。以太网是目前应用最广泛的局域网，遵循国际标准规范IEEE 802.3，受到广泛的技术支持。大多数的编程语言支持以太网的应用开发，如Java、C++、VB等。

(3) 容易与信息网络集成，有利于资源共享。由于具有相同的通信协议，以太网能实现与互联网的无缝连接，方便车载网络与地面网络的通信。车载网络与互联网的接入极大地解除了为获取车辆信息而带来的地理位置上的束缚。这一性能是目前其他任何一种现场总线都无法比拟的。

(4) 支持多种传输介质和拓扑结构。以太网支持多种传输介质，包括同轴电缆、双绞线、光缆、无线等，使用户可根据带宽、距离、价格等因素做多种选择。以太网支持总线型和星形等拓扑结构，可扩展性强，同时可采用多种冗余连接方式，提高网络的性能。

(5) 软硬件资源丰富。由于以太网已应用多年，人们对以太网的设计、应用等方面有很多的经验，对其技术也十分熟悉。大量的软件资源和设计经验可以显著降低系统的开发成本，从而可以显著降低系统的整体成本，并大大加快系统的开发和推广速度。

(6) 可持续发展潜力大。由于以太网的广泛应用，它的发展一直受到广泛的重视和大量的技术投入。车载网络采用以太网，可以避免其发展游离于计算机网络技术的发展主流之外，从而使车载网络与信息网络技术互相促进，共同发展。

3. 以太网协议的分层结构

对应于ISO规定的OSI七层通信参考模型，以太网协议在物理层和数据链路层均采用了IEEE 802.3规范，在网络层和传输层则采用被称为事实上以太网标准的TCP/IP族，它们构成了以太网协议的低层。在高层协议上，以太网通常都省略了会话层、表示层，而在应用层广泛地使用SMTP（simple mail transfer protocol，简单邮件传送协议）、DNS（domain name service，域名服务）协议、FTP（file transfer protocol，文件传输协议）、HTTP（hyper text transfer protocol，超文本传输协议）。以太网协议层次结构如图4.26所示。

物理层是OSI的最底层，为设备之间的数据通信提供传输媒介及互联设备，为数据的传输提供可靠的环境。物理层的主要功能是为数据设备提供数据通路、传输数据，并完成物理层的一些管理工作。对于以太网物理层，有各种粗细同轴电缆、双绞线、多模/单模光纤、光电接收器/发送器、中继器、各类接头和插头等。

数据链路是通信期间收发两端通过建立通信联络和拆除通信联络等过程而建立起来的数据收发关系。数据链路层的主要功能是负责链路的建立、拆除和分离，实现帧或分组的定界、同步与收发顺序控制，进行差错检测与恢复，并负责链路标识和流量控制等。在以

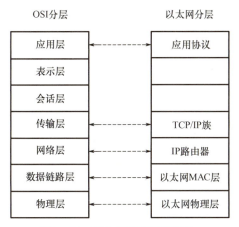

图 4.26 以太网协议层次结构

太网中,数据链路层分为 LLC 层和 MAC 层。在 LLC 层不变的条件下,只需改变 MAC 层便可适应不同的媒体和访问方法。

网络层是负责复用、路由、中继、网络管理、流量控制,以及更高层次的差错检测与恢复、排序等。网络层的设备主要有网关和路由器。在以太网中,网络层的寻址、排序、流量控制和差错控制等功能均可由数据链路层承担,因此,既可以选择三层技术也可以选择二层技术。

TCP/IP 族是指包括 TCP、UDP(user datagram protocol,用户数据报协议)、IP、HTTP 等在内的一组协议。TCP/IP 分为四层,每一层负责完成不同的功能。

(1) 网络接口层或链路层,通常包括操作系统中的设备驱动程序和嵌入式设备中对应的网络接口卡,它们一起处理通信电缆的物理接口细节。

(2) 网络层,处理报文分组在网络中的活动,如报文分组的路径选择。在 TCP/IP 族中网络层协议包括 ARP(address resolution protocol,地址解析协议)、IP、ICMP(internet control message protocol,因特网控制报文协议)及 IGMP(internet group management protocol,互联网组管理协议)。

(3) 传输层,主要为两台主机上的应用程序提供端到端的通信。在 TCP/IP 族中,有两个互不相同的协议,即 TCP 和 UDP。

(4) 应用层,负责处理特定的应用程序细节。应用层的协议包括 DNS 协议、FTP、SNMP、HTTP 等。

4. 以太网的数据帧格式

以太网发送数据时,MAC 层把 LLC 层递交来的数据按某种格式再加上一定的控制信息,然后经物理层发送出去。MAC 层递交给物理层的数据格式称为 MAC 帧格式。IEEE 802.3 规定的 MAC 帧格式如图 4.27 所示。它包含六部分,分别是前导域及帧起始定界符、目的地址域、源地址域、长度/类型域、数据域和 FCS(frame check sequence,帧检验序列)域。

(1) 前导域及帧起始定界符。其前 7 字节都是 10101010,最后 1 字节是 10101011。其用于同步发送方与接收方的时钟,由于有不同的以太网类型,同时发送速率、接收速率也不会完全精确的帧速率传输,因此需要在传输之前进行时钟同步。

前导域	帧起始定界符	目的地址域	源地址域	长度/类型域	数据域	FCS域
8字节		6字节	6字节	2字节	46～1500字节	4字节

图 4.27　IEEE 802.3 规定的 MAC 帧格式

（2）目的地址（destination address，DA）域。目的地址标识了目的（接收）节点的地址，由 6 字节组成。目的地址可以是单播地址、多播地址或广播地址。

（3）源地址（source address，SA）域。源地址标识了最后一个转发此帧的设备的物理地址，也由 6 字节组成，但源地址只能是单播地址。

（4）长度/类型域。该域由 2 字节组成，同时支持长度域和类型域；允许以太网多路复用网络层协议，可以支持除了 IP 协议之外的其他不同网络层协议，或者是承载在以太网帧中的协议（如 ARP 协议）。接收方根据此字段进行多路分解，从而达到解析以太网帧的目的，将数据字段交给对应的上层网络层协议，这样就完成了以太网作为数据链路层协议的工作。

（5）数据域。数据域是上层递交来的要求发送的实际数据，该域的长度被限制在 46～1500 字节。如果超过 1500 字节，就要启用 IP 协议的分片策略进行传输；如果不够 46 字节则必须要填充到 46 字节。

（6）FCS 域。它是 4 字节的检验域，该域由前面的目的地址域、源地址域、长度/类型域及数据域经过 CRC 算法计算得到。接收节点将依次收到的目的地址域、源地址域、长度/类型域及数据域进行相同的计算，如计算结果与收到的 FCS 域不一致，则表明发生了传输错误。

5．以太网的拓扑结构

以太网的拓扑结构有总线型、环形和星形。

（1）总线型。总线型结构简单，容易实现，易于扩展，可靠性较好，总线不封闭，便于增加或减少节点。多个节点共享一条总线，以广播通信方式，即总线上任何一个节点发送的信息，能被总线上的其他所有节点接收，信道利用率高，通信速度快。但由于同一时刻只允许一个设备发送，总线型结构会出现节点之间竞争总线控制权，而降低传输效率，需要软件控制，以消除这种对总线的竞争。节点本身的故障对整个系统的影响较小，但对通信总线要求较高，因为如果通信总线发生故障，所有节点的通信都会中断，总线网络结构通常会采用冗余总线技术来确保通信总线可靠地工作。另外，总线型结构的故障诊断、隔离较困难，接入节点数有限，通信的实时性较差。

（2）环形。环形结构由节点和连接节点的链路组成一个闭合环。所有节点共享一条环形传输总线，以广播方式把信息在一个方向上从源节点传输到目的节点，节点之间也有竞争使用环形传输总线的问题。对此，需用软件协调控制。这种结构的优点是结构简单、信道利用率高、电缆长度短、控制方式比较简单，每个节点只是以接力的方式把数据传输到下一个节点，传输信息误码率低，数据传输效率高。其缺点是当某个节点或某段环线发生故障时，都会导致整个网络瘫痪，可靠性较差，故障诊断、排除困难。为了提高结构可靠性，可采用双环或多环等冗余措施。

(3)星形。星形结构管理方便,容易扩展,需要专用的网络设备作为网络的核心节点,需要更多的网线,对核心设备的可靠性要求高。此外,星形结构可以通过级联的方式很方便地将网络扩展到很大的规模,因此得到了广泛的应用,被绝大部分的以太网所采用。

6. 以太网在汽车上的应用

以太网在汽车上的应用刚刚开始,但它优越的性能得到汽车业界的重视,有望成为重要的车载网络。

博通、飞思卡尔和 OmniVision 推出了三方共同开发的 360°全景停车辅助系统,是世界上第一款基于以太网的泊车辅助系统,如图 4.28 所示。

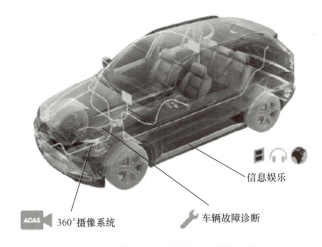

图 4.28 基于以太网的泊车辅助系统

随着先进传感器、高分辨率显示器、车载摄像头、先进驾驶辅助系统及其数据传输和控件的加入,汽车电子产品正变得更加复杂。采用标准的以太网协议将这些设备连接起来,可以帮助简化布线,节约成本,减少线束质量和增加行驶里程,如图 4.29 所示。

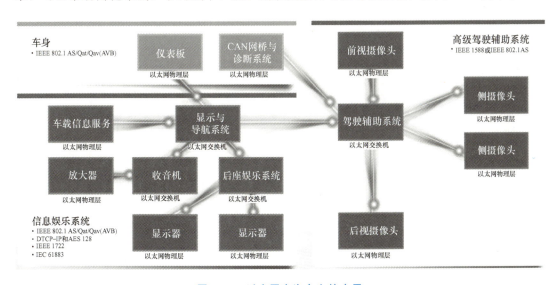

图 4.29 以太网在汽车上的应用

汽车以太网的需求已超过 1 亿个节点，这一增长源自更多车载和车内电子设备的推动，包括摄像头、传感器、显示器、安全系统和舒适性、便利性解决方案。对于自动驾驶系统来说，可靠的高速通信网络是一项基本要求。

4.3 车载自组织网络技术

无线自组织网络是一种不同于传统无线通信网络的技术，它是由一组具有无线通信能力移动终端节点组成的、具有任意和临时性网络拓扑的动态自组织网络系统，其中每个终端节点既可作为主机又可作为路由器使用。作为主机，终端具有运行各种面向用户的应用程序的能力；作为路由器，终端可以运行相应的路由协议，根据路由策略和路由表完成数据的分组转发和路由维护工作。

4.3.1 车载自组织网络的定义

车载自组织网络是指在交通环境中，以汽车、路侧单元及行人为节点而构成的开放式移动自组织网络，可以进行 V2V、V2I、V2P 信息传输，以实现事故预警、辅助驾驶、道路交通信息查询、车间通信和互联网接入服务等应用。它是智能交通系统未来发展的通信基础，也是智能网联汽车安全行驶的保障。

4.3.2 车载自组织网络的类型

车载自组织网络的类型主要有三种：V2V 通信、V2I 通信、V2P 通信，如图 4.30 所示。V2V 通信是指通过 GPS 定位辅助建立无线多跳连接，从而能够进行暂时的数据通信，

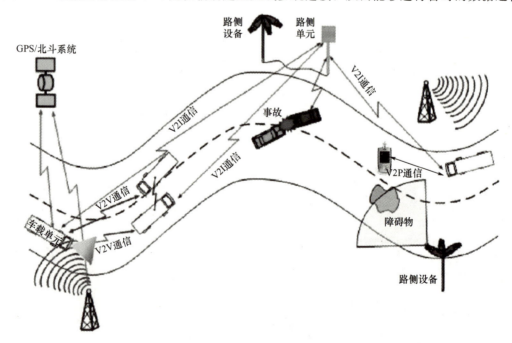

图 4.30 车载自组织网络的类型

提供行车信息、行车安全等服务；V2I 通信能够通过接入互联网获得更丰富的信息与服务；V2P 通信目前主要是通过智能手机中的特种芯片提供行人和交通的状况，以后会有更多的通信方式。

根据节点间的通信是否需要借助路侧单元，可以将车载自组织网络的通信模式分为车间自组织型，无线局域网、蜂窝网络型和混合型。

（1）车间自组织型。汽车之间形成自组织网络，不需要借助路侧单元，这种通信模式也称 V2V 通信模式，也是传统移动自组织网络的通信模式。

（2）无线局域网、蜂窝网络型。在这种通信模式下，汽车节点间不能直接通信，必须通过接入路侧单元互相通信，这种通信模式也称 V2I 通信模式。相比车间自组织型，无线局域网、蜂窝网络型路侧单元的建设成本较高。

（3）混合型。混合型是前两种通信模式的混合模式。可以根据实际情况选择不同的通信方式。

4.3.3 车载自组织网络的路由协议类型

车载自组织网络的路由协议根据接收数据包的节点数量可分为单播路由协议、广播路由协议、多播路由协议。单播路由是指数据包源节点向网络中的一个节点转发数据；广播路由是指数据包源节点向网络中的所有其他节点转发数据；多播路由是指数据包源节点向网络中的多个节点转发数据。

车载自组织网络的路由协议还可以分为基于拓扑的路由协议、基于地理位置的路由协议、基于移动预测的路由协议、基于路侧单元的路由协议和基于概率的路由协议。

1. 基于拓扑的路由协议

初期的移动自组织网络的路由协议基本上是基于拓扑的路由协议，网络中的节点通过周期性地广播路由信息得到其他节点的位置信息从而选择下一跳进行数据包转发。基于拓扑的路由协议主要可以分为先应式、反应式和混合式三种路由协议。

（1）先应式路由协议。先应式路由协议进行路由选择时，主要根据标准的距离矢量路由策略或链路状态路由策略。典型的先应式路由协议包含目的节点序列距离矢量路由协议和优化的链路状态路由协议。在先应式路由协议中，每一节点不管当前是否要求进行通信、网络负载、带宽限制、网络规模，都会周期性地维护和更新包含所有节点的路由表。这种路由协议的最大缺陷是当网络结构频繁变化时维护未使用路径将占用大部分的带宽，降低工作效率。

（2）反应式路由协议。相对于先应式路由协议，反应式路由协议根据源节点是否需要获得目的节点路由才进行洪泛广播请求分组，因此降低了路由开销。典型的反应式路由协议包含动态源路由协议和自组织网络按需距离矢量路由协议。在这些路由协议中，节点根据需求维护和更新正在使用的路径，因此当网络中只有一部分路径在使用时，运用反应式路由协议可以减小网络负担。

（3）混合式路由协议。混合式路由协议是指将先应式路由协议和反应式路由协议的特点相结合而得到的路由协议，该协议是在局部范围内采用先应式路由协议，而对局部范围外节点的路由查找采用反应式路由协议进而减少全网广播带来的路由开销。

2. 基于地理位置的路由协议

基于地理位置的路由协议通过位置服务方式实时准确地获取自身汽车和目的汽车的位置信息，同时通过路由广播的方式获得广播范围内邻居节点的位置信息，根据分组转发策略择优选择下一跳进行数据包转发。这种类型的路由协议对于拓扑随着汽车高速移动而动态快速变化的无线、多跳、无中心的车载自组织网络具有更好的可扩展性和适应性。基于地理位置的路由协议主要有贪婪的周边无状态路由协议、地理源路由协议、贪婪边界协调路由协议等。

3. 基于移动预测的路由协议

在车载自组织网络中，汽车每个节点都具有移动性，并且汽车节点移动速度快，节点的高速移动导致网络拓扑结构变化频繁，网络链路的稳定性差，而传统的自组织网络节点移动速度较慢，导致传统的自组织网络路由协议不适于车载自组织网络。基于移动预测的路由协议主要有 PBR、Taleb、Wedde、Abedi 等路由协议。基于移动预测路由协议的主要思想为，由于节点的移动性，通过节点速度、加速度、距离和时间等参数，预测通信链路的生命周期，即可预测该路由路径的有效期。根据汽车的移动特点来发掘链路的潜在信息，如节点的移动速度和移动方向等数据，预测链路的生命周期，有效地避开即将失效的链路，并建立可靠的链接。基于移动预测的路由协议的特点是可靠性高、延迟低，但当汽车数量较多时，所建立的可靠路径需要该汽车节点具有快速的实时计算能力，信息开销较大。

4. 基于路侧单元的路由协议

借助于道路的路侧单元，可以解决汽车在稀疏情况下，导致节点链路中断的问题。路侧单元为路边可靠的固定节点，具有高带宽、低误码率和低延迟传输的特点；作为主干链路，当汽车节点出现链路中断时，路侧单元将采用存储转发策略来发送数据包。因此基于路侧单元的路由协议在实际运用中最可靠、丢包率最低，但其部署费用非常昂贵，并且如果发生一些自然灾害（如台风、地震），将导致路侧单元损耗，从而导致网络面临瘫痪的可能，维护成本较高。

5. 基于概率的路由协议

由于汽车运行有一定的规律性，相关的学者根据概率统计理论提出了基于概率的路由协议。其核心理论是，用概率描述汽车节点在某一段时间内该链路还未断开或存在的可能性。在该路由协议中，需要建立相关的模型，并且这些模型的建立是在基于某些网络特性的前提下，这样才能统计相关的变量的分布信息。基于概率的路由协议的主要优点是在某特性的环境下比较有效，可靠性较高。其缺点是适用于某特定条件下的交通，如果不满足该条件，将导致该路由协议性能直线下降，甚至出现数据包大量丢失的情况；另外，由于该路由协议的判断标准是基于某时间的发生概率，与真实情况存在一定的误差，从而导致选择汽车节点之间的路径时，该路径可能不是最佳的。

4.3.4 车载自组织网络的特征

车载自组织网络的特征主要包括节点速度、运动模式、节点密度、节点异构性和可预测的运动性等。

1. 节点速度

在移动的车载自组织网络中最重要的特征是节点速度。汽车和道路两侧的路侧单元都可能成为节点，节点的可能速度为 0～200km/h。对于静态的路侧单元或汽车处于堵车路段时，其车速为零。在高速公路上，汽车的最高速度可能会达到 200km/h 左右。这两种极端情况对于车载自组织网络中的通信系统构成了特殊的挑战。当节点速度非常高时，由于几百米的通信半径相对较小，会造成共同的无线通信窗口非常短暂。例如，如果两辆车以 90km/h 的速度朝相反的方向行驶，假定理论上无线通信范围为 300m，通信只能持续 12s。不过，同方向行驶的汽车，如果相对速度较小或中等，则这些同向汽车间的拓扑变化相对较少。如果同向行驶汽车的相对速度很大，那么接收发机就需要考虑诸如多普勒效应等物理现象。链路层难以预测连接的中断，容易导致频繁的链路故障。对于路由或多跳信息传播，汽车间短暂的相遇及一般的汽车运动导致拓扑高度不稳定，使基于拓扑的路由在实际中毫无用处。节点速度很大时对应用程序的影响也很大，如由于速度太快，导致即时环境变化太快，因此对环境感知的应用也变得困难。在极端情况下，即节点几乎不移动，网络拓扑相对稳定。然而，汽车的缓慢移动意味着车辆密度很大，这会导致高干扰、介质接入等诸多问题。

2. 运动模式

汽车是在预定义的道路上行驶的，一般情况下有两个行驶方向。只有在十字路口时，汽车的行驶方向才具有不确定性。道路可分为高密度城市道路、高速公路和乡村道路三种类型。

（1）高密度城市道路。在城市中，道路密度相对较高，有大街也有小巷，许多十字路口将道路分割成段，道路两边的建筑物也会影响到无线通信，汽车的运动速度较快。

（2）高速公路。高速公路一般是多车道的，路段也很长，并且存在出口和匝道。汽车的运动速度较快，行驶方向能够较长时间保持不变。

（3）乡村道路。乡村道路通常很长，十字路口比城市环境要少得多。在这种环境下，由于路面车辆过少，一般很难形成连通的网络。道路的方向变化频率明显高于高速公路。

这些运动场景造成了很多挑战，尤其是路由问题。城市道路上交通流非常的无序，与此相反，高速公路上的车流却形成了另外一个极端，几乎整个运动是处于一维情况。

3. 节点密度

除了节点速度和运动模式外，节点密度是车载自组织网络节点移动性的第三个关键属性。在共同的无线通信范围内，可能存在零到几十、甚至上百辆的汽车。假设在某四车道的高速公路上遇到交通阻塞，并且每 20m 存在一辆装备汽车，通信半径假定为 300m，则在理论上其通信范围内有 120 辆汽车。当节点密度非常小时，几乎不可能完成瞬时消息转发。在这种情况下，需要更复杂的消息传播机制，可以先存储信息，并在汽车相遇时转发信息。这样可能导致一些信息被同一辆汽车重复多次。当节点密度很大时，情况则不同。消息只可能被选定的节点重复，否则会导致重载信道。节点密度与时间也相关。在白天，高速公路和城市道路节点密度较高，足以实现瞬时转发，有足够的时间使路由处理分段网络。但在夜间，无论哪种类型的道路，汽车都很少。

4．节点异构性

在车载自组织网络中，节点有许多不同种类。首先是汽车和路侧单元的区别。而汽车可以进一步分为城市公交、私家车、出租车、救护车、道路建设和维修车辆等，并不是每辆车都要安装所有的应用。例如，救护车需要安装能够在其行驶路线上发出警告的应用。对于路侧单元也类似，基于自身的能力，路侧单元节点可以简单地向网络发送数据，或者拥有自组织网络的完整功能。此外，路侧单元节点可以提供对背景网络的访问，如向交通管理中心报告道路状况。路侧单元与汽车节点不同，其性能较强。对于各种应用，它们不像汽车节点拥有相同的传感器，也不处理传递给驾驶人的消息，或者对汽车采取措施。路侧单元节点是静态的，与个人或公司无关，不需要太多的信息保护。

5．可预测的运动性

尽管汽车节点的运行规律比较复杂，但汽车的运动趋势在一定程度上仍然是可以预测的。在高速公路场景中，根据汽车所处的车道、实时的道路状况及汽车自身的速度和方向就可以推测汽车在随后短时间内的运动趋势。在城市道路，不同类型的汽车具有不同的运动趋势。公交车的平均行驶速度缓慢且具有间隔性静止状态，因此根据公交节点的速度大小和道路特点就可以推测出短时间内的运动趋势。

4.3.5 车载自组织网络的应用场景

1．碰撞预警

如图4.31所示，汽车0与汽车4相撞，汽车0因此发送一个协作转发碰撞预警信息。汽车1能够通过直接连接接收到碰撞预警信息，从而汽车1可以及时地制动避免碰撞。但是，如果没有间接连接，即不能多跳转发信息，汽车2、汽车3与它们前面汽车的距离小于安全距离时，汽车2和汽车3不可避免地要发生碰撞。如果有间接连接，汽车2和汽车3也能收到碰撞预警信息，则可以避免碰撞。

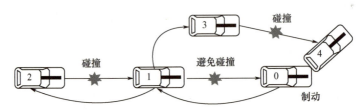

图4.31 协作转发碰撞预警应用场景

2. 避免交通拥堵

如图 4.32 所示，汽车 1 收到了汽车 0 发送节点发送的前方交通拥堵消息，然后汽车 1 存储该消息，直到汽车 2～5 能够与汽车 1 通信时，汽车 1 将消息转发给汽车 2～5。这样，汽车 2～5 也同样知道了前方拥堵的情况，这些汽车可以选择辅助道路行驶，从而避免交通堵塞。

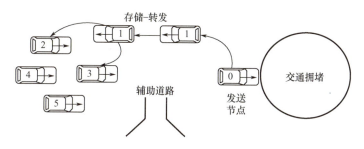

图 4.32　避免交通拥堵应用场景

3. 紧急制动警告

如图 4.33 所示，当前方汽车紧急制动时，紧急制动警告将会提醒驾驶人。当制动汽车被其他汽车遮挡而不能被本车觉察时，紧急制动警告将会非常有用。通过系统开启汽车的后制动灯，紧急制动警告利用车载自组织网络系统的非视距特点来防止追尾事故。

图 4.33　紧急制动警告应用场景

4. 并线警告

如图 4.34 所示，当汽车换道可能存在危险时，并线警告将提醒有意换道的驾驶人。并线警告使用 V2V 通信和周边汽车的路径预测，利用链路的通信范围来预测驾驶人完成换道可能产生的碰撞。路径预测用于确定 3～5s 内，驾驶人要到达的车道区域是否被占用。如果该车道已被占用，则并线警告将会提醒驾驶人潜在的危险。

5. 交叉路口违规警告

如图 4.35 所示，当驾驶人即将闯红灯时，交叉路口违规警告系统对其发出警告。交叉路口违规警告系统使用 V2I 通信方式，主汽车进行预测，其通信链路的主要优势是获取动态信息，如红绿灯阶段和红绿灯时间。部署了交通信号灯控制器的路侧单元会广播交通信号灯信息，包括位置、红绿灯阶段、红绿灯时间、交叉路口几何形状等。靠近交叉路口的汽车将汽车的预期路径与交通信号灯信息进行比较，以确定是否会发生交通信号违规。如果汽车将要发生违规行为，则交叉路口违规警告系统将提醒驾驶人，同时汽车也会发送消息至红绿灯和周围汽车，以表明警告已经发出。

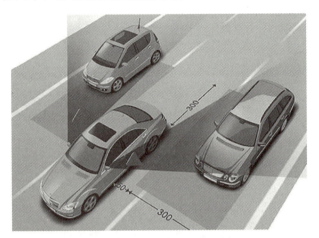

图 4.34　并线警告应用场景

图 4.35　交叉路口违规警告应用场景

随着车载自组织网络技术的发展，其应用范围越来越广泛，主要涉及安全、驾驶、公共服务、商用、娱乐等。

4.4　车载移动互联网技术

4.4.1　移动互联网的定义

移动互联网是以移动网络作为接入网络的互联网及服务，包括三个要素，即移动终端、接入网络和应用服务。该定义将移动互联网涉及的内容主要囊括为三个层面，分别是移动终端,包括手机、专用移动互联网终端和数据卡方式的便携式计算机;移动通信网络接入,包括4G或5G等;公众互联网服务,包括Web、WAP方式。移动终端是移动互联网的前提,接入网络是移动互联网的基础,而应用服务则是移动互联网的核心。

移动互联网包含两方面的含义:一方面,移动互联网是移动通信网络与互联网的融合,用户以移动终端接入无线移动通信网络(4G网络、5G网络、WLAN、WiMax等)的方式访问互联网;另一方面,移动互联网还产生了大量新型的应用,这些应用与终端的可移动、可定位和随身携带等特性相结合,为用户提供个性化的、位置相关的服务。

4.4.2 移动互联网的特点

移动互联网具有以下特点。

(1) 终端移动性。移动互联网业务使用户可以在移动状态下接入和使用互联网服务,移动终端便于用户随身携带和随时使用。

(2) 业务及时性。用户使用移动互联网能够随时随地获取自身或其他终端的信息,及时获取所需的服务和数据。

(3) 服务便利性。由于移动终端的限制,移动互联网服务要求操作简便,响应时间短。

(4) 业务/终端/网络的强关联性。实现移动互联网服务需要同时具备移动终端、接入网络和运营商提供的业务三项基本条件。

(5) 网络和终端的局限性。移动互联网业务在便携的同时,也受到了来自网络能力和终端能力的限制。在网络能力方面,受到无线网络传输环境、技术能力等因素限制;在终端能力方面,受到终端大小、处理能力、电池容量等的限制。

4.4.3 移动互联网的体系架构

移动互联网的典型体系架构如图4.36所示,由业务应用模块、移动终端模块、网络与业务模块组成。

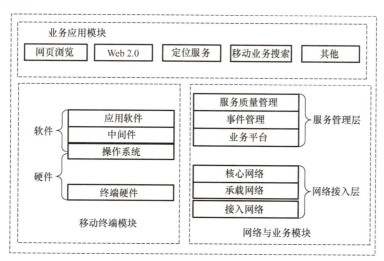

图4.36 移动互联网的典型体系架构

（1）业务应用模块：提供给移动终端的互联网应用。这些应用包括典型的互联网应用，如网页浏览、在线视频、内容共享与下载、电子邮件等，也包括基于移动网络特有的应用，如定位服务、移动业务搜索及移动通信业务等。

（2）移动终端模块：从上至下包括软件和硬件。软件包括应用软件（如应用 App、用户 UI）、中间件和操作系统的支持软件；硬件包括终端中实现各种功能的部件。

（3）网络与业务模块：从上至下包括服务管理层和网络接入层。服务管理层包括业务平台、事件管理、服务质量管理等；网络接入层包括接入网络、承载网络和核心网络等。

从移动互联网端到端的应用角度出发，又可以绘制出图 4.37 所示的业务模型。它主要由移动终端、移动网络、网络接入网关、业务接入网关、移动网络应用组成。

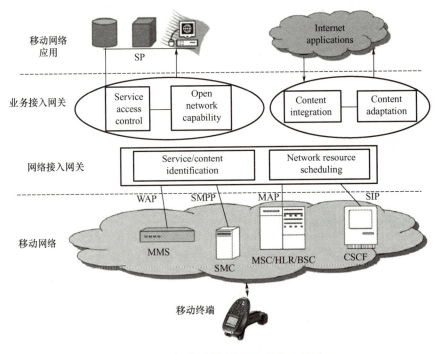

图 4.37　移动互联网端到端的业务模型

（1）移动终端：支持实现用户 UI、接入互联网、实现业务互操作。终端具有智能化和较强的处理能力，可以在应用平台和终端上进行更多的业务逻辑处理，尽量减少空中接口的数据信息传递压力。

（2）移动网络：包括各种将移动终端接入无线核心网的设施，如无线路由器、交换机、移动业务交换中心等。

（3）网络接入网关：提供移动网络中的业务执行环境，识别上下行的业务信息、QoS 要求等，并可基于这些信息提供按业务、内容区分的资源控制和计费策略。网络接入网关根据业务的签约信息，动态进行网络资源调度，最大程度地满足业务的 QoS 要求。

（4）业务接入网关：向第三方开放移动网络应用程序接口和业务环境，提供具有移动网络特点的应用。同时，实现对业务接入移动网络的认证，实现对互联网内容的整合和适配，使内容更适合移动终端对其的识别和展示。

(5) 移动网络应用：提供各类移动通信、互联网及移动互联网特有的服务。

4.4.4 移动互联网的接入方式

移动互联网的接入方式主要有卫星通信网络、无线城域网（wireless metropolitan area network，WMAN）、无线局域网（wireless local area network，WLAN）、无线个域网（wireless personal area network，WPAN）和蜂窝网络（4G/5G 网络）等。

(1) 卫星通信网络。卫星通信的优点是通信区域大、距离远、频段宽、容量大、可靠性高、质量好、噪声小、可移动性强、不容易受自然灾害影响；缺点是存在传输时延长、回声大、费用高等问题。

(2) 无线城域网。无线城域网以微波等无线传输为介质，提供同城数据高速传输、多媒体通信业务和互联网接入服务等。其优点是传输距离远、覆盖面积大、接入速度快、高效、灵活、经济、具有较完备的服务质量机制等；缺点是暂不支持用户在移动过程中实现无缝切换，性能与 4G 网络的主流标准存在差距。

(3) 无线局域网。无线局域网是指以无线或无线与有线相结合的方式构成的局域网，如 Wi-Fi。无线局域网的优点是布网便捷、可操作性强、网络易于扩展等；缺点是性能、速率和安全性存在不足。

(4) 无线个域网。无线个域网是采用红外、蓝牙等技术构成的覆盖范围更小的局域网。无线个域网采用的技术有蓝牙、ZigBee、UWB、60GHz、IrDA、RFID、NFC 等。其优点是功耗低、成本低、体积小等；缺点主要是覆盖范围小。

(5) 蜂窝网络。蜂窝移动通信系统由移动站、基站子系统、网络子系统组成，采用蜂窝网络（4G/5G 网络）作为无线组网方式，通过无线信道将移动终端和网络设备进行连接。其中，宏蜂窝、微蜂窝是蜂窝移动通信系统应用较多的蜂窝技术。蜂窝网络的优点是有限的频率资源可以在一定的范围内被重复使用，当容量不够时，可以减小蜂窝的范围，划分出更多的蜂窝，进一步提高频率的利用率；缺点是成本高、带宽低。

网络技术的发展为用户提供了多种不同的无线接入方式，包括以太网、GPRS（general packet radio service，通用分组无线业务）网络、4G/5G 网络、Wi-Fi 及无线个域网技术等。异构网络的多接口接入，需要消除多种网络接入方式带来的潜在冲突，屏蔽多接口带来的操作复杂性。

4.4.5 车载移动互联网的组成及应用

车载移动互联网是以车为移动终端，通过远距离无线通信技术构建的车与互联网之间的网络，实现汽车与服务信息在车载移动互联网上的传输。

车载移动互联网的组成如图 4.38 所示，通过短距离通信技术在车内建立无线个域网或无线局域网，再通过 4G/5G 技术与互联网连接。

智能网联汽车通过车载移动互联网，可以实现导航及位置服务、实时交通信息服务、网络信息服务、汽车使用服务、汽车出行服务、商务办公等。汽车与互联网互联，赋予了汽车连接真实世界的能力。

图 4.38 车载移动互联网的组成

思 考 题

1. 智能网联汽车由哪几种网络构成？
2. 车载网络有哪几种类型？有何特点？
3. 什么是 CAN 总线？其在智能网联汽车上有何应用？
4. 什么是 LIN 总线？其在智能网联汽车上有何应用？
5. 什么是 FlexRay 总线？其在智能网联汽车上有何应用？
6. 什么是 MOST 总线？其在智能网联汽车上有何应用？
7. 什么是以太网？其在智能网联汽车上有何应用？
8. 什么是车载自组织网络？其在智能网联汽车上有何应用？
9. 什么是车载移动互联网？其在智能网联汽车上有何应用？

第 5 章 智能网联汽车定位技术

通过本章的学习,要求读者能够了解 GPS 和北斗卫星导航定位系统的组成与定位原理,以及车载导航定位系统,初步掌握通信基站常用的定位技术。

知 识 要 点	能 力 要 求	相 关 知 识
GPS	了解 GPS 的组成、定位原理及特点,以及 GPS 的差分方法	GPS,差分技术
北斗卫星导航定位系统	了解北斗卫星导航定位系统的组成、定位原理和功能	北斗卫星导航定位系统
车载导航定位系统	了解车载导航定位系统的组成,以及 GPS/DR 组合导航定位系统	航位推算
通信基站定位技术	初步掌握通信基站定位技术中的到达角定位技术、到达时间定位技术、到达时间差定位技术及混合定位技术	通信基站定位技术

【导入案例】

汽车卫星定位监控系统如图 5.1 所示。它是利用北斗卫星定位、移动通信技术,通过系统管理平台对外出汽车的状态、位置进行跟踪记录,显示外出途中汽车的行驶轨迹,使值班人员能及时了解外出汽车的实时运行情况,在发生紧急情况时,能以最快的速度进行处理。

该系统具有以下功能。

(1) 汽车监控功能。监控中心能全天候实时监控所有被控汽车的位置、行驶方向、行驶速度、发动与熄火状态等。系统可设置 1s 返回一次汽车动态信息,以便更及时地掌握汽车的状况。

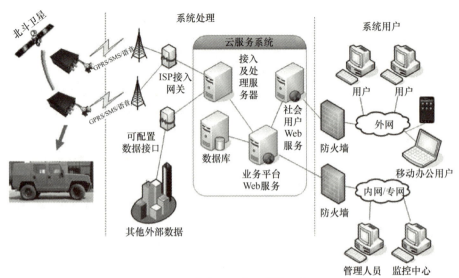

图 5.1 汽车卫星定位监控系统

(2) 轨迹回放功能。监控中心能随时回放近 60 天内的自定义时段汽车历史行程、轨迹记录。

(3) 报警功能。超速、掉电时会向监控中心给出相应的报警。

(4) 远程控制功能。监控中心可随时对汽车进行远程断油、断电,以及锁车。

(5) 行驶里程统计功能。系统利用 GPRS 车载终端的行驶记录功能和 GIS (geographic information system,地理信息系统)原理对汽车进行行驶里程统计,并可生成报表且可打印。

(6) 距离测量功能。监控中可自定义 A 点和 B 点,并可对其测量距离。

(7) 停车记录功能。调度中心可将汽车的历史停车记录以文字形式生成报表(包括汽车的停车地点、时间和开车时间等),并可进行打印。

(8) 权限管理功能。系统可设置 10 个以上的级别权限,以及每个登录账号 N 个功能禁止允许,并特权用户可查看所有在线登录账户的操作与状态。

(9) 汽车信息管理功能。系统可录入详细的汽车、驾驶人等信息,以方便调度人员的工作。

(10) Web 功能。系统集成的 Web GIS 技术,使用户在任何连接互联网的地方,经过授权,使用 IE 方式查车监控。

智能网联汽车的定位技术有哪些?通过本章的学习,读者可以得到答案。

5.1 全球定位系统

【GPS】

GPS 是由美国国防部开发的基于卫星的无线电定位导航系统。它能连续为世界各地的陆、海、空用户提供精确的位置、速度和时间信息。其最大优势是覆盖全球,全天候工作,可以为高动态、高精度平台服务,得到普遍的应用。

5.1.1 GPS 的组成与定位原理

1. GPS 的组成

GPS 是由导航卫星、地面监控设备和 GPS 用户组成的，如图 5.2 所示。

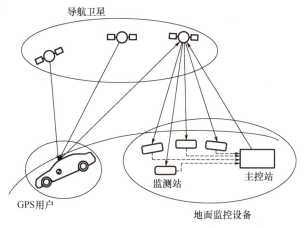

图 5.2 GPS 的组成

（1）导航卫星。导航卫星（图 5.3）是由分布在地球六个椭圆轨道平面上的 21 颗工作卫星和 3 颗在轨备用卫星组成的，相邻轨道之间的卫星彼此成 30°，每个轨道面上都有 4 颗卫星，在距离地球 17700km 的高空上进行监测。这些卫星每 12h 环绕地球一周，在地球上的任何地方、任何时间都可以观测到 4 颗以上的 GPS 卫星，保持定位的精度从而提供连续的全球导航能力。导航卫星的任务是接收和存储来自地面监控设备发送的导航定位控制指令，由微处理器进行数据处理，以原子钟产生基准信号和精确的时间为基准向用户连续发送导航定位信息。卫星信号的编码方式为码分多址（code division multiple access，CDMA），根据调制码来区分不同的卫星。

（2）地面监控设备。地面监控设备由一个主控站、四个注入站和六个监测站组成，它们的任务是实现对导航卫星的控制。监测站跟踪所有可见的 GPS 卫星，从卫星广播中收集测距信息等，并将收集到的信息发送至主控站。主控站拥有许多以计算机为主体的设备，用于数据收集、计算、传输和诊断等。其主要任务是编制导航定位指令发送到注入站，并调整卫星运行姿态，纠正卫星轨道偏差，进行卫星轨道和时钟校正参数计算，同时还协助、指挥、管理空间卫星和地面监控设备，监控卫星向用户发送指令。注入站的任务是将主控站送来的导航、定位控制指令通过 S 波段发送至飞头顶的卫星。

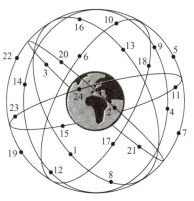

图 5.3 导航卫星

（3）GPS 用户。GPS 用户主要由 GPS 接收机和 GPS 数据处理软件组成。GPS 接收机的主要功能是接收、追踪、放大卫星发射的信号，获取定位的观测值，提取导航电文中的广播星历及卫星时钟改正参数等。GPS 数据处理软件的主要功能是对 GPS 接收机获取的卫星测量记录数据进行预处理，并对处理的结果进行平差计算、坐标旋转和分析综合处理，计算出用户所在位置的三维坐标、速度、方向和精确时刻等。

GPS 可以提供两种类型的服务——军用服务和民用服务，即精密定位服务和标准定位服务。精密定位服务只能由美国授权的军方用户和选定的政府机构用户使用，标准定位服务对于全世界的所有用户均可使用，并且免收直接费用。

2. GPS 的定位原理

GPS 的定位原理是根据三角测量定位来实现的，并且同时利用相关技术获取观测值。在相关接收中，卫星钟用来控制卫星发射的伪随机信号，本地时钟用来控制用户接收机的伪随机信号，两者之间有比较大的时差。GPS 用户终端可以同时跟踪 4 颗 GPS 卫星，并捕获其信号。这里，将两时钟之间的时差作为未知量，使其和观测点坐标共同组成一个四元方程组，所得的解就是观测点的经纬度坐标和时差，使用这种方法进行定位可以得到较高的定位精度。这个观测值通常被称为伪距观测量。此观测值被称为伪距观测量的原因：第一，它是以地表和卫星之间的距离为变量的函数；第二，由于大气效应和时钟误差的影响，与实际的距离之间存在偏差。

设地面点 P 到卫星 i 的距离矢量为 S_i，地心原点 O 到卫星 i 的距离矢量为 S_0，地心原点 O 到地面点 P 的距离矢量为 S_P，如图 5.4 所示。如果卫星钟和地面钟不存在任何时差，说明此时伪距观测量代表了 P 点与卫星之间的真实距离 S_i，其值为

$$S_i = c(t_i - t_j) - c\tau \tag{5-1}$$

式中，c 为光的传播速度；t_i 为地面接收机已同步的观测时刻；t_j 为卫星已同步的发射时刻；τ 为传播途径中的附加时延。

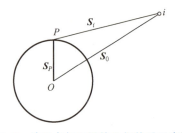

图 5.4 地面点与卫星的几何关系示意图

实际上卫星钟和地面钟之间的完全同步只存在理论上的可能性，是通常存在一定的时钟差，所以实际测量的并非真实距离，而是伪距，即

$$\rho_{Pi} = c(t_{Pi} - t_{Pj}) \tag{5-2}$$

式中，ρ_{Pi} 为地面点 P 到卫星 i 的伪距；t_{Pi} 为含有时钟差的地面站接收时刻；t_{Pj} 为含有时钟差的卫星发射时刻。

实际上接收时，地面站接收机的接收时刻要与 GPS 时间同步。这样，时钟差为两个微小量 Δt_i 和 Δt_j，即

$$t_{Pi} = t_i + \Delta t_i$$
$$t_{Pj} = t_j + \Delta t_j$$
$$\rho_{Pi} = c(t_i - t_j) + c(\Delta t_i - \Delta t_j) = S_i + c\tau + c(\Delta t_i - \Delta t_j) \tag{5-3}$$

当接收机跟踪锁定卫星信号后，可以从接收信号中提取信息，从而得到导航电文和伪距观测量。导航电文一般分为三部分：电离层修正数、卫星钟改正数和卫星星历参数。经过对卫星星历参数进行进一步的统计计算，可求出发射时刻卫星在地心坐标系中的三维坐标值 X_i、Y_i 和 Z_i。关于卫星时钟差的修正，利用卫星钟改正数依据式（5-4）进行适当的调整。

$$\Delta t_j = a_0 + a_1(t - t_0) + a_2(t - t_0)^2$$
$$t = t_{Pj} - \Delta t_j \tag{5-4}$$

式中，t 为观测时间；t_0 为卫星钟基准时间；a_0、a_1、a_2 为待定系数。

设 P 点的地心坐标为 X_P、Y_P 和 Z_P，则 P 点至卫星 i 的实际距离为

$$S_i = \sqrt{(X_i - X_P)^2 + (Y_i - Y_P)^2 + (Z_i - Z_P)^2} \qquad (5-5)$$

将式（5-5）代入式（5-3），得

$$\rho_{Pi} = \sqrt{(X_i - X_P)^2 + (Y_i - Y_P)^2 + (Z_i - Z_P)^2} + c\tau + c(\Delta t_i - \Delta t_j) \qquad (5-6)$$

式中，τ 为传播途径中的附加时延。这时，式（5-6）中只有四个未知量，X_P、Y_P、Z_P、$\Delta t_i - \Delta t_j$。需要同时观测 4 颗卫星，才可以得到式（5-6）的四个方程，这些非线性方程可以通过线性化方法或卡尔曼滤波技术进行求解，得到 P 点的坐标 X_P、Y_P、Z_P。

以上即 GPS 的定位原理分析，通常，由此得到的定位数据还需进行进一步的差分运算，减小误差，从而得到更准确的定位信息。

3. GPS 的特点

GPS 具有以下特点。

（1）能够全球全天候定位，因为 GPS 卫星的数目较多，并且分布均匀，保证了地球上任何地方任何时间至少可以同时观测到 4 颗 GPS 卫星，确保实现全球全天候连续的导航定位服务。

（2）覆盖范围广，能够覆盖全球 98% 的范围，可满足位于全球各地或近地空间的军事用户连续精确地确定三维位置、三维运动状态和时间的需要。

（3）定位精度高，GPS 相对定位精度在 50km 以内可达 6~10m，100~500km 可达 7~10m，1000km 可达 9~10m。

（4）观测时间短，20km 以内的相对静态定位仅需 15~20min；快速静态相对定位测量，当每个流动站与基准站相距 15km 以内时，流动站观测时间只需 1~2min；采取实时动态定位模式时，每站观测仅需几秒。

（5）可提供全球统一的三维地心坐标，可同时精确测定观测站平面位置和大地高程。

（6）观测站之间不需通视，只要求观测站上空开阔，这样既可大大减少测量工作所需的经费和时间，又使选点工作更灵活，可省去经典测量中的传算点、过渡点等的测量工作。

5.1.2 差分全球定位系统

为了提高 GPS 的定位精度，可以采用 DGPS（differential global positioning system，差分全球定位系统）进行车辆的定位。DGPS 是在 GPS 的基础上利用差分技术使用户能够从 GPS 中获得更高的精度。DGPS 由基准站、移动站和用户组成，如图 5.5 所示。

DGPS 实际上是把一台 GPS 接收机放在位置已精确测定的点上，组成基准站。基准站接收机通过接收 GPS 卫星信号，将测得的位置与该固定位置的真实位置的差值作为公共误差校正量，通过无线数据传输设备将该校正量传送给移动站的接收机。移动站的接收机用该校正量对本地位置进行校正，最后得到厘米级的定位精度。附近的 DGPS 用户接收到修正后的高精度定位信息，从而大大提高其定位精度。

根据 DGPS 基准站发送信息的方式，可将 DGPS 定位分为三类，即位置差分、伪距差分和载波相位差分。这三类差分方式的工作原理是相同的，都是由基准站发送改正数，由移动站接收并对其测量结果进行改正，以获得精确的定位结果。所不同的是，发送改正数的具体内容不一样，其差分定位精度也不同。

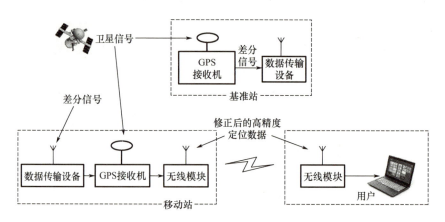

图 5.5　DGPS 系统的组成

1. 位置差分

位置差分是最简单的差分方法，适合于所有的 GPS 接收机。位置差分要求基准站和移动站观测同一组卫星。安装在基准站上的 GPS 接收机观测 4 颗卫星后便可进行三维定位，解算出基准站的观测坐标。由于存在轨道误差、时钟误差、大气影响、多径效应及其他误差等，解算出的观测坐标与基准站的已知坐标是不一样的，存在误差。将已知坐标与观测坐标之差作为位置改正数，通过基准站的数据传输设备发送出去，由移动站接收，并且对其解算的移动站坐标进行改正。最后得到的改正后的移动坐标已消去了基准站和移动站的共同误差（如卫星轨道误差、大气影响等），提高了定位精度。位置差分法适用于用户与基准站间的距离在 100km 以内的情况。

2. 伪距差分

伪距差分是目前用途最广的一种技术，大多数的商用 DGPS 接收机采用这种技术。利用基准站已知坐标和卫星星历可计算出基准站与卫星之间的计算距离，将计算距离与观测距离之差作为改正数，发送给移动站，移动站利用此改正数来改正测量的伪距。最后，用户利用改正后的伪距来解出本身的位置，就可以消去公共误差，提高定位精度。

与位置差分相似，伪距差分能将两站公共误差抵消，但随着用户到基准站距离的增加又出现了系统误差，这种误差用任何差分法都不能消除。用户和基准站之间的距离对精度有决定性的影响。

3. 载波相位差分

载波相位差分技术是建立在实时处理两个测站的载波相位基础上的，它能实时提供观测点的三维坐标，并达到厘米级的高精度。

载波相位差分原理与伪距差分原理相同，由基准站通过数据传输设备实时将其载波观测量及站坐标信息一同传送给移动站。移动站接收 GPS 卫星的载波相位与来自基准站的载波相位，并组成相位差分观测值进行实时处理，能实时给出厘米级的定位结果。

实现载波相位差分定位的方法有修正法和差分法。前者与伪距差分相同，基准站将载波相位修正量发送给移动站，以改正其载波相位，然后求解坐标；后者将基准站采集的载波相位发送给移动站,进行求差解算坐标。前者为准载波相位差分技术,后者为真正的载波相位差分技术。

5.2 北斗卫星导航定位系统

北斗卫星导航定位系统是中国自行研制开发的区域性有源三维卫星定位与通信系统,是除美国的 GPS、俄罗斯的 GLONASS（global navigation satellite system,全球导航卫星系统）之后的第三个成熟的卫星导航定位系统。北斗卫星导航定位系统致力于向全球用户提供高质量的定位、导航和授时服务,其建设与发展遵循开放性、自主性、兼容性、渐进性四项原则。

【北斗卫星导航定位系统】

5.2.1 北斗卫星导航定位系统的组成

北斗卫星导航定位系统由空间段、地面段和用户段三部分组成,如图 5.6 所示。

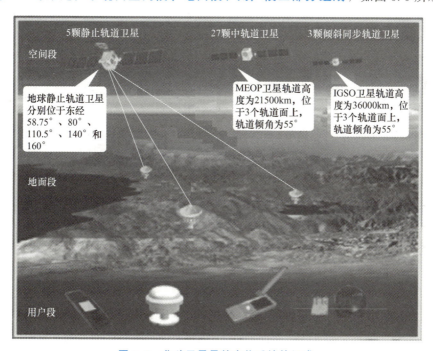

图 5.6 北斗卫星导航定位系统的组成

空间段包括 5 颗静止轨道卫星和 30 颗非静止轨道卫星（27 颗中轨道卫星、3 颗倾斜同步轨道卫星）；地面段包括主控站、注入站和监测站等若干个地面站；用户段由北斗用户终端及与美国的 GPS、俄罗斯的 GLONASS、欧洲的 Galileo（伽利略）卫星导航系统等其他卫星导航系统兼容的终端组成。

5.2.2 北斗卫星导航定位系统的定位原理

北斗一代和北斗二代定位系统都是采用伪距法进行导航定位的。该方法的基本定位思想是三球交汇定位原理。北斗一代定位系统由于其观测量较少且其工作方式是有源定位,因此北斗一代与北斗二代的定位原理和精度有所不同。

1. 北斗一代卫星的定位原理

北斗一代卫星导航定位系统的定位原理是基于三球交汇定位原理进行定位，以两颗卫星的已知坐标为球心，两球心至用户的距离为半径，可画出两个球面，用户机必然位于这两个球面交线的圆弧上。还有一个球面是以地心为球心，画出以用户所在位置点至地心的距离为半径的球面，三个球面的交汇点即为用户位置。

由上述原理可得，地面中心到双星的两个伪距分别为

$$\rho_1 = 2(R_1 + S_1) = c\Delta t_1$$
$$\rho_2 = 2(R_2 + S_2) = c\Delta t_2 \qquad (5-7)$$

式中，ρ_1、ρ_2 分别是第一个和第二个伪距观测量；S_1、S_2 分别是地面中心至双星的距离；R_1、R_2 分别是用户设备至双星的距离；Δt_1、Δt_2 分别是在地面中心的电文经过两个卫星及用户之间的时间偏差。

S_1、S_2 和地面中心站的坐标都是已知的，即 $S_1(x_1, y_1, z_1)$，$S_2(x_2, y_2, z_2)$ 和 (x_0, y_0, z_0)。设接收机的坐标为 (x, y, z)，则

$$S_i = \sqrt{(x_i - x_0)^2 + (y_i - y_0)^2 + (z_i - z_0)^2}$$
$$R_i = \sqrt{(x_i - x)^2 + (y_i - y)^2 + (z_i - z)^2} \qquad (5-8)$$

式中，$i = 1, 2$。

将式（5-8）代入式（5-7），可以求得用户坐标的三个未知量的两个方程。此时需要用到用户所处位置的高程值来解算用户位置。设该高程值为 H，则

$$H = \sqrt{x^2 + y^2 + z^2} \qquad (5-9)$$

2. 北斗二代卫星的定位原理

北斗二代卫星是典型的 RNSS（radio navigation satellite system，卫星无线电导航系统）。北斗二代卫星的定位原理与 GPS 类似，至少需要 4 颗卫星，其伪距为

$$\rho_i(x_u) = \sqrt{(x_u - x_{Si})^2 + (y_u - y_{Si})^2 + (z_u - z_{Si})^2} + n_i + c\delta t \qquad (5-10)$$

式中，ρ_i 为第 i 颗卫星的伪距；$x_u = [x_u, y_u, z_u, \delta t]$ 为所要求解的变量；$[x_u, y_u, z_u]$ 为接收机位置；δt 为卫星时钟的钟差；$[x_{Si}, y_{Si}, z_{Si}]$ 为定位卫星的位置；n_i 为卫星各个观测量的伪距误差；$i = 1, 2, 3, 4$。

求解式（5-10）即可得到用户位置。

5.2.3 北斗卫星导航定位系统的功能

北斗卫星导航定位系统具有以下功能。

（1）短报文通信。北斗卫星导航定位系统用户终端具有双向报文通信功能，用户可以一次传送 40～60 个汉字的短报文信息。

（2）精密授时。北斗卫星导航定位系统具有精密授时功能，可向用户提供 20～100ns 时间同步精度。

（3）定位精度。水平精度 100m（1σ），设立标校站之后为 20m（类似差分状态）；工

作频率为 2491.75MHz。

(4) 最大用户数。每小时 540000 户。

北斗卫星导航定位系统可在全球范围内全天候、全天时为各类用户提供高精度、高可靠的定位、导航、授时服务,并具有短报文通信能力,已经具备导航、定位和授时的能力。

全球四大卫星导航系统的比较见表 5-1。

表 5-1 全球四大卫星导航系统的比较

特 征	GPS	北 斗	GLONASS	Galileo
目前状态	向现代化过渡	开始运行	经历复兴计划	部署验证系统
组网卫星数	(24~30) MEO	5GEO+30MEO	24MEO	30MEO
卫星轨道/km	20230	21500	19100	23222
轨道平面数	6(3)	3	3	3
轨道倾角	55°	55°	64.8°	54°
运行周期①	11H58M	12H55M	11H15M	13H
星历数据表达方式	开普勒根数	开普勒根数	直角坐标系中位置、速度、时间	开普勒根数
测地坐标系	WGS-84	中国 2000	PZ-90	WGS-84
时间系统	GPST	BDT	GLONASST	GPST
使用频率/Hz	L1:1575.42 L2:1227.6 L5:176.45	B1:1561.098 B2:1207.140	L1:1602.5625~1615.5 L2:1240~1260	L1:1575.42 E5b:1207.14 E5a:1176.45
卫星识别	CDMA	CDMA	FDMA	CDMA
码钟频/(Mbit/s)	1.023	2.046	0.0511	1.023
电波极化	右旋圆极化	右旋圆极化	右旋圆极化	右旋圆极化
调制方式	QPSK+BOC	QPSK+BOC	BPSK	BPSK+BOC
位置精度/m	6	10	12	1
授时精度/ns	20	50	25	20
速度精度/(m/s)	0.1	0.1	0.1	0.1

① 运行周期数据中 H 代表小时,M 代表分钟。

5.3 车载导航定位系统

5.3.1 车载导航定位系统的组成

一个典型的车载导航定位系统通常包括定位模块、数字地图和无线通信模块等。

定位模块是所有车载导航定位系统中的关键元件。为了帮助用户得到位置信息,给用户提供恰当的向导或给监控器提供位置信息,车载定位必须精准。常用的定位技术有 DR （dead reckoning，航位推算）和 GPS。

汽车 DR 是一种常用的自主式车辆定位技术。相对于 GPS，它不用发射接收信号，不受电磁波影响，机动灵活，只要汽车能到达的地方都能定位。但是由于这种定位技术的误差随时间推移而发散，因此只能在短时间内获得较高的精度，不宜长时间单独使用。

DR 是利用载体上某一时刻的位置，根据航向和速度信息推算得到当前时刻的位置，即根据实测的汽车行驶距离和航向计算其位置和行驶轨迹。它一般不受外界环境影响，但由于其本身误差是随时间积累的，因此单独工作时不能长时间保持高精度。

DR 的主要原理是利用 DR 传感器测量位移矢量，从而推算汽车的位置。DR 原理图如图 5.7 所示。其中，(x_i, y_i) $(i=0, 1, 2, \cdots)$ 是汽车在 t_i 时刻的初始位置，航向角 θ_i 和行驶距离 s_i 分别是汽车从 t_i 时刻到 t_{i+1} 时刻的绝对航向和位移矢量长度。

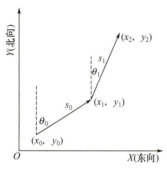

图 5.7　DR 原理图

由图 5.7 可推得

$$x_k = x_0 + \sum_{i=0}^{k-1} s_i \sin\theta_i \quad (5-11)$$

$$y_k = y_0 + \sum_{i=0}^{k-1} s_i \cos\theta_i \quad (5-12)$$

式中，x_k, y_k $(k=1, 2, \cdots)$ 是汽车在 t_k 时刻的位置。

由此可见，DR 必须通过其他手段提供汽车初始位置和初始航向角，位移和航向角的变化量要实时采样，而且采样频率要足够高，这样就可以近似认为采样周期内汽车加速度为零。DR 的误差随距离和时间积累，不能长期单独使用，可以借助于 GPS 对其定位误差进行补偿。

无线通信模块是汽车定位和导航中的关键器件。除了提供个人呼叫以外，还提供一种语音数据转换信道，以便驾驶人获得一些信息，诸如实时交通信息、天气和旅行信息等。作为交通管制中心，可以通过无线移动通信网络得到路网中汽车的信息，并为其提供相应的服务。

定位模块通过与无线通信模块、数字地图等相结合，可以实时更新位置信息，提高定位精度。

5.3.2　GPS/DR 组合导航定位系统

GPS/DR 组合导航定位系统由 GPS 及电子罗盘、里程计和导航计算机等组成，如图 5.8 所示。

GPS 独立给出汽车所在位置的绝对经度、纬度和海拔高度；电子罗盘作为航向传感器测量汽车的航向；里程计测量汽车单位时间内行驶的里程；导航计算机采集各传感器数据并进行航迹推算、GPS 坐标变换及相关数据预处理，由融合算法融合估计出汽车的动态位置。GPS/DR 组合导航定位系统是一种相对低成本的导航系统，

图 5.8　GPS/DR 组合导航定位系统的组成

在这个系统上进行 GPS/DR 数据融合,可以实现较高精度的导航定位。

要实现 GPS/DR 组合导航定位的关键在于如何将两者的数据融合以达到最优的定位效果。关于 GPS/DR 组合的数据融合方法很多,最常见也是使用最广泛的就是卡尔曼滤波方法。将卡尔曼滤波应用于 GPS/DR 组合导航定位系统中,就是将 GPS 和 DR 的定位信息综合用于定位求解,通过卡尔曼滤波来补偿修正 DR 的状态,同时滤波之后的输出又能够为 DR 提供较准确的初始位置和航向角,从而能够获得比单独使用任意一种定位技术都更高的定位精度和稳定性。基于卡尔曼滤波的 GPS/DR 组合导航定位系统如图 5.9 所示。

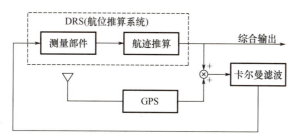

图 5.9 基于卡尔曼滤波的 GPS/DR 组合导航定位系统

5.4 通信基站定位技术

基站作为移动通信网络不可缺少的网元,是移动终端与移动网络之间交互的重要组成部分。随着移动通信网络的迅速发展,更多的移动终端接入移动通信网络中,越来越多的基站被建立起来,为终端用户提供通信服务。所以移动通信网络中最基本的定位技术就是基于基站的定位技术。

常用的无线定位技术包括到达角(angle of arrival,AOA)定位技术、到达时间(time of arrival,TOA)定位技术、到达时间差(time difference of arrival,TDOA)定位技术等。

5.4.1 到达角定位技术

到达角定位技术也称方位测量定位技术,由两个或多个基站接收到移动台的角度信息,然后根据其计算移动台的位置,如图 5.10 所示。

假设有两个基站 BS_1 和 BS_2,α_1 和 α_2 分别是移动台 MS 到两个基站 BS_1 和 BS_2 的达到角度,则

$$\tan\alpha_i = \frac{x - x_i}{y - y_i} \quad (5-13)$$

求解式(5-13),可估算出移动台的位置 (x, y)。

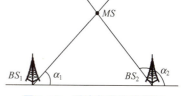

图 5.10 到达角定位的原理

5.4.2 到达时间定位技术

到达时间定位技术是基于时间的定位技术,也称圆周定位技术。它是通过测量两点间的电波传播时间来计算移动台的位置的。如果能够获取三个以上基站到移动台的传播时间,那么移动台在以 (x_i, y_i) 为圆心、以 $c \times t_i$ 为半径的圆上,就能得出移动台的位置,如图 5.11 所示。BS_1、BS_2、BS_3 是三个基站,R_i 表示基站 i 与移动台 MS 之间的直线距离,则移动

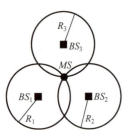

图 5.11 到达时间定位的原理

台应该位于半径为 R_i、圆心在基站 i 所在位置的圆周上。记移动台的位置坐标为 (x_0, y_0),基站的位置坐标为 (x_i, y_i),则两者之间满足

$$(x_i - x_0)^2 + (y_i - y_0)^2 = R_i^2 \quad (5-14)$$

在实际无线电定位中,已知电磁波在空中的传播速度为 c,如果能够测得电磁波从移动台到达基站 i 的时间 t_i,则可以求出基站与目标移动台的距离 $R_i = c \times t_i$,取 $i = 1, 2, 3$,联立式(5-14)构成三个方程组,可以求得移动台的位置坐标 (x_0, y_0)。

5.4.3 到达时间差定位技术

到达时间差定位技术也称双曲线定位技术,原理如图 5.12 所示。它是利用移动台到达不同基站的时间不同,获取到达各个基站的时间差,建立方程组,求解移动台位置。这种定位技术要求各个基站的时间必须同步。移动台位于以两个基站为交点的双曲线上,通过建立两个以上双曲线方程,求解双曲线交点即可得到移动台的二维坐标位置。

基站与移动台之间的距离差通过测量信号从两个基站同时出发到达移动台或从移动台出发到达两个基站的时间差 t_{21} 和 t_{31} 来确定,即 $R_{21} = R_2 - R_1 = c \times t_{21}$,$R_{31} = R_3 - R_1 = c \times t_{31}$。移动台坐标 (x_0, y_0) 和基站坐标 (x_i, y_i) $(i = 1, 2, 3)$ 之间的关系为

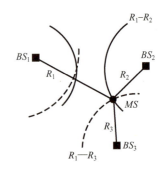

图 5.12 到达时间差定位的原理

$$(\sqrt{(x_0-x_2)^2+(y_0-y_2)^2} - \sqrt{(x_0-x_1)^2+(y_0-y_1)^2})^2 = R_{21}^2 \quad (5-15)$$

$$(\sqrt{(x_0-x_3)^2+(y_0-y_3)^2} - \sqrt{(x_0-x_1)^2+(y_0-y_1)^2})^2 = R_{31}^2 \quad (5-16)$$

求解式(5-15)和式(5-16)能获得移动台坐标,然后根据先验信息,消除位置的模糊性,求得移动台的真实位置。到达时间差定位技术是各种蜂窝网络主要采用的定位技术。

5.4.4 混合定位技术

混合定位技术就是把各种不同的测量信息和特征值进行融合对移动台进行定位的技术。常见的混合定位技术有到达时间差/到达角定位技术、到达时间差/到达时间定位技术、到达时间/到达角定位技术、到达时间差/场强定位等。

场强定位的基本原理与到达时间定位的原理相似,移动台利用接收到的场强值大小来求解移动台的位置。场强定位容易受到外界环境的影响,定位精度不高。

5.4.5 基站定位的典型应用

1. 车联网应用

提到车辆定位,通常会想到车载 GPS 或北斗定位,然而,这种源于汽车导航和物体

跟踪的应用无法适应对定位精度、响应时间、数据回传等物联网应用的需求。基于通信基站定位系统将是车联网平台中连接用户、网络及终端的重要组成部分，使车载网关、遥信设备与外部移动通信网络的数据连接，并提供高效、便捷的遥信、遥控、遥测等基于位置的服务。

例如，车载视频监控通过前端车载设备完成图像信息采集，通过移动通信网络将数据实时回传至监控指挥中心，通过对数据的分析可以获取汽车所在位置，使监控中心可以实时掌握汽车的情况，特别是在长途客车、长途货车等的交通运输监控方面，车载定位及信息无线回传显得尤为重要和必要。通常，基于位置服务的车联网应用包括为车主提供车联网地图、车联网导航、汽车信息控制、汽车自动驾驶等服务。

2. 应急救援应用

相比于卫星定位，无线通信基站定位由用户主动或被动发送手机信号来建立双向链路，显得更便捷和有效。在紧急搜救中，用户发出求救信号或电话，移动通信基站与用户移动终端之间建立通信链路，在移动通信基站位置已知及相关测量时间可获取的情况下，可采用到达时间定位、到达角定位等准确定位用户所在的位置，为紧急救援带来便利和提高搜救效率，从而赢得更多的时间，减少人员伤亡和财产损失。

思 考 题

1. GPS由哪几部分组成？其定位原理是什么？
2. 北斗卫星导航定位系统由哪几部分组成？其定位原理是什么？
3. 车载导航定位系统由哪几部分组成？其在智能网联汽车上有何应用？
4. 通信基站的定位技术主要有哪些？有何应用？

第 6 章

智能网联汽车自主循迹控制技术

教学目标

通过本章的学习,要求读者能够了解汽车自主循迹控制系统的结构和类型,掌握汽车自主循迹横向控制和纵向控制的方法。

教学要求

知识要点	能力要求	相关知识
智能网联汽车自主循迹概述	了解汽车自主循迹控制系统的结构和类型	汽车自主循迹控制系统
智能网联汽车自主循迹横向控制	掌握汽车转向几何学模型横向控制、汽车运动学模型横向控制和汽车动力学模型横向控制	汽车几何学模型、汽车运动学模型、汽车动力学模型
智能网联汽车自主循迹横向控制仿真	了解汽车自主循迹横向控制仿真的环境和方法,以及六种控制方法的特点	汽车自主循迹横向控制仿真
智能网联汽车自主循迹纵向控制	初步掌握汽车自主循迹常用的纵向控制模型	汽车自主循迹纵向控制模型

【导入案例】

如何利用环境感知信息实现自主循迹控制是智能网联汽车的关键技术之一。汽车本身是非线性的,加之汽车行驶的道路环境复杂多变,使智能汽车自主循迹控制成为一个非线性、复杂、时变的控制问题,此时需要引入智能控制理论,采用仿人智能控制决策,使控制系统达到期望的目标。近年来,随着控制理论的发展,越来越多的智能控制技术被应用于智能汽车自主循迹控制中。然而智能控制方法往往需要庞大的计算量并依赖于高精度的电子元件、设备,这在实际应用中势必会增加控制的成本并造成控制系统的滞后。为了弥补这些缺点,必须综合运用现代控制方法和智能控制方法来实现智能汽车的自主循迹控制。

图 6.1 所示为自主循迹行驶的无人送货车。无论是无人送货车,还是智能网联汽车,要达到智能驾驶,都需要自主循迹、合理避障。

智能网联汽车如何实现自主循迹?自主循迹横向控制和纵向控制有哪些方法?通过本章的学习,读者可以得到答案。

图 6.1 自主循迹行驶的无人送货车

6.1 自主循迹控制系统的结构与分类

6.1.1 自主循迹控制系统的结构

智能网联汽车自主循迹控制系统的主要任务包括任务规划、行为决策及底层汽车操作。在实际应用中,汽车的自主循迹控制分为横向控制和纵向控制。横向控制主要通过控制转向盘转角使汽车沿期望的既定路线行驶,同时满足一定的舒适性和平顺性要求。纵向控制是行车方向上的控制,主要通过控制汽车的节气门和制动使汽车按期望的车速行驶,同时实现与前后车车距的保持及紧急避障等功能。智能网联汽车自主循迹横向和纵向控制系统的结构如图 6.2 所示。

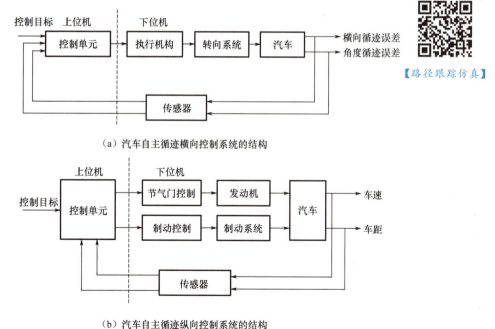

(a) 汽车自主循迹横向控制系统的结构

(b) 汽车自主循迹纵向控制系统的结构

图 6.2 智能网联汽车自主循迹横向和纵向控制系统的结构

智能网联汽车自主循迹横向控制系统的上位机控制单元通过汽车横向循迹误差和角度循迹误差信息计算出期望的转向盘转角，然后通过转向执行机构实现对转向系统的实时控制，进而实现对期望道路轨迹的跟踪。纵向控制系统的上位机控制单元通过期望车速和期望车距信息分别计算出期望加速踏板信号和制动踏板信号，然后通过执行机构实现对汽车发动机和制动系统的实时控制，使汽车始终保持期望的车速行驶，同时处于安全的车距范围内。

对于电动汽车，纵向控制是通过控制驱动电动机和制动系统实现的。

6.1.2 自主循迹控制系统的分类

智能网联汽车自主循迹控制系统可以按所选择的汽车模型、使用的控制理论及控制内容进行分类。

1. 按汽车模型分类

智能网联汽车自主循迹控制按其所选择的汽车模型，可以分为汽车转向几何学模型、汽车运动学模型和汽车动力学模型。

（1）汽车转向几何学模型。汽车转向几何学模型是智能汽车自主循迹控制中使用最早也是最广泛的汽车模型，使用一个简单的公式表示智能汽车前轮转角与期望道路轨迹之间的几何关系。汽车转向几何学模型在控制时又分为非预瞄和基于预瞄两种方式。由于汽车转向几何学模型易于理解，控制方法简单，在智能汽车自主循迹横向控制方面有着广泛的应用。

（2）汽车运动学模型。汽车运动学模型揭示的是汽车在全局坐标系中的位移与汽车的车速、横摆角和前轮转角之间的关系。汽车运动学模型可以很好地解决智能汽车编队跟随控制问题，但由于模型复杂，计算量相对较大，增加了工程应用中可能存在的错误，而且运算过程中需要计算道路曲率的一、二阶导数，这无形中要求道路必须连续且平顺，在独立的智能汽车自主循迹控制中的应用较少。

（3）汽车动力学模型。汽车动力学模型以牛顿力学定律为基本原理，揭示的是汽车的受力与汽车各运动学变量之间的关系。汽车动力学模型易于理解，在应用时算法稍显复杂，其控制精度要高于汽车转向几何学模型和汽车运动学模型。但由于普遍使用的线性二自由度汽车模型在建模时进行了一定的线性化假设，汽车动力学模型在非线性区的控制精度较低。

2. 按控制理论分类

智能网联汽车自主循迹控制按其所使用的控制理论，可以分为经典控制理论、现代控制理论和智能控制理论。

（1）经典控制理论。经典控制理论提出的几种稳定性判据至今在智能网联汽车自主循迹控制中仍在广泛使用，奈奎斯特判据和伯德图是判断智能网联汽车自主循迹控制稳定性的重要方法。

（2）现代控制理论。现代控制理论是建立在状态空间法基础上的一种控制理论，系统辨识法、滑模变结构非线性法、最优控制等现代控制理论在智能网联汽车自主循迹控制中得到了广泛的应用。

（3）智能控制理论。智能控制理论在智能网联汽车自主循迹控制领域也取得了飞速的发展。模糊控制不依赖于对象的数学模型，而是通过输入、输出信息模仿人脑并利用先验知识进行模糊化推理,在智能网联汽车自主循迹控制方面有着广泛的应用前景;模糊神经网络控制将模糊控制(知识表达容易)和神经网络控制(自学习能力强)的优势结合起来,提高了整个控制系统的表达能力和学习能力,非常适于智能网联汽车在非线性区的自主循迹控制。

3. 按控制内容分类

智能网联汽车自主循迹控制按其控制内容,可以分为横向控制和纵向控制。

(1)横向控制。横向控制分为补偿跟踪控制和预瞄跟踪控制。补偿跟踪控制的输入是当前时刻汽车行驶的状态信息和道路信息之间的偏差,控制器根据输入的偏差进行补偿校正,计算出相应的转向盘转角;预瞄跟踪控制则是模拟驾驶人驾驶汽车时的预瞄原理,根据未来某一时刻汽车的期望位置和预计位置之间的差值进行控制。

(2)纵向控制。纵向控制常用于现代汽车的自适应巡航控制,其目的是使智能网联汽车在循迹时保持期望的既定车速,同时保持与前后车的距离处于安全标准之内。纵向控制归根结底是对汽车发动机(电动汽车是驱动电动机)和制动系统的控制。目前,在乘用车上应用比较成熟的自适应巡航控制、弯道速度控制和起步停车辅助等都属于纵向控制的范畴。

6.2 智能网联汽车自主循迹横向控制

智能网联汽车自主循迹横向控制是通过调整汽车的转向盘转角使汽车与期望轨迹之间的横向循迹误差最小,同时使汽车运动方向与期望轨迹切线方向之间的角度误差最小,在保证控制精度的前提下又要兼顾汽车的平顺性和舒适性。

6.2.1 汽车转向几何学模型横向控制

汽车转向几何学模型是智能网联汽车自主循迹控制中使用最早也是最广泛的汽车模型,可分为非预瞄和基于预瞄两种情况。

1. 非预瞄的汽车转向几何学模型横向控制

在建立汽车模型时,做以下假设。
(1)忽略汽车的转向系统,以前轮转角作为转向输入。
(2)忽略悬架,即忽略汽车的俯仰和侧倾运动。
(3)汽车纵向车速视为定值。
(4)轮胎处于线性区,汽车侧向加速度限定在 0.4g 以下。
(5)忽略地面切向力对轮胎的影响。

汽车转向几何学模型如图 6.3 所示。

汽车转向几何学模型的前轮转角与道路轨迹曲率半径之间的关系表示为

$$\tan\delta = L/R \tag{6-1}$$

式中,δ 为前轮转角;L 为汽车轴距;R 为期望轨迹的曲率半径。

不同的汽车自主循迹横向控制方法往往使用汽车不同位置处的横向循迹误差,非预瞄汽车转向几何学模型横向控制方法使用汽车前轮处的横向循迹误差。汽车前轮处的横向循迹误差与期望轨迹的关系如图 6.4 所示。

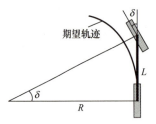

图 6.3 汽车转向几何学模型

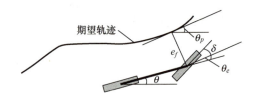

图 6.4 汽车前轮处的横向循迹误差与期望轨迹的关系

汽车前轮处的角度循迹误差为

$$\theta_e = \theta - \theta_p \tag{6-2}$$

式中，θ_e 为角度循迹误差；θ 为汽车横摆角；θ_p 为期望的汽车横摆角。

循迹控制器的目的是通过调整 δ 使 θ_e 和 e_f 都趋于 0，控制律设计为

$$\delta = \theta_e + \arctan(ke_f/v) \tag{6-3}$$

式中，k 为调整系数；e_f 为汽车前轮处的横向循迹误差；v 为车速。

2. 基于预瞄的汽车转向几何学模型横向控制

基于预瞄的汽车转向几何学模型横向控制研究的是当前汽车前轮转角 δ 与汽车前方 l_d 处某一点 (g_x, g_y) 处的期望轨迹之间的关系，该方法使用的是预瞄点处的横向循迹误差 e_p，如图 6.5 所示。

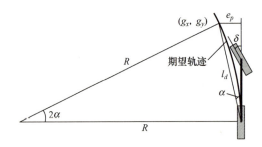

图 6.5 基于预瞄的汽车转向几何学模型

预瞄点 (g_x, g_y) 处的道路曲率半径 R 与预瞄距离 l_d 和 α 之间的关系可表示为

$$R = \frac{l_d}{2\sin\alpha} \tag{6-4}$$

期望的汽车前轮转角为

$$\delta = \arctan\frac{L}{R} = \arctan\frac{2L\sin\alpha}{l_d} \tag{6-5}$$

α 可用预瞄距离和预瞄点处的横向循迹误差来表示，即

$$\alpha = \arctan\frac{e_p}{l_d} \tag{6-6}$$

预瞄距离 l_d 的大小与汽车纵向速度有关，即

$$l_d = kv_x \tag{6-7}$$

式中，k 为调整系数；v_x 为汽车纵向速度。

汽车前轮转角为

$$\delta = \arctan\left(\frac{2Le_p}{k^2 v_x^2}\right) \qquad (6-8)$$

6.2.2 汽车运动学模型横向控制

汽车运动学模型揭示的是汽车在全局坐标系中的位移与汽车车速、横摆角和前轮转角之间的关系,如图 6.6 所示,图中 x 和 y 表示汽车后轮中心在全局坐标系中的坐标,x_f 和 y_f 表示汽车前轮中心在全局坐标系中的坐标。

汽车前后轮中心的坐标与汽车横摆角和前轮转角之间的关系可表示为

$$\begin{cases} \dot{x}_f \sin(\theta+\delta) - \dot{y}_f \cos(\theta+\delta) = 0 \\ \dot{x}\sin\theta - \dot{y}\cos\theta = 0 \end{cases} \qquad (6-9)$$

前轮中心的坐标可以用后轮中心的坐标和轴距表示为

$$\begin{cases} x_f = x + L\cos\theta \\ y_f = y + L\sin\theta \end{cases} \qquad (6-10)$$

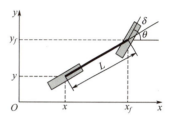

图 6.6 汽车运动学模型

将式 (6-10) 代入式 (6-9) 的第一个方程中,消去 x_f 和 y_f,可得

$$\dot{x}\sin(\theta+\delta) - \dot{y}\cos(\theta+\delta) - \dot{\theta}L\cos\delta = 0 \qquad (6-11)$$

根据式 (6-9) 的第二个方程可知后轮的约束条件,并将结果乘以 v_x,得

$$\begin{cases} \dot{x} = v_x\cos\theta \\ \dot{y} = v_x\sin\theta \end{cases} \qquad (6-12)$$

将式 (6-12) 代入式 (6-11),得

$$\dot{\theta} = \frac{v_x\tan\delta}{L} \qquad (6-13)$$

汽车运动学模型使用的是汽车后轮处的横向循迹误差 e_d,其与期望轨迹的关系如图 6.7 所示。

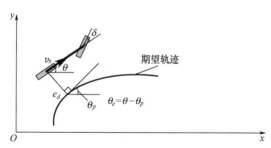

图 6.7 汽车后轮处的横向循迹误差与期望轨迹的关系

期望轨迹曲率 $\kappa(s)$ 可用期望汽车横摆角 θ_p 与汽车沿期望轨迹行程 s 表示为

$$\kappa(s) = \frac{\dot{\theta}_p(s)}{\dot{s}} \qquad (6-14)$$

$\dot{s}$ 和 $\dot{e}_d$ 与 v_x 的关系可以表示为

$$\begin{cases} \dot{s} = v_x\cos\theta_e + \dot{\theta}_p e_d \\ \dot{e}_d = v_x\sin\theta_e \end{cases} \qquad (6-15)$$

将式（6-15）所示的汽车运动学模型写成矩阵形式为

$$\begin{pmatrix} \dot{s} \\ \dot{e}_d \\ \dot{\theta}_e \\ \dot{\delta} \end{pmatrix} = \begin{pmatrix} \dfrac{\cos\theta_e}{1-e_d\kappa(s)} \\ \sin\theta_e \\ \dfrac{\tan\delta}{L} - \dfrac{\kappa(s)\cos\theta_e}{1-e_d\kappa(s)} \\ 0 \end{pmatrix} v_x + \begin{pmatrix} 0 \\ 0 \\ 0 \\ 1 \end{pmatrix} \dot{\delta} \qquad (6-16)$$

在进行汽车运动学模型控制器设计时，通常将其写成非完整约束系统的标准形式。一个有两个输入的非完整约束系统的标准形式表示为

$$\begin{cases} \dot{x}_1 = u_1(t) \\ \dot{x}_2 = u_2(t) \\ \dot{x}_3 = x_2 u_1(t) \\ \dot{x}_4 = x_3 u_1(t) \end{cases} \qquad (6-17)$$

式中，x_1、x_2、x_3 和 x_4 为控制系统的状态变量；$u_1(t)$、$u_2(t)$ 为控制系统的输入变量。

对式（6-16）中的四个状态变量进行变换，得

$$\begin{cases} x_1 = s \\ x_2 = -\dot{\kappa}(s) e_d \tan\theta_e - \kappa(s)[1-e_d\kappa(s)] \dfrac{1+\sin^2\theta_e}{\cos^2\theta_e} + \dfrac{[1-e_d\kappa(s)]^2 \tan\delta}{L\cos^3\theta_e} \\ x_3 = [1-e_d\kappa(s)]\tan\theta_e \\ x_4 = e_d \end{cases} \qquad (6-18)$$

对两个输入变量进行变换，得

$$\begin{cases} v = \dfrac{[1-e_d\kappa(s)]u_1(t)}{\cos\theta_e} \\ \dot{\delta} = \alpha_2[u_2(t) - \alpha_1 u_1(t)] \end{cases} \qquad (6-19)$$

α_1 和 α_2 表示为

$$\begin{cases} \alpha_1 = \dfrac{\partial x_2}{\partial s} + \dfrac{\partial x_2}{\partial e_d}[1-e_d\kappa(s)]\tan\theta_e + \dfrac{\partial x_2}{\partial \theta_e}\left(\dfrac{\tan\delta[1-e_d\kappa(s)]}{L\cos\theta_e} - \kappa(s)\right) \\ \alpha_2 = \dfrac{L\cos^3\theta_e \cos^2\delta}{[1-e_d\kappa(s)]^2} \end{cases} \qquad (6-20)$$

经过式（6-18）~式（6-20）的变换，式（6-16）可转换为式（6-17）所示的标准形式，此时控制器的目标是使 x_2、x_3 和 x_4 趋于 0。假定系统输入 $u_1(t)$ 为已知的，并且是与时间变量相关的函数，则式（6-17）可写为

$$\begin{cases} \dot{x}_1 = u_1(t) \\ \begin{pmatrix} \dot{x}_2 \\ \dot{x}_3 \\ \dot{x}_4 \end{pmatrix} = \begin{pmatrix} 0 & 0 & 0 \\ u_1(t) & 0 & 0 \\ 0 & u_1(t) & 0 \end{pmatrix} \begin{pmatrix} x_2 \\ x_3 \\ x_4 \end{pmatrix} + \begin{pmatrix} 1 \\ 0 \\ 0 \end{pmatrix} u_2(t) \end{cases} \qquad (6-21)$$

观察式（6-21），当 $u_1(t)$ 为连续有界的恒正或恒负函数时，系统是可控的。同时在这种条件下，x_1 为单调函数，状态变量 $x_2 \sim x_4$ 相对于时间的微分可用其相对于 x_1 的微分表示为

$$\begin{cases} \dfrac{\mathrm{d}}{\mathrm{d}t} = \dfrac{\mathrm{d}}{\mathrm{d}x_1}\dot{x}_1 = \dfrac{\mathrm{d}}{\mathrm{d}x_1}u_1 \\ \mathrm{sgn}(u_1)\dfrac{\mathrm{d}}{\mathrm{d}x_1} = \dfrac{1}{|u_1|}\dfrac{\mathrm{d}}{\mathrm{d}t} \end{cases} \quad (6-22)$$

定义 $x_i^{[j]} = \mathrm{sgn}(u_1)\dfrac{\mathrm{d}^j x_i}{\mathrm{d}x_1^j}$,$u_2' = \dfrac{u_2}{u_1}$,则 $x_2^{[1]}$、$x_3^{[1]}$ 和 $x_4^{[1]}$ 可表示为

$$\begin{cases} x_4^{[1]} = \mathrm{sgn}(u_1)x_3 \\ x_3^{[1]} = \mathrm{sgn}(u_1)x_2 \\ x_2^{[1]} = \mathrm{sgn}(u_1)u_2' \end{cases} \quad (6-23)$$

此时系统为线性非时变的,用 n 表示系统状态变量的个数,可将系统转换为

$$x_4^{[n-1]} = \mathrm{sgn}(u_1)^{n-1}u_2' \quad (6-24)$$

若使式(6-24)稳定,u_2' 需满足

$$u_2' = -\mathrm{sgn}(u_1)^{n-1}\sum_{i=1}^{n-1}k_i x_4^{[i-1]} \quad (6-25)$$

其中,$k_i > 0$ 可以满足赫尔维茨稳定性判据,系统的输入 u_2 设计为

$$u_2(x_2,x_3,x_4,t) = u_1(t)u_2' \quad (6-26)$$

对于连续有界的恒正或恒负输入 u_1,将式(6-23)和式(6-25)代入式(6-26),得

$$u_2(x_2,x_3,x_4,t) = -k_1|u_1(t)|x_4 - k_2 u_1(t)x_3 - k_3|u_1(t)|x_2 \quad (6-27)$$

取 $k_1 = k^3$,$k_2 = 3k^2$,$k_3 = 3k$,以保证系统的稳定性。

6.2.3 汽车动力学模型横向控制

1. 汽车动力学模型的建立

汽车动力学模型表征的是汽车的受力与汽车的速度、加速度及横摆角之间的关系,如图 6.8 所示。

将汽车的横向动力学和纵向动力学分开,仅研究汽车自主循迹横向控制,汽车侧向运动和横摆运动的动力学微分方程为

$$\begin{cases} F_{yf}\cos\delta - F_{xf}\sin\delta + F_{yr} = m(\dot{v}_y + v_x\omega) \\ l_f(F_{yf}\cos\delta - F_{xf}\sin\delta) - l_r F_{yr} = I_z\dot{\omega} \end{cases} \quad (6-28)$$

式中,F_{yf}、F_{yr} 分别为汽车前、后轮侧向力;F_{xf} 为汽车前轮纵向力;l_f、l_r 分别为汽车质心至前、后轴的距离;m 为汽车质量;v_y 为汽车横向速度;v_x 为汽车纵向速度;ω 为汽车横摆角速度;I_z 为汽车相对于 Z 轴的转动惯量。

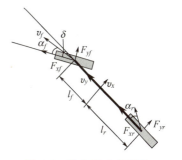

图 6.8 汽车动力学模型

前、后轮侧向力可用简化公式计算为

$$\begin{cases} F_{yf} = c_f\alpha_f = c_f\arctan\left(\dfrac{v_y + l_f\omega}{v_x}\right) - \delta \\ F_{yr} = c_r\alpha_r = c_r\arctan\left(\dfrac{v_y - l_r\omega}{v_x}\right) \end{cases} \quad (6-29)$$

式中，α_f、α_r 分别为汽车前、后轮侧偏角；c_f、c_r 分别为汽车前、后轮综合侧偏刚度。

将式（6-29）代入式（6-28），根据小角度假设理论得

$$\begin{pmatrix} \dot{v}_y \\ \dot{\omega} \end{pmatrix} = \begin{pmatrix} -\dfrac{c_f + c_r}{mv_x} & \dfrac{l_r c_r - l_f c_f}{mv_x} - v_x \\ \dfrac{l_r c_r - l_f c_f}{I_z v_x} & -\dfrac{l_f^2 c_f + l_r^2 c_r}{I_z v_x} \end{pmatrix} \begin{pmatrix} v_y \\ \omega \end{pmatrix} + \begin{pmatrix} \dfrac{c_f}{m} \\ \dfrac{l_f c_f}{I_z} \end{pmatrix} \delta \quad (6-30)$$

汽车动力学模型使用汽车质心处的横向循迹误差 e_{cg}，其与期望轨迹的关系如图 6.9 所示。

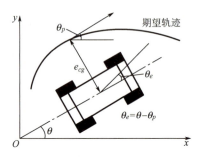

图 6.9　汽车质心处的横向循迹误差与期望轨迹的关系

由期望轨迹的曲率可求出汽车期望横摆角速度和期望侧向加速度，分别为

$$\begin{cases} \omega_s = \kappa(s) v_x \\ \dot{v}_{ys} = \kappa(s) v_x^2 \end{cases} \quad (6-31)$$

式中，ω_s 为汽车期望横摆角速度；$\kappa(s)$ 为期望轨迹的曲率；$\dot{v}_{ys}$ 为汽车期望侧向加速度。

当 θ_e 足够小时，汽车质心处的横向循迹误差 e_{cg} 和角度循迹误差 θ_e 满足

$$\begin{cases} \dot{e}_{cg} = v_y + v_x \theta_e \\ \dot{\theta}_e = \omega - \omega_s \end{cases} \quad (6-32)$$

假设 v_x 为固定值，即 $\dot{v}_x = 0$，式（6-32）两端求导，得

$$\begin{cases} \ddot{e}_{cg} = \dot{v}_y + v_x \dot{\theta}_e \\ \ddot{\theta}_e = \dot{\omega} - \dot{\omega}_s \end{cases} \quad (6-33)$$

将式（6-32）和式（6-33）代入式（6-30），消除 v_y 项和 ω 项，可得

$$\begin{cases} \ddot{e}_{cg} = \dfrac{-(c_f + c_r)}{mv_x}\dot{e}_{cg} + \dfrac{c_f + c_r}{m}\theta_e + \dfrac{l_r c_r - l_f c_f}{mv_x}\dot{\theta}_e + \left(\dfrac{l_r c_r - l_f c_f}{mv_x} - v_x\right)\omega_s + \dfrac{c_f}{m}\delta \\ \ddot{\theta}_e = \dfrac{l_r c_r - l_f c_f}{I_z v_x}\dot{e}_{cg} + \dfrac{l_r c_r - l_f c_f}{I_z}\theta_e - \dfrac{(l_f^2 c_f + l_r^2 c_r)}{I_z v_x}(\dot{\theta}_e + \omega_s) + \dfrac{l_f c_f}{I_z}\delta - \dot{\omega}_s \end{cases}$$

$$(6-34)$$

将式（6-34）写成状态方程的矩阵形式为

$$\begin{pmatrix} \dot{e}_{cg} \\ \ddot{e}_{cg} \\ \dot{\theta}_e \\ \ddot{\theta}_e \end{pmatrix} = \begin{pmatrix} 0 & 1 & 0 & 0 \\ 0 & -\dfrac{c_f + c_r}{mv_x} & \dfrac{c_f + c_r}{m} & \dfrac{l_f c_f - l_r c_r}{mv_x} \\ 0 & 0 & 0 & 1 \\ 0 & \dfrac{l_r c_r - l_f c_f}{I_z v_x} & \dfrac{l_r c_r - l_f c_f}{I_z} & -\dfrac{l_f^2 c_f + l_r^2 c_r}{I_z v_x} \end{pmatrix} \begin{pmatrix} e_{cg} \\ \dot{e}_{cg} \\ \theta_e \\ \dot{\theta}_e \end{pmatrix} +$$

$$\begin{pmatrix} 0 \\ \dfrac{c_f}{m} \\ 0 \\ \dfrac{l_f c_f}{I_z} \end{pmatrix} \delta + \begin{pmatrix} 0 \\ \dfrac{l_r c_r - l_f c_f}{m v_x} - v_x \\ 0 \\ -\dfrac{l_f^2 c_f + l_r^2 c_r}{I_z v_x} \end{pmatrix} \omega_s + \begin{pmatrix} 0 \\ 0 \\ 0 \\ -1 \end{pmatrix} \dot{\omega}_s \quad (6-35)$$

2. 汽车动力学模型最优 LQR 横向控制

为了表达方便，令 $\boldsymbol{x} = (e_{cg} \quad \dot{e}_{cg} \quad \theta_e \quad \dot{\theta}_e)^{\mathrm{T}}$，式（6-35）可简化为

$$\dot{\boldsymbol{x}} = \boldsymbol{A}\boldsymbol{x} + \boldsymbol{B}_1 \boldsymbol{\delta} + \boldsymbol{B}_2 \omega_s + \boldsymbol{B}_3 \dot{\omega}_s \quad (6-36)$$

由式（6-35）可知，$\dot{\omega}_s$ 项的大小仅对 $\ddot{\theta}_e$ 产生影响，而在汽车自主循迹横向控制时，更关注的是 e_{cg}、$\dot{e}_{cg}$、θ_e 和 $\dot{\theta}_e$ 的大小而不考虑 $\ddot{\theta}_e$ 的大小，故此处可以忽略 $\boldsymbol{B}_3 \dot{\omega}_s$ 项，此时系统表示为

$$\dot{\boldsymbol{x}} = \boldsymbol{A}\boldsymbol{x} + \boldsymbol{B}_1 \boldsymbol{\delta} + \boldsymbol{B}_2 \omega_s \quad (6-37)$$

系统控制律可以设计为

$$\boldsymbol{\delta} = -\boldsymbol{K}\boldsymbol{x} = -k_1 e_{cg} - k_2 \dot{e}_{cg} - k_3 \theta_e - k_4 \dot{\theta}_e \quad (6-38)$$

式中，$k_1 \sim k_4$ 为矩阵 $\boldsymbol{K}$ 的 4 个特征值。

为了获得期望的特征值，使用最优控制中的 LQR（liner quadratic regulator，线性二次型调节器）对闭环矩阵 $\boldsymbol{A} - \boldsymbol{B}_1 \boldsymbol{K}$ 的特征值进行计算。

设 $\boldsymbol{A}_d$ 和 $\boldsymbol{B}_d$ 为矩阵 $\boldsymbol{A}$ 和 $\boldsymbol{B}_1$ 的离散形式，则系统的最优前轮转角可表示为

$$\boldsymbol{\delta}(k) = -\boldsymbol{K}\boldsymbol{x}(k) \quad (6-39)$$

式中，$\boldsymbol{K} = (R + \boldsymbol{B}_d^{\mathrm{T}} \boldsymbol{P} \boldsymbol{B}_d)^{-1} \boldsymbol{B}_d^{\mathrm{T}} \boldsymbol{P} \boldsymbol{A}_d$，$R$ 为加权系数，矩阵 $\boldsymbol{P}$ 满足黎卡提方程

$$\boldsymbol{P} = \boldsymbol{A}_d^{\mathrm{T}} \boldsymbol{P} \boldsymbol{A}_d - \boldsymbol{A}_d^{\mathrm{T}} \boldsymbol{P} \boldsymbol{B}_d (R + \boldsymbol{B}_d^{\mathrm{T}} \boldsymbol{P} \boldsymbol{B}_d)^{-1} \boldsymbol{B}_d^{\mathrm{T}} \boldsymbol{P} \boldsymbol{A}_d + \boldsymbol{Q} \quad (6-40)$$

定义目标函数代价方程为

$$J = \sum_{k=0}^{\infty} \boldsymbol{x}^{\mathrm{T}}(k) \boldsymbol{Q} \boldsymbol{x}(k) + \boldsymbol{\delta}^{\mathrm{T}}(k) R \boldsymbol{\delta}(k) \quad (6-41)$$

为了方便对控制器进行调整，假定对角阵 $\boldsymbol{Q}$ 为

$$\boldsymbol{Q} = \mathrm{diag}([q_1, q_2, q_3, q_4]) \quad (6-42)$$

为了进一步简化计算，令 $R = 1$，矩阵 $\boldsymbol{Q}$ 中的对角线元素 $q_2 \sim q_4$ 满足

$$q_2 = q_3 = q_4 = 0 \quad (6-43)$$

求出最优解对应的矩阵 $\boldsymbol{K}$ 的四个特征值 $k_1 \sim k_4$，并通过式（6-38）可求得最优前轮转角。

3. 汽车动力学模型前馈最优 LQR 横向控制

将式（6-38）所示的控制律代入原系统状态方程式（6-37）中，可得系统的稳态反馈状态方程为

$$\dot{\boldsymbol{x}} = (\boldsymbol{A} - \boldsymbol{B}_1 \boldsymbol{K})\boldsymbol{x} + \boldsymbol{B}_2 \omega_s \quad (6-44)$$

汽车在固定曲率弯道循迹时，$\boldsymbol{B}_2 \omega_s$ 项是非 0 的，尽管可以通过 LQR 调节矩阵 $\boldsymbol{A} - \boldsymbol{B}_1 \boldsymbol{K}$

的特征值使系统渐进稳定,但系统的稳态循迹误差却不是收敛于 0 的。对此,在原始控制律的基础上增加一个前馈环节,使汽车自主循迹横向控制系统在固定曲率弯道循迹时可以保持渐进稳定,同时系统的稳态循迹误差收敛于 0。

存在前馈环节的控制律设计为

$$\boldsymbol{\delta} = -\boldsymbol{K}\boldsymbol{x} + \boldsymbol{\delta}_{FF} \tag{6-45}$$

式中,$\boldsymbol{\delta}_{FF}$ 为前馈环节提供的前轮转角。

将式 (6-45) 所示的控制律代入原系统状态方程式 (6-37) 中,可得此时稳态闭环系统的状态方程为

$$\dot{\boldsymbol{x}} = (\boldsymbol{A} - \boldsymbol{B}_1\boldsymbol{K})\boldsymbol{x} + \boldsymbol{B}_1\boldsymbol{\delta}_{FF} + \boldsymbol{B}_2\omega_s \tag{6-46}$$

设初始条件为 0,对式 (6-46) 进行拉普拉斯变换,结果为

$$\boldsymbol{X}(s) = [s\boldsymbol{I} - (\boldsymbol{A} - \boldsymbol{B}_1\boldsymbol{K})]^{-1}[\boldsymbol{B}_1 L(\delta_{FF}) + \boldsymbol{B}_2 L(\omega_s)] \tag{6-47}$$

式中,$L(\delta_{FF})$ 为 δ_{FF} 的拉普拉斯变换结果;$L(\omega_s)$ 为 ω_s 的拉普拉斯变换结果。

假设汽车以某一固定纵向速度 v_x 沿某一固定曲率的弯道行驶,则通过纵向速度 v_x 和道路的曲率半径 R_s 可以计算出期望汽车横摆角速度为

$$\omega_s = \frac{v_x}{R_s} \tag{6-48}$$

横摆角速度 ω_s 的拉普拉斯变换结果为

$$L(\omega_s) = \frac{v_x}{R_s s} \tag{6-49}$$

假定前馈环节 δ_{FF} 为某一固定值,则其拉普拉斯变换结果为

$$L(\delta_{FF}) = \frac{\delta_{FF}}{s} \tag{6-50}$$

根据终值定理,系统的稳态误差 $\boldsymbol{x}_{ss}$ 为

$$\boldsymbol{x}_{ss} = \lim_{s \to 0} s\boldsymbol{X}(s) = -(\boldsymbol{A} - \boldsymbol{B}_1\boldsymbol{K})^{-1}\left(\boldsymbol{B}_1\delta_{FF} + \boldsymbol{B}_2\frac{v_x}{R_s}\right) \tag{6-51}$$

将矩阵 $\boldsymbol{A}$、$\boldsymbol{B}_1$、$\boldsymbol{B}_2$ 和 $\boldsymbol{K}$ 代入式 (6-51),可得系统的稳态误差 $\boldsymbol{x}_{ss}$ 为

$$\boldsymbol{x}_{ss} = \begin{pmatrix} e_{cg\_ss} \\ \dot{e}_{cg\_ss} \\ \theta_{e\_ss} \\ \dot{\theta}_{e\_ss} \end{pmatrix} = \begin{pmatrix} -\frac{1}{k_1}\frac{mv_x^2}{R_s L}\left(\frac{l_r}{2c_f} - \frac{l_f}{2c_r} + \frac{l_f}{2c_r}k_3\right) - \frac{1}{k_1 R_s}(L - l_r k_3) + \frac{\delta_{FF}}{k_1} \\ 0 \\ \frac{1}{2R_s c_r L}(-2c_r l_f l_r - 2c_r l_r^2 + l_f m v_x^2) \\ 0 \end{pmatrix} \tag{6-52}$$

式中,e_{cg_ss} 为汽车横向循迹误差稳态值;θ_{e_ss} 为汽车角度循迹误差稳态值。

观察式 (6-52) 可知,通过选择合适的 δ_{FF} 可以使汽车横向循迹误差稳态值 e_{cg_ss} 趋于 0,但 δ_{FF} 无法影响汽车角度循迹误差稳态值 θ_{e_ss} 的大小。

θ_{e_ss} 表示为

$$\theta_{e\_ss} = -\frac{l_r}{R_s} + \frac{l_f}{2c_r L}\frac{mv_x^2}{R_s} \tag{6-53}$$

分析式 (6-52) 的第一项可知,若使 e_{cg} 的稳态值 e_{cg_ss} 趋于 0,则只需 δ_{FF} 满足

$$\delta_{FF} = \frac{mv_x^2}{R_s L}\left(\frac{l_r}{2c_f} - \frac{l_f}{2c_r} + \frac{l_f}{2c_r}k_3\right) + \frac{L}{R_s} - \frac{l_r}{R_s}k_3 \tag{6-54}$$

引入不足转向梯度系数 K_u，并令 $a_y = v_x^2/R_s$，则式（6-54）可以简化为

$$\delta_{FF} = \frac{L}{R_s} + K_u a_y - k_3 \left(\frac{l_r}{R_s} - \frac{l_f m v_x^2}{2 c_r R_s L} \right) \quad (6-55)$$

式中，a_y 为汽车侧向加速度。

不足转向梯度系数 K_u 表示为

$$K_u = \frac{l_r m}{2 c_f L} - \frac{l_f m}{2 c_r L} \quad (6-56)$$

将式（6-53）代入式（6-55），可得

$$\delta_{FF} = \frac{L}{R_s} + K_u a_y + k_3 \theta_{e\_ss} \quad (6-57)$$

利用最优 LQR 对此存在前馈环节的系统即式（6-46）进行求解，定义的目标函数代价方程、矩阵 Q 同式（6-41）和式（6-42）。

4. 汽车动力学模型基于预瞄的最优 LQR 横向控制

式（6-37）中的矩阵 A、B_1 和 B_2 均与汽车本身参数有关，将这三个矩阵重新标识为 A_v、B_{v1} 和 B_{v2}，其离散形式表示为 A_{vd}、B_{v1d} 和 B_{v2d}，则式（6-37）可转换为

$$x(k+1) = A_{vd} x(k) + B_{v1d} \delta(k) + B_{v2d} \omega_s(k) \quad (6-58)$$

在车身坐标系中，定义 t 时刻汽车前轴处的侧向误差为 y_{r0}，距离汽车 i 个采样时间步长处的侧向误差为 y_{ri}，如图 6.10 所示。取预瞄时间 t 为 1s，取采样时间 T 为 0.5s，在预瞄时间段内共有两个采样点，即 $i = 2$。

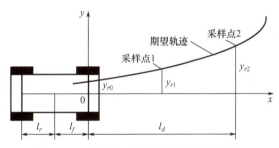

图 6.10 预瞄点在车身坐标系中的位置

取 $y_r = (y_{r0}, y_{r1}, y_{r2})^T$，则在离散状态下，$y_r$ 可表示为

$$y_r(k+1) = A_{rd} y_r(k) + B_{rd} y_{r2}(k+1) \quad (6-59)$$

式中，$y_{r2}(k+1)$ 为 $k+1$ 时刻采样点 2 处横向循迹误差。

矩阵 A_{rd} 和 B_{rd} 满足

$$A_{rd} = \begin{pmatrix} 0 & \text{eye}(2) \\ 0 & 0 \end{pmatrix}, B_{rd} = (0 \quad 0 \quad 1)^T \quad (6-60)$$

系统的状态方程可表示为

$$z(k+1) = A z(k) + B \delta(k) + E y_{r2}(k+1) + F \omega_s(k) \quad (6-61)$$

式中，$z(k+1) = (x(k+1) \quad y_r(k+1))^T$；$z(k) = (x(k) \quad y_r(k))^T$；$A = \text{diag}((A_{vd}, A_{rd}))$；$B = (B_{v1d} \quad 0)^T$；$E = (0 \quad B_{rd})^T$；$F = (B_{v2d} \quad 0)^T$。

令 $K = (R + B^T P B)^{-1} B^T P A$，控制律设计为

$$\boldsymbol{\delta}(k) = -\boldsymbol{Kz}(k) \tag{6-62}$$

目标函数代价方程同式（6-41）。

矩阵 $\boldsymbol{P}$ 满足黎卡提方程为

$$\boldsymbol{P} = \boldsymbol{A}^{\mathrm{T}}\boldsymbol{P}\boldsymbol{A} - \boldsymbol{A}^{\mathrm{T}}\boldsymbol{P}\boldsymbol{B}(\boldsymbol{R} + \boldsymbol{B}^{\mathrm{T}}\boldsymbol{P}\boldsymbol{B})^{-1}\boldsymbol{B}^{\mathrm{T}}\boldsymbol{P}\boldsymbol{A} + \boldsymbol{C}^{\mathrm{T}}\boldsymbol{Q}\boldsymbol{C} \tag{6-63}$$

其中，矩阵 $\boldsymbol{C}$ 满足

$$\boldsymbol{C} = \begin{pmatrix} 1 & 0 & 0 & 0 & -1 & 0 & 0 \\ 0 & 0 & 1 & 0 & -\dfrac{1}{v_x T} & \dfrac{1}{v_x T} & 0 \end{pmatrix} \tag{6-64}$$

6.2.4 汽车自主循迹横向控制仿真

1. 仿真试验环境

为了比较各种横向控制方法的性能，使用 Matlab/Simulink 和 Carsim 软件进行联合仿真。在相同试验条件下针对每一种横向控制方法分别进行双移线仿真试验和圆形弯道仿真试验，并将各种横向控制方法得出的汽车质心处的横向循迹误差进行对比。定义汽车质心位于道路轨迹左侧时误差为正，反之为负。

双移线仿真试验在汽车性能测试中经常使用，此处可以用来表征汽车自主循迹控制器在直线道路上遇到紧急弯道时的性能。由于存在两个方向相反的紧急弯道，还可以表征控制器对道路曲率变化的鲁棒性。双移线仿真试验的道路轨迹如图 6.11 所示。

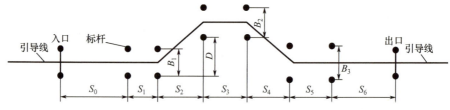

图 6.11 双移线仿真试验的道路轨迹

图 6.11 中，$S_0 = 50\mathrm{m}$；$S_1 = 15\mathrm{m}$；$S_2 = 30\mathrm{m}$；$S_3 = S_4 = 25\mathrm{m}$；$S_5 = 30\mathrm{m}$；$S_6 = 50\mathrm{m}$；变道距离 $D = 3.5\mathrm{m}$；标杆宽度 $B_1 = 1.1b + 0.25\mathrm{m}$，$b$ 表示车宽；标杆宽度 $B_2 = 1.2b + 0.25\mathrm{m}$；标杆宽度 $B_3 = 1.3b + 0.25\mathrm{m}$。

圆形弯道仿真试验的道路轨迹由一个固定曲率的圆形弯道组成，曲率半径为 152.4m，目的是表征汽车自主循迹控制器在某一固定曲率道路上的循迹效果，同时由于汽车最终处于一个稳定的状态，该试验还可以用来表征汽车自主循迹控制器稳态循迹误差的大小。在 Carsim 软件中分别建立双移线仿真试验和圆形弯道仿真试验的道路轨迹，如图 6.12 所示。

2. 六种自主循迹横向控制方法仿真

分别使用六种控制方法各自最优的调整系数，在 5m/s、10m/s、15m/s 和 20m/s 的车速下进行四组双移线仿真试验。此处对各控制方法得出的横向循迹误差的正负号进行处理，使不同控制方法在同一弯道处的横向循迹误差的符号一致，以方便比较和分析，处理后的汽车质心处的横向循迹误差如图 6.13 所示。

(a) 在Carsim中建立的双移线仿真试验的道路轨迹

(b) 在Carsim中建立的圆形弯道仿真试验的道路轨迹

图 6.12　在 Carsim 中建立的两种仿真试验的道路轨迹

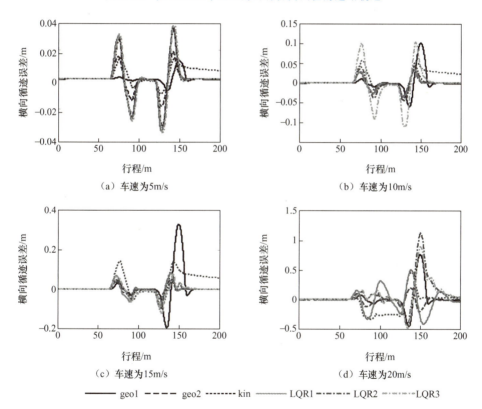

图 6.13　六种横向控制方法的双移线仿真试验汽车质心处的横向循迹误差

图 6.13 中，geo1 为非预瞄汽车转向几何学模型横向控制方法，geo2 为基于预瞄的汽车转向几何学模型横向控制方法，kin 为汽车运动学模型横向控制方法，LQR1 为汽车动力学模型最优 LQR 横向控制方法，LQR2 为汽车动力学模型前馈最优 LQR 横向控制方法，LQR3 为汽车动力学模型基于预瞄的最优 LQR 横向控制方法。

由图 6.13 可知，当车速为 5m/s 时，六种控制方法的双移线仿真试验横向循迹误差均在 ±0.04m 之间，当车速为 10m/s 时，横向循迹误差控制在 ±0.1m 之间，这说明六种横向控制方法在中低速时的循迹控制精度均比较高。随着车速的提高,三种汽车动力学模型LQR横向控制方法的优势越来越明显。当车速达到20m/s时,非预瞄汽车转向几何学模型、基于预瞄的汽车转向几何学模型及汽车运动学模型的横向循迹误差急剧增大。车速高时汽车系统表现出较强的非线性,导致三种汽车动力学模型LQR横向控制方法的控制精度也有不同程度的下降。

分别使用六种控制方法各自最优的调整系数,在5m/s、10m/s、15m/s和20m/s的车速下进行四组圆形弯道仿真试验,汽车质心处的横向循迹误差如图6.14所示。

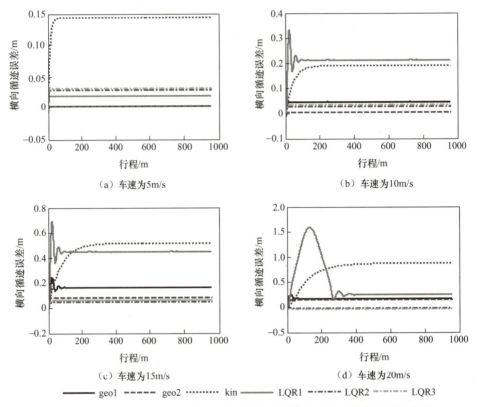

图6.14 六种横向控制方法的圆形弯道仿真试验汽车质心处的横向循迹误差

由图6.14可以得出与图6.13基本相同的结论,不同的是对于固定曲率弯道的循迹,即使是在高速时(如车速达到20m/s时),汽车动力学模型前馈最优LQR横向控制方法与汽车动力学模型基于预瞄的最优LQR横向控制方法的控制精度也比较高。

基于预瞄的汽车转向几何学模型的横向循迹误差随着车速的增大而逐渐增大,其稳态循迹误差也越来越明显,在连续弯道循迹时会出现转向不足的现象。非预瞄汽车转向几何学模型在大部分情况下的表现都超越了基于预瞄的汽车转向几何学模型,但由于缺少预瞄,其在大转角和大曲率变化率弯道循迹时的鲁棒性不如基于预瞄的汽车转向几何学模型。

汽车运动学模型比汽车转向几何学模型复杂,计算量大,增大了其在工程应用中可能存在的误差,在中等车速下其循迹精度和鲁棒性与非预瞄汽车转向几何学模型相当。由于在计算过程中需要计算道路曲率的一阶导数和二阶导数,这虽然变相地起到了预瞄的作用,但也额外增加了对道路结构的需求。

汽车动力学模型最优LQR横向控制方法易于理解和应用,但其调整过程复杂,必须通过最优控制方法求得矩阵 **K** 的特征值,由此带来大量的线下计算。汽车动力学模型前馈最优 LQR 横向控制方法进一步减小了稳态循迹误差,适于处理高速公路和一些规则的城市道路的循迹工况,在中低速时其稳态循迹误差趋于 0,这得益于前馈环节的补偿作用,但汽车动力学模型前馈最优 LQR 横向控制方法不适于处理大转向角循迹问题。汽车动力学模型基于预瞄的最优 LQR 横向控制方法通过预瞄提前感知前方道路的变化情况并采取措施来最小化横向循迹误差。

六种横向控制方法的特点见表 6-1,其中非预瞄几何学表示非预瞄汽车转向几何学模型横向控制方法,预瞄几何学表示基于预瞄的汽车转向几何学模型横向控制方法,运动学模型表示汽车运动学模型(光滑时变反馈)横向控制方法,最优 LQR 表示汽车动力学模型最优 LQR 横向控制方法,前馈 LQR 表示汽车动力学模型前馈最优 LQR 横向控制方法,预瞄 LQR 表示汽车动力学模型基于预瞄的最优 LQR 横向控制方法。

表 6-1 六种横向控制方法的特点

循迹方法	鲁棒性	道路要求	转向超调	稳态误差	适用场合
非预瞄几何学	一般	曲率连续	明显	大	低速、非连续弯道
预瞄几何学	良好	无	一般	大	低速大转向角
运动学模型	差	存在一阶、二阶导数	一般	大	低速、平顺道路
最优 LQR	差	曲率连续	明显	一般	中低速
前馈 LQR	差	曲率连续	明显	小	中低速、高速平顺
预瞄 LQR	一般	无	一般	一般	中低速、高速平顺

考虑到各种方法的复杂程度及在工程应用中的难易程度不同,在低速循迹时可以使用非预瞄汽车转向几何学模型横向控制方法或基于预瞄的汽车转向几何学模型横向控制方法,在中速循迹时可以使用汽车动力学模型前馈最优 LQR 横向控制方法或汽车动力学模型基于预瞄的最优 LQR 横向控制方法,在高速平顺道路循迹时可以使用汽车动力学模型基于预瞄的最优 LQR 横向控制方法,而在高速大转向角循迹时必须使用一种非线性控制方法对汽车动力学模型进行非线性补偿。

6.3 智能网联汽车自主循迹纵向控制

智能网联汽车的纵向控制是根据当前道路的曲率、障碍物等情况及汽车当前的车速、侧向加速度和纵向加速度等状态变量,计算出期望的汽车纵向速度。

6.3.1 汽车自主循迹常用的纵向控制模型

汽车纵向控制依据的模型主要有侧向加速模型、道路宽度和曲率模型、可容忍误差模型、循迹误差模型、数据拟合模型等。

1. 侧向加速度模型

侧向加速度模型有两种,一种是当车速较低时,纵向速度 v_x 与侧向加速度 a_y 的关系满足

$$a_y = \frac{v_x^2}{R} \tag{6-65}$$

式中，R 为期望轨迹的曲率半径。

另一种是用经验模型来表征侧向加速度相对于递减车速的关系，即

$$\frac{a_y}{a_{y\max}} = 1 - e^{\beta(v_0 - v_x)} \qquad (6-66)$$

式中，$a_{y\max}$ 为最大可忍受侧向加速度；$v_0 - v_x$ 为递减车速；β 为经验因子。

经验因子 β 的选择与驾驶习惯有关，大的 β 表示在汽车到达最大可忍受侧向加速度之前，倾向于以比较高的车速行驶；小的 β 表示在汽车到达最大可忍受侧向加速度之前，倾向于以比较低的车速行驶，以满足更加舒适的侧向加速度感受。

2. 道路宽度和曲率模型

道路宽度和曲率的纵向控制模型为

$$v_x = 20.9 - 0.578\kappa(s) + 0.681(W - 7.3) \qquad (6-67)$$

式中，$\kappa(s)$ 为道路曲率；W 为道路宽度。

还有一种指数模型为

$$v_x = v_0(1 - e^{-\zeta R}) \qquad (6-68)$$

式中，v_0 为期望最高车速；ζ 为经验系数；R 为道路曲率半径。

当道路曲率半径比较小即道路的曲率比较大时，期望汽车的纵向速度比较小；当道路曲率半径逐步增大即道路的曲率逐渐减小时，期望汽车的纵向速度逐步增大，并最终到达一个期望的最高车速。

3. 可容忍误差模型

可容忍误差指的是预防汽车超出道路边界所允许的最大误差，即

$$\lambda = (W - W_v)/2 \qquad (6-69)$$

式中，λ 为可容忍误差；W_v 为汽车宽度。

对于某一固定车型，W_v 可视作固定值，可容忍误差模型就变成了期望车速与道路宽度之间的关系模型。

汽车的纵向速度与道路的宽度之间是一种非线性关系，即

$$\frac{1}{v} = a + bT_d \qquad (6-70)$$

式中，a、b 为辨识系数；$T_d = \ln\left[\dfrac{2W_v}{W - W_v}\right]$ 定义为循迹困难度。

可容忍误差模型适于连续弯道的循迹控制任务，但没有考虑道路曲率对速度决策的影响。

4. 循迹误差模型

循迹误差模型是使用越线时间 T_{LC} 作为安全边缘的纵向控制。在进行车速选择时，T_{LC} 并不是一个固定值，最小的 T_{LC} 出现在汽车超越道路中线的瞬间，如图 6.15 所示。

假定由于转向盘转角误差而导致的汽车实际行驶轨迹的曲率半径误差 ΔR 与期望轨迹的曲率半径 R 之间是一种线性关系，即

$$\Delta R = \frac{k}{1+k}R \qquad (6-71)$$

式中，ΔR 为曲率半径误差；k 为待定系数。

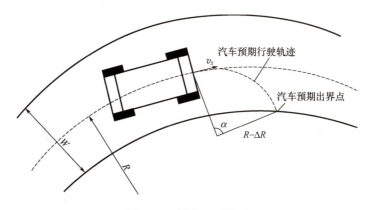

图 6.15 循迹误差模型

越线时间 T_{LC} 表示为

$$T_{LC} = \frac{\alpha(R - \Delta R)}{v_x} \quad (6-72)$$

转角 α 表示为

$$\alpha = \arccos\left[1 - \frac{W(2R - W/2)}{4\Delta R(R - \Delta R)}\right] \quad (6-73)$$

从图 6.15 可知，如果不改变汽车转向角，汽车将会以 $R - \Delta R$ 的曲率半径转过 α 角度并冲出车道边缘。$R - \Delta R$ 称为循迹误差，这种模型称为循迹误差模型。

5. 数据拟合模型

智能汽车自主循迹数据拟合纵向控制方法，最终的期望车速设计为

$$v_x = \omega_1 v_1 + \omega_2 v_2 + \omega_3 v_3 + \omega_4 v_4 \quad (6-74)$$

式中，v_1 为与汽车前方道路曲率 κ 相关的车速部分；v_2 为与汽车横向循迹误差 e_y 相关的车速部分；v_3 为与汽车侧向加速度 a_y 相关的车速部分；v_4 为与汽车纵向加速度 a_x 相关的车速部分；$\omega_1 \sim \omega_4$ 为权值系数。

6.3.2 汽车自主循迹模糊神经网络纵向控制

利用模糊神经网络的自学习和自调整能力弥补影响车速各变量的非线性和时变性，对汽车进行自主循迹纵向控制。

汽车自主循迹模糊神经网络的结构如图 6.16 所示。

神经网络结构共五层，分别为输入层、模糊化层、模糊推理层、去模糊化层和输出层。神经网络的输入变量为道路曲率的绝对值 $|\kappa|$、横向循迹误差的绝对值 $|e_y|$、汽车侧向加速度的绝对值 $|a_y|$ 及汽车纵向加速度 a_x。神经网络的输出为汽车纵向速度 v_x。

四个输入变量对应的模糊语言值变量均为五个——NB、NS、ZE、PS 和 PB，分别表示负大、负小、零、正小和正大。模糊规则设计为 R_n: IF x_i is A_i^j, then u is B_{ij}；$i=1\sim4$，$j=1\sim5$。其中 R_n 表示第 n 条模糊规则，x_i 表示第 i 个输入，A_i^j 表示第 i 个输入的第 j 个语言值变量，u 表示神经网络的模糊推理输出，B_{ij} 表示神经网络的模糊推理输出对应的语言值变量，模糊规则共有 5^4 条。

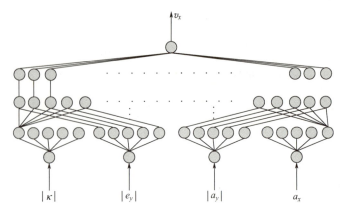

图 6.16　汽车自主循迹模糊神经网络的结构

考虑到不同的道路结构和行驶工况下，四个输入变量是复杂多变的，神经网络训练所需的样本应该能充分覆盖各种常见的行驶工况。通过实验室的驾驶模拟实验平台进行多组仿真道路实验，共采集到训练样本 5000 组，使用误差反向传播法对所建立的模糊神经网络进行训练，误差函数定义为

$$E_1 = \frac{1}{2}\sum_{i=1}^{m}(y_{di}-y_i)^2 \qquad (6-75)$$

式中，y_{di} 为样本期望输出；y_i 为神经网络实际输出；m 为样本个数。

四个输入变量的隶属度函数均选择高斯型，训练前后隶属度函数变化如图 6.17 所示。图中虚线代表训练前的隶属度函数，实线代表训练后的隶属度函数。

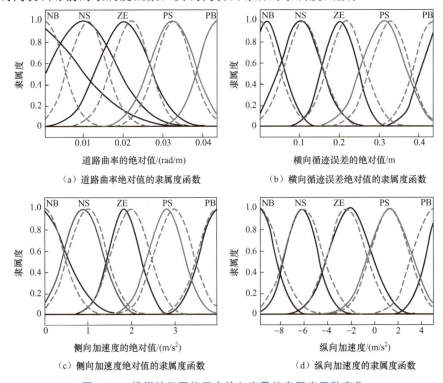

图 6.17　模糊神经网络四个输入变量的隶属度函数变化

图 6.17 反映了模糊神经网络训练前后的道路曲率绝对值、汽车横向循迹误差绝对值、汽车侧向加速度绝对值及汽车纵向加速度四个输入变量隶属度函数的变化,从训练前后隶属度函数的中心值和基宽值的变化情况可以直观地看出模糊神经网络的训练效果。

模糊推理曲面如图 6.18 所示。

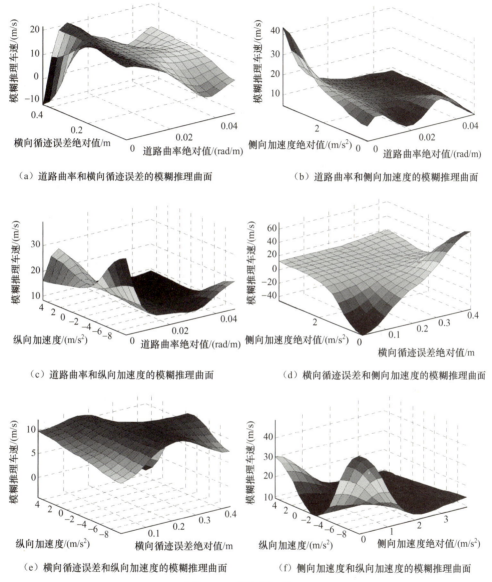

(a) 道路曲率和横向循迹误差的模糊推理曲面

(b) 道路曲率和侧向加速度的模糊推理曲面

(c) 道路曲率和纵向加速度的模糊推理曲面

(d) 横向循迹误差和侧向加速度的模糊推理曲面

(e) 横向循迹误差和纵向加速度的模糊推理曲面

(f) 侧向加速度和纵向加速度的模糊推理曲面

图 6.18 模糊推理曲面

图 6.18 所示的模糊推理曲面表征的是道路曲率绝对值、汽车横向循迹误差绝对值、汽车侧向加速度绝对值及汽车纵向加速度这四个输入变量中的任意两个与其模糊推理车速之间的关系。

模糊神经网络纵向控制方法输出的期望车速与训练样本的原始实验车速的对比如图 6.19 所示。

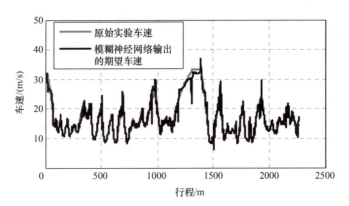

图 6.19　模糊神经网络纵向控制方法输出的期望车速与训练样本的原始实验车速的对比

由图 6.19 可知，智能汽车自主循迹模糊神经网络纵向控制方法输出的期望车速信号与原始实验车速信号有较高的一致性，说明该纵向控制方法的控制精度较高。

另外，还可以采用滑模变结构控制、最优控制、鲁棒控制、模糊控制等现代控制理论和智能控制理论对智能网联汽车进行纵向控制和横向控制。

思 考 题

1. 智能网联汽车自主循迹控制系统是如何分类的？
2. 智能网联汽车自主循迹横向控制有哪些方法？各有什么特点？
3. 智能网联汽车自主循迹纵向控制常用的模型有哪些？

第 7 章
智能网联汽车先进驾驶辅助技术

 教学目标

通过本章的学习,要求读者能够掌握智能网联汽车先进驾驶辅助系统的定义与类型,以及自主预警技术、自主控制技术和视野改善技术等。

 教学要求

知识要点	能力要求	相关知识
先进驾驶辅助系统的定义与类型	掌握智能网联汽车先进驾驶辅助系统的定义与类型	先进驾驶辅助系统
自主预警技术	掌握智能网联汽车前车防撞预警技术、车道偏离预警技术、盲区监测预警技术、驾驶人疲劳预警技术	前车防撞预警系统、车道偏离预警系统、盲区监测预警系统、驾驶人疲劳预警系统
自主控制技术	掌握智能网联汽车车道保持辅助技术、自动制动辅助技术、自适应巡航控制技术、自动泊车辅助技术	车道保持辅助系统、自动制动辅助系统、自适应巡航控制系统、自动泊车辅助技术
视野改善技术	掌握智能网联汽车自适应前照明技术、夜视辅助技术、平视显示技术	汽车自适应前照明系统、夜视辅助系统、平视显示系统

【导入案例】

随着汽车保有量的增加,如何降低交通事故发生率和事故死亡率已成为迫切需要解决的问

智能网联汽车技术概论

图 7.1 名爵 6 20T 自动 Trophy 超级运动互联网版汽车

题。解决该问题有效的方法之一就是配置先进驾驶辅助系统，提高汽车的行驶安全性，最大限度降低事故发生率和事故死亡率。图 7.1 所示是名爵 6 20T 自动 Trophy 超级运动互联网版汽车。该汽车搭载的主动驾驶辅助系统包括自适应巡航控制系统、自动制动辅助系统、前方避障预警系统、车道偏离预警系统、车速辅助控制系统、远近灯光辅助系统。

智能网联汽车有哪些先进驾驶辅助技术？有什么作用？通过本章的学习，读者可以得到答案。

7.1 先进驾驶辅助系统的定义与类型

7.1.1 先进驾驶辅助系统的定义

【汽车先进驾驶辅助系统】

先进驾驶辅助系统是利用环境感知技术采集汽车、驾驶人和周围环境的动态数据并进行分析处理，通过提醒驾驶人或执行器介入汽车操纵以实现驾驶安全性和舒适性的一系列技术的总称，如图 7.2 所示。

图 7.2 汽车先进驾驶辅助系统

7.1.2 先进驾驶辅助系统的类型

先进驾驶辅助系统按照环境感知系统的不同可以分为自主式和网联式两种。

1. 自主式先进驾驶辅助系统

自主式先进驾驶辅助系统基于车载传感器完成环境感知，依靠车载中央控制系统进行分析决策，技术比较成熟，多数已经装备量产车型。

自主式先进驾驶辅助系统按照功能可以分为自主预警类、自主控制类和视野改善类等。

（1）自主预警类。自主预警是指自动监测汽车可能发生的碰撞危险并提醒，从而防止发生危险或减轻事故伤害。自主预警类先进驾驶辅助系统主要有前车防撞预警系统、车道偏离预警系统、盲区监测预警系统、驾驶人疲劳预警系统等，见表7-1。

（2）自主控制类。自主控制是指自动监测汽车可能发生的碰撞危险并提醒，必要时系统会主动介入，从而防止发生危险或减轻事故伤害。自主控制类先进驾驶辅助系统主要有车道保持辅助系统、自动制动辅助系统、自适应巡航控制系统、自动泊车辅助系统等，见表7-2。

表 7-1 自主预警类先进驾驶辅助系统

系 统 名 称	图 示	功 能 介 绍	使 用 车 型
前车防撞预警系统		识别潜在的危险情况并通过提醒帮助驾驶人避免或减缓碰撞事故	日产楼兰，纳智捷大7
车道偏离预警系统	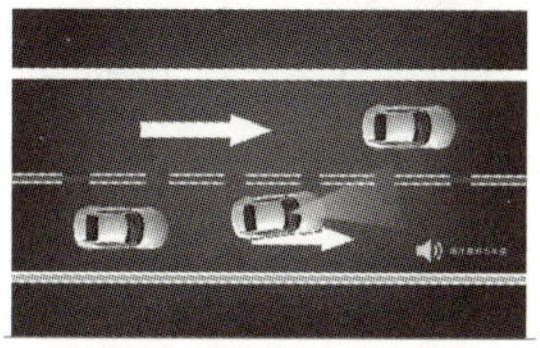	可能偏离车道时给予驾驶人提示，减少因车道偏离而发生的事故	现代胜达，陆风X7
盲区监测预警系统		检测盲区内行驶车辆或行人	沃尔沃XC60，奥迪Q5
驾驶人疲劳预警系统	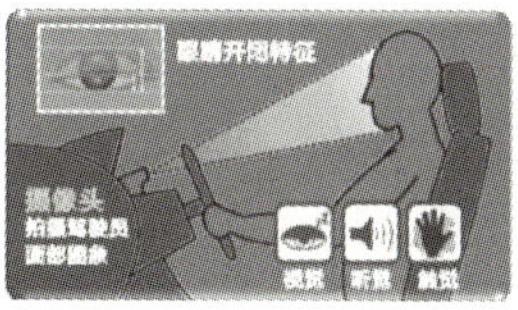	推断驾驶人的疲劳状态进行报警提示或采取相应措施	哈弗H9，大众途观

表 7-2 自主控制类先进驾驶辅助系统

系 统 名 称	图 示	功 能 介 绍	使 用 车 型
车道保持辅助系统		修正即将越过车道标线的汽车，使汽车保持在车道线内	奥迪Q3，吉普自由光

续表

系统名称	图示	功能介绍	使用车型
自动制动辅助系统		当汽车与前车处于危险距离时，主动产生制动效果使汽车减速或紧急停车，减少因距离过短而发生的事故	丰田汉兰达，日产逍客
自适应巡航控制系统		使汽车始终与前车保持安全距离	福特锐界，丰田汉兰达
自动泊车辅助系统		自动泊车入位	福特翼虎，日产奇骏

（3）视野改善类。视野改善是指提高汽车在视野较差环境下的行车安全。视野改善类先进驾驶辅助系统主要有汽车自适应前照明系统、汽车夜视辅助系统、汽车平视显示系统、全景泊车系统等，见表7-3。

表7-3 视野改善类先进驾驶辅助系统

系统名称	图示	功能介绍	使用车型
汽车自适应前照明系统		自动调节前照明系统的工作模式	丰田RAV4，沃尔沃XC60
汽车夜视辅助系统		晚上使用热成像呈现行人或动物	纳智捷优6，纳智捷大7
汽车平视显示系统		将汽车驾驶辅助信息、导航信息等以投影方式显示在前方，方便阅读	宝马7，大众辉昂
全景泊车系统		四周360°全景提示	哈弗H8，吉利豪情

2. 网联式先进驾驶辅助系统

网联式先进驾驶辅助系统基于车与外界的通信互联完成环境感知，依靠云端大数据进行分析决策，如汽车自动引导系统等，处于试验阶段。

网联式先进驾驶辅助系统的功能主要有交通拥挤提醒、闯红灯警示、弯道车速警示、停车标志间隙辅助、减速区警示、限速交通标志警示、现场天气信息警示、违反停车标志警示、违规穿过铁路警示、过大车警示等。警示不仅告知汽车和驾驶人违反安全，而且可以通过 V2V、V2I 警示附近的车辆，从而协助防止相撞，如有汽车在十字路口的死角闯红灯或违反停车标志时。

目前先进驾驶辅助系统主要以自主式为主，网联式还没有正式量产。自主式和网联式融合是智能网联汽车先进驾驶辅助系统的发展趋势，如图 7.3 所示。

图 7.3 自主式和网联式融合

7.2 自主预警技术

7.2.1 前车防撞预警技术

1. 前车防撞预警系统的定义

前车防撞预警（forward collision warning，FCW）系统能够通过雷达或视觉传感器来时刻监测前方汽车，判断自车与前车之间的距离、方位及相对速度，当存在潜在碰撞危险时对驾驶人进行警示。一般预警的方式有声音、视觉或触觉等，如图 7.4 所示。前车防撞预警系统本身一般不会采取任何制动措施去避免碰撞或控制汽车，但也有一些前方碰撞预警系统提供不同程度的制动功能。

2. 前车防撞预警系统的组成

前车防撞预警系统由信息采集单元、主控单元、显示单元和声光报警单元组成，如图 7.5 所示。其中，信息采集单元的主要作用是利用雷达、视觉传感器等采集自车信息及

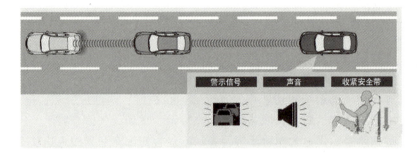

图 7.4 前车防撞预警系统

自车与前车的相对距离、相对速度等信息；主控单元是整个系统的大脑，它可以接收信息采集单元的信息并进行处理，评估潜在碰撞风险，确定发布预警的时刻；显示单元和声光报警单元执行相应功能，以适时、适当的方式提醒驾驶人采取规避措施。

图 7.5 前车防撞预警系统组成简图

3. 前车防撞预警系统的工作原理

前车防撞预警系统主要利用雷达、视觉传感器等进行监测。一般对自车行驶轨迹内的最近障碍汽车进行预警，并且不受在非自车行驶轨迹内的前方更近障碍物等的影响；在正确识别有效目标的基础上，结合自车当前行驶状况与有效目标运动情况进行决策分析；最终以适时、适当的方式提醒驾驶人采取规避措施。

前车防撞预警系统的工作原理如图 7.6 所示，**通过分析传感器获取的前方道路信息对前方车辆进行识别和跟踪，如果有汽车被识别出来，则对前方车距进行测量；同时利用车速估计，并根据安全车距预警模型判断追尾可能，一旦存在追尾危险，便根据预警规则及时给予驾驶人主动预警。**

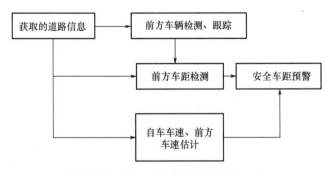

图 7.6 前车防撞预警系统的工作原理

具体来说，前车防撞预警系统的工作过程主要分为三部分，即前方车辆识别、前方车距检测、建立安全车距预警模型。

（1）前方车辆识别。车辆识别是前车防撞预警系统实施的前提，可以采用的传感器有单目视觉传感器、双目视觉传感器、毫米波雷达及多传感器融合等。目前，基于单目视觉灰度图像进行车辆识别的研究很广泛，所涉及的算法也较多，Mobileye公司采用的就是单目视觉方案。汽车检测一般是依靠汽车特征信息，如汽车形状、车高与车宽的比例等作为检测汽车边缘的约束条件，对图像进行边缘增强处理后获得一些包含汽车信息的水平和垂直边缘，从而对汽车进行检测。

单目视觉方案的算法简单、计算的实时性强，但其容易受到光照、阴影等外界环境因素的影响，使可靠性下降。双目视觉方案是近年来兴起的，直接模拟人类视觉处理景物的方式，从多个视点观察同一景物，获取在不同视角下的感知图像，但现有的双目视觉方案还不太成熟，研究热度远不如单目视觉方案。另外，为了突破单一传感器的局限性，采用多传感器信息融合技术也是当前研究的主流，常见的有视觉传感器与激光雷达的融合及视觉传感器与毫米波雷达的融合。多传感器的缺点除了成本高昂外，计算较复杂造成实时性差也是当前面临的主要困难。

车辆识别算法流程如图7.7所示。

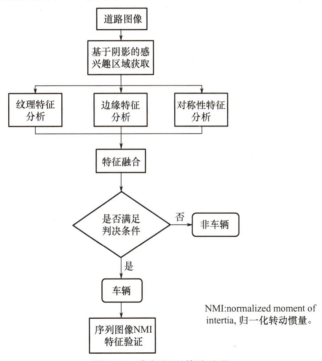

图 7.7 车辆识别算法流程

（2）前方车距检测。车距测量是前车防撞预警系统的重要组成部分，超声波传感器、毫米波雷达、激光雷达、视觉传感器都可以实现。超声波传感器摄像头测距原理简单、成本最低，但其测距精准性受室外温度影响大，衰减快，因此只适合短距离测距，主要用在倒车雷达上。实际应用中，常用的是毫米波雷达和视觉传感器。图7.8所示是毫米波雷达测距示意图。

相较于毫米波雷达，视觉传感器测距所需的算法比较复杂，通常有单目视觉传感器和双目视觉传感器两种。单目视觉传感器利用摄像机的焦距和事先确定的参数来估算车距，而双目视觉传感器利用视差的原理，通过对两幅图像进行计算机分析和处理，确定物体的

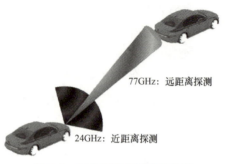

图 7.8 毫米波雷达测距示意图

三维坐标,可采用公垂线中点法计算出距离。鉴于视觉技术采集的信息量丰富,以及目前图像处理技术的巨大进步和计算能力已经能够保证图像处理的实时性要求,价格低廉的视觉方案成为理想的选择。如图 7.9 所示,对前方汽车的跟踪和测距都是动态进行的,如果前方汽车突然变道超车,前车防撞预警系统必须马上将跟踪汽车切换到新的目标上。

图 7.9 实际应用中的前车防撞预警系统

(3) 建立安全车距预警模型。在模型设计上,马自达模型、本田模型及伯克利模型是比较经典的安全车距模型,后续的很多模型是在其基础上进行改良的。

① 马自达模型。日本马自达公司研制开发的追尾碰撞避免系统的主要设计思路:在正常跟车行驶情况下,系统不工作。当自车非常接近前车车尾时,该系统发出追尾碰撞报警。在发出报警后,如果驾驶人没有采取制动减速措施,该系统便启动紧急制动装置,以避免发生追尾事故。该模型的本质是实时计算最小安全距离,从而对车速进行预警和控制。

马自达模型为

$$d_b = \frac{1}{2}\left(\frac{v_1^2}{a_1} - \frac{(v_1 + v_{rel})^2}{a_2}\right) + v_1\tau_1 - v_{rel}\tau_2 + d_0 \qquad (7-1)$$

式中,d_b 为制动距离;a_1 为自车的最大减速度(取 $6m/s^2$);a_2 为前车的最大减速度(取 $8m/s^2$);v_1 为自车车速;v_{rel} 为相对车速;τ_1 为驾驶人反应延长时间(取 0.15s);τ_2 为制动系统延迟时间(取 0.6s);d_0 为最小停车距离(取 5m)。

马自达公司用大量试验验证了该系统的可靠性。试验结果表明,该系统已具备以下主要功能:通过激光雷达对行车环境进行监测;判定汽车追尾碰撞的可能性;采用自动制动操作机构对汽车进行控制。

试验证明该模型在保护乘员安全、防止因驾驶人疏忽大意而造成车辆事故方面有明显效果。但是该模型假定前车随时都会以 $8m/s^2$ 的加速度突然制动,为试图避免这一极端危险情况,计算出的报警距离较大,导致系统频繁地报警。但在实际行车中前车突然制动的情况不多,频繁的报警反而容易使驾驶人麻痹大意,甚至影响驾驶人的正常操作。

② 本田模型。本田模型设定了两段距离,即报警距离和制动距离,采用两段式报警的方式。报警距离的设定是以实验数据为基础。报警距离和制动距离的表达式为

$$d_w = 6.2 - 2.2 \times (v_2 - v_1) \qquad (7-2)$$

$$d_b = \begin{cases} -v_{rel}\tau_2 + \tau_1\tau_2 a_1 - 0.5a_1\tau_1^2 & \dfrac{v_2}{a_2} \geqslant \tau_2 \\ v_1\tau_2 - 0.5a_1(\tau_2-\tau_1)^2 - \dfrac{v_2^2}{2a_2} & \dfrac{v_2}{a_2} < \tau_2 \end{cases} \quad (7-3)$$

式中，d_w 为报警距离；$a_1 = 7.8 \text{m/s}^2$；$a_2 = 7.8 \text{m/s}^2$；$\tau_1 = 0.5\text{s}$；$\tau_2 = 1.5\text{s}$。

本田模型采用两段式报警的方式，其对驾驶人的正常操作影响较小。该模型不能避免绝大多数的碰撞，只能降低碰撞的严重程度，一旦报警可能会引起驾驶人的极度恐慌，甚至会因恐惧而失去对汽车的控制。其准确性较低、不能实时反映行车路面情况，对驾驶人主观因素考虑不够。另外，该模型的建立以试验数据为基础，样本点选取的合适与否对模型影响较大。

③ 伯克利模型。伯克利模型也设置了两段距离，即报警距离和制动距离。报警距离是沿用马自达模型的安全距离值来设定的，并假定前车和自车最大减速度相等，表达式为

$$d_w = \dfrac{1}{2}\left(\dfrac{v_1^2}{a} - \dfrac{(v_1+v_{rel})^2}{a}\right) + v_1\tau_1 - v_{rel}\tau_2 + d_0 \quad (7-4)$$

式中，a 为自车和前车的最大减速度。

此模型制动报警是在两车相碰撞前的时刻报警，旨在减轻碰撞对驾驶人的损伤严重程度，即驾驶人听到报警时两车即将发生碰撞。

制动距离表达式为

$$d_b = -v_{rel}\tau_2 + 0.5a\tau_2^2 \quad (7-5)$$

该模型综合了马自达模型和本田模型的优点，建立了一个保守的报警距离和一个冒险的制动距离。报警预先给驾驶人一个危险提示，设定冒险的制动报警可以减少对驾驶人的干扰。而在各种运动状态下均采取同样的报警距离模式，不利于系统做出准确的安全/危险判断。此外，制动报警启动时两车即将相撞，实际上该算法的制动报警只能减轻碰撞后果而不能避免追尾碰撞。

4. 全工况的前车防撞预警系统报警模型

全工况的前车防撞预警系统报警模型适用性强，涵盖了可能发生追尾碰撞的所有工况。

图 7.10 所示是自车与前车的相对位置示意图。图中 X_1 为自车行驶的距离；X_2 为前车行驶的距离；D_0 为安全车距；D 为实际车距。

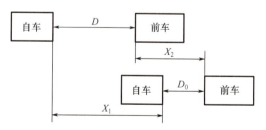

图 7.10　自车与前车的相对位置示意图

防撞报警距离为

$$D_w = X_1 + D_0 - X_2 \quad (7-6)$$

（1）前车静止或为障碍物工况。当前车处于静止状态时，$X_2 = 0$，X_1 则为自车由初始速度减速到停止滑行的距离。报警距离为

$$D_w = v_1\left(t_h + t_a + \frac{t_s}{2}\right) + \frac{v_1^2}{2a_1} + D_0 \qquad (7-7)$$

式中，v_1 为自车速度；t_h 为驾驶人反应时间；t_a 为制动协调时间；t_s 为制动减速度增长时间；a_1 为自车制动减速度。

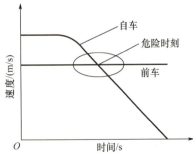

图 7.11 前车匀速运动时的速度-时间图

(2) 前车匀速或加速工况。在前车匀速或加速工况下，自车速度必须大于前车速度，才有可能发生碰撞。因此，两车间的最危险时刻是后车的速度减小至与前车同速时，如图 7.11 所示。如果在两车速度相等的时刻还没有发生碰撞事故，之后就不再可能发生碰撞事故了，因为最危险时刻以后，前车继续保持匀速或加速行驶，而后车仍在做减速运动，两车的间距将变得越来越大，因此只需保证两车速度相等时不发生碰撞，整个过程就能保证绝对安全。同时，为了保持谨慎报警车距，把前车加速工况的报警距离直接合并到前车匀速工况中，即两种工况共用前车匀速工况的报警距离。

从开始制动到完全停止，自车行驶的距离为

$$X_1 = v_1\left(t_h + t_a + \frac{t_s}{2}\right) + \frac{v_1^2 - v_2^2}{2a_1} \qquad (7-8)$$

式中，v_2 为前车速度。

前车行驶的距离为

$$X_2 = v_2\left(t_h + t_a + \frac{t_s}{2}\right) + \frac{v_2(v_1 - v_2)}{a_1} \qquad (7-9)$$

报警距离为

$$D_w = v_{rel}\left(t_h + t_a + \frac{t_s}{2}\right) + \frac{v_1^2 - v_2^2}{2a_1} - v_2\frac{v_{rel}}{a_1} + D_0 \qquad (7-10)$$

式中，v_{rel} 为相对车速。

(3) 前车减速工况。前车减速工况，可以分为三种情况：前车先停止，自车后停止；自车和前车同时停止；自车先停止，前车后停止。

① 前车先停止，自车后停止。该工况下，两车间的最危险时刻为自车停止的时刻，如图 7.12 所示。

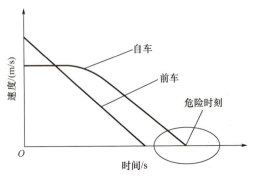

图 7.12 前车先停止时的速度-时间图

② 自车和前车同时停止。该工况下，两车间的最危险时刻为两车停止的时刻，如图7.13所示。

③ 自车先停止，前车后停止。该工况下，两车间的最危险时刻本应为自车减速到与前车速度相同的时刻，如图7.14所示。在能保证绝对安全的条件下，为简化计算，把最危险时刻确定为前车停止的时刻。

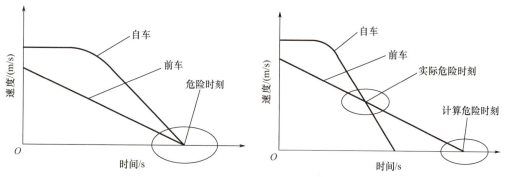

图7.13 两车同时停止时的速度-时间图　　图7.14 自车先停止时的速度-时间图

在这三种工况下，前车均制动至停止，自车也从某一速度采取制动至停止，所以，这三种工况在计算方法上均可简化为同一种。

在前车减速工况下，自车从开始制动到完全停下所驶过的距离为

$$X_1 = v_1\left(t_h + t_a + \frac{t_s}{2}\right) + \frac{v_1^2}{2a_1} \quad (7-11)$$

前车驶过的距离为

$$X_2 = \frac{v_2^2}{2a_2} + \frac{v_2}{2}t_s \quad (7-12)$$

报警距离为

$$D_w = v_1(t_h + t_a) + v_{rel}\frac{t_s}{2} + \frac{v_1^2}{2a_1} - \frac{v_2^2}{2a_2} + D_0 \quad (7-13)$$

模型中各参数按以下原则确定。

① a_1、a_2 值的确定。a_1、a_2 值的大小对防撞报警距离的计算有很大的影响。汽车制动减速度随轮胎类型、汽车的装载情况和路面附着条件的不同而不同。在实际的行车过程中，前车为主动制动，后车为被动制动，后车制动的减速度一般会大于前车制动的减速度。制动减速度主要取决于路面的附着系数，为了简化计算，同一路面上前后行驶的两辆车的减速度均按最大制动减速度选取，并且取相同的值：在干燥沥青/水泥路面，取 6.0m/s²；在潮湿沥青/水泥路面，取 5.0m/s²；在冰雪路面，取 3.0m/s²。

② t_h、t_a、t_s 值的确定。t_h 是驾驶人反应时间，驾驶人反应动作时间的准确性对系统模型非常重要，若反应时间选取过长，则提醒报警距离的计算值偏大，会造成过多的虚报警，使驾驶人对提示系统产生厌烦感；若反应时间选取过短，则会导致系统的安全保障能力下降，不能完全避免事故的发生。由于驾驶人个体年龄、性别、情绪和反应能力等生理及心理素质因人而异、因时而异，再加上车速、目标物的大小、状态等多种外在因素的影响，驾驶人反应时间是一个很不确定的值。大量实验资料表明，驾驶人反应时间一般为 0.6～1.0s。

t_a 是制动协调时间,与汽车采取的制动结构及制动方式有关,针对液压制动,取 0.1s。

t_s 是制动减速度增长时间,通常取 0.2s。

③ 安全车距 D_0 的确定。为了保证绝对安全,自车从采取制动至完全停车后,两车之间应保持一定的安全距离。安全车距选取得越大,系统的虚报率越高;安全车距选取得越小,系统的安全保障能力越小。安全车距 D_0 一般取 2~5m。

5. 前车防撞预警系统应用实例

前车防撞预警系统能够在车距过小时主动发出报警信息,能够较好地避免由于跟车距离过小而发生车辆追尾。在应用中,搭载前车防撞预警系统的车型较多,应用广泛,并通常与辅助制动系统共同工作,以免在预警不及时或预警未被驾驶人采纳的情况下发生追尾碰撞,提高了行车的安全性和舒适性。

对于汽车防撞系统的研究,最早起源于日本,并且在 1999 年,本田、丰田和日产三大整车企业便开始开发自己的前车防撞预警系统。其中,最早在车上装配该系统的是美版本田雅阁,当初称之为碰撞缓解制动系统,并一直在本田产品中沿用。

经过多年的发展,本田的碰撞缓解制动系统已经在雅阁、思域、锋范、UR-V、CR-V 等车型中装配,并将系统定义为一种预测碰撞、主动预防的安全技术系统。碰撞缓解制动系统可以实现对前方车辆、对象汽车和行人的预测。工作时主要通过微波雷达检测出对象物体的位置及速度,通过单目视觉传感器判断此物体的大小和形状,当与汽车和行人可能发生碰撞危险时,系统通过警示音和仪表板显示提醒驾驶人采取规避措施。当与前方汽车和行人更加接近时,系统实施轻微制动,以体感形式再次提醒驾驶人对汽车进行操作。当汽车进一步接近时,系统会实施强力制动,以辅助驾驶人规避碰撞及减轻伤害,具体工作过程如图 7.15 所示。

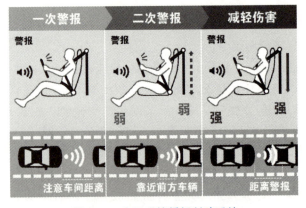

图 7.15 本田碰撞缓解制动系统

在国产品牌车型中,前车防撞预警系统已逐渐应用。吉利汽车将其称为城市预碰撞安全系统,已经搭载在帝豪 GL、帝豪 GS、博越、博瑞等车型中。该系统主要通过前保险杠下方的中距离毫米波雷达扫描前方路面,如图 7.16 所示。当前方汽车突然制动或减速而驾驶人并未及时做出反应时,城市预碰撞安全系统会主动提醒驾驶人制动或自动进行制动以避免碰撞发生。同时,在制动过程中系统会监测制动力与前车距离的关系,在制动不足的情况下进行辅助制动,最大限度地避免碰撞发生。

图 7.16　吉利汽车城市预碰撞安全系统

7.2.2　车道偏离预警技术

1. 车道偏离预警系统的定义

【车道偏离预警系统】

车道偏离预警系统(图 7.17)是汽车先进驾驶辅助系统的重要组成部分,根据前方道路环境和自车的位置关系,判断汽车偏离车道的行为并对驾驶人进行及时提醒,从而防止由于驾驶人疏忽造成的车道偏离事故的发生。车道偏离预警系统是一种汽车驾驶安全辅助系统,该系统旨在帮助驾驶人避免或减少车道偏离事故。它通过传感器获取前方道路信息,结合汽车自身的行驶状态及预警时间等相关参数,判断汽车是否有偏离当前所处车道的趋势。如果汽车即将发生偏离,并且在驾驶人没有开转向灯的情况下,则通过视觉、听觉或触觉的方式向驾驶人发出警报。

图 7.17　车道偏离预警系统

2. 车道偏离预警系统的组成

车道偏离预警系统主要由信息采集单元、电子控制单元和人机交互单元等组成,如图 7.18 所示。在该系统中,所有的信息均以数字信号的形式进行传递,通过汽车总线技术实现。

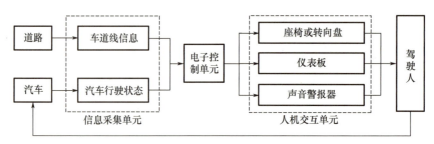

图 7.18　车道偏离预警系统组成

（1）信息采集单元。信息采集单元主要用于实现车道线信息和汽车自身行驶状态信息的采集。针对不同的道路条件和传感器类型，可采用不同的车道线检测方式，包括高精度地图定位、磁传感器定位、视觉传感器定位等，其中采用视觉传感器定位的方式应用较广泛。汽车自身行驶状态采集的信息主要包括车速、加速度、转向角等数据。在完成所有信息数据的采集后，信息采集单元需对数据进行模数转换，并传输给电子控制单元。

（2）电子控制单元。电子控制单元是整个系统的核心部分，需要对所有的数据进行集中处理。在处理车道线信息时，由于传感器存在测量误差，因此需要对其进行误差修正，最后综合判断汽车是否存在非正常偏离车道的现象，如果发生非正常偏离，就发出报警信息。

（3）人机交互单元。人机交互单元通过座椅或转向盘振动、仪表板显示、语音提示等一种或多种方式向驾驶人提示系统当前的状态，当存在车道偏移时，提醒驾驶人及时修正行驶方向，并可以根据偏移量的大小实现不同程度的预警效果。

3. 车道偏离预警系统的工作原理

车道偏移预警系统可以在行车的全程自动或手动开启，以监控汽车行驶的轨迹。当系统正常工作时，信息采集单元将采集车道线位置、车速、汽车转向角等信息，电子控制单元将所有的数据转换到统一的坐标系下进行分析处理，从而获得汽车在当前车道中的位置参数，并判定汽车是否发生非正常的车道偏离。当检测到在未开启转向灯的情况下，汽车距离当前车道线过近并有可能偏入邻近车道时，人机交互单元就会通过座椅或转向盘振动、仪表板显示、语音提示等方式发出警告，提醒驾驶人注意纠正这种无意识的车道偏离，及时回到当前行驶车道上，从而尽可能地减少车道偏离事故的发生。为了能够给驾驶人提供更多的反应时间和操控时间，车道偏离预警系统需要在偏离车道线之前做出提示。如果驾驶人打开转向灯，正常进行变道行驶，则车道偏离预警系统不会做出任何提示。

基于视觉传感器定位的车道偏离预警系统的工作原理如图 7.19 所示。该系统**使用车载摄像机对道路图像进行拍摄，并将获得的图像信息传输给车载电子控制单元，辨识并处理图像信息；根据识别到的车道标识线，判断汽车在这一时刻是否已经偏离正常的车道，若存在车道偏离现象，则发出警告，提醒驾驶人纠正偏离车道的汽车。**

4. 车道偏离预警算法

车道偏离预警算法是一种通过传感器检测车道线，并结合汽车位置信息和状态信息得到汽车与车道线之间的相对位置关系并对偏离状态进行判断的控制算法。目前，大部分研

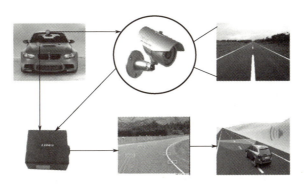

图 7.19　基于视觉传感器定位的车道偏离预警系统的工作原理

究均基于视觉传感器获得车道线信息，结合预警决策算法辨识汽车是否有偏离原车道的趋势。现在使用频率较高的偏离预警算法有汽车当前位置（car's current position，CCP）算法、跨道时间（time to lane crossing，TLC）算法、预瞄偏移量差异（future offset difference，FOD）算法、瞬时侧向位移算法、横向速度算法、边缘分布函数（edge distribution function，EDF）算法、预瞄轨迹偏离（time to trajectory divergence，TTD）算法，以及路边振动带（road rumble strips，RRS）算法等，其中汽车当前位置算法、跨道时间算法和预瞄偏移量差异算法的应用较广泛。

(1) 汽车当前位置算法。汽车当前位置算法根据汽车在所行驶的车道中的当前位置信息来判断偏离车道的程度，即通过车道线检测算法计算出汽车外侧与车道线的距离信息来判断是否预警。汽车当前位置算法示意图如图 7.20 所示。图中：L_l 为汽车左外侧至左车道线的距离；L_r 为汽车右外侧至右车道线的距离；L_t 为汽车中轴线至车道中轴线之间的距离；d 为车道宽度；b 为汽车宽度。

假设汽车中轴线平行于车道中轴线，则汽车左右外侧相对于左右车道线的距离分别为

$$L_r = \frac{d}{2} - \left(\frac{b}{2} - L_t\right)$$
$$L_l = \frac{d}{2} - \left(\frac{b}{2} + L_t\right)$$
(7-14)

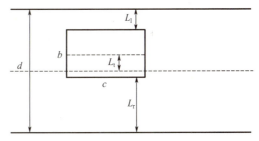

图 7.20　汽车当前位置算法示意图

当 $L_r > 0$ 且 $L_l > 0$ 时，表明汽车保持在行驶车道内，系统不需要预警；当 $L_r < 0$ 或 $L_l < 0$ 时，表明汽车偏离车道，系统发出预警提示。

汽车当前位置算法根据汽车所在车道中的相对位置来判断是否发生偏离，即根据汽车当前的实时位置进行判断，如果触发警告阈值距离设置过大，则会干扰驾驶人的正常驾驶；如果触发警告阈值距离设置过小，则发出警告后给驾驶人预留纠正驾驶行为的时间过短。另外，汽车当前位置算法在汽车中轴线和车道中轴线不平行时，预警效果不理想，并且该算法还用到了摄像机标定及图像重建等技术，增加了系统的复杂性，加大了系统的运算量。

(2) 跨道时间算法。跨道时间算法是根据汽车当前状态，假设未来偏离过程中车速和

航向角不变来预测未来汽车的轨迹，计算出汽车跨越两侧车道线所需的时间，利用该时间与设置的阈值 T 进行对比判断出汽车的偏离状态。利用车载传感器可获取当前汽车与车道中轴线的距离 L_t，当前位置汽车行驶偏差角为 θ_e。假设汽车行驶速度 v 的大小和方向保持不变，为计算出跨越时间 t，首先需要获取由当前位置驶出偏移方向同侧的车道边界的行驶距离 L。假设汽车未来行驶过程中航向与车道中轴线偏差角不变（实际高速公路为大曲率曲线，可近似满足此条件），车长为 c，车宽为 b，车道宽为 d。图 7.21 所示为跨道时间算法示意图。

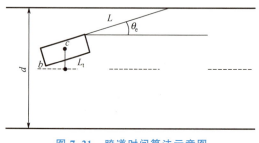

图 7.21 跨道时间算法示意图

实际高速行驶中 θ_e 较小，在计算汽车一侧距离车道线距离时可近似认为汽车与车道线平行，根据图 7.21 及车速 v，可计算出 L、t 分别为

$$L = \frac{\frac{d}{2} - L_t - \frac{b}{2}}{\sin\theta_e} \quad (7-15)$$

$$t = \frac{L}{v} \quad (7-16)$$

设跨道时间算法中确定的阈值为 T，当 $t \leqslant T$ 时，表示汽车驶出安全区域，车道偏离预警系统应向驾驶人发出警报。

跨道时间算法能够保证给驾驶人预留足够的反应时间来纠正驾驶行为，但是由于该算法一般假设汽车的速度在较短的时间内保持不变，而且没有考虑汽车航向角的变化，因此，该算法的误报率相对较高。

（3）预瞄偏移量差异算法。预瞄偏移量差异算法是在实际车道线处向外扩展一条虚拟车道线，如图 7.22 所示。该虚拟车道线是根据驾驶人在自然转向时的偏离习惯而设计的，目的是降低误报率。若驾驶人从未有过这种偏离习惯，则可将虚拟车道线与实际车道线重合。

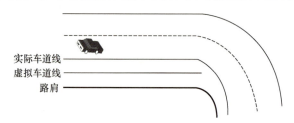

图 7.22 虚拟车道线与实际车道线

因此，预瞄偏移量差异算法可以根据驾驶人的驾驶习惯设定不同的预瞄时间 t 和预瞄位置偏移量阈值 D。预瞄偏移量差异算法示意图如图 7.23 所示。

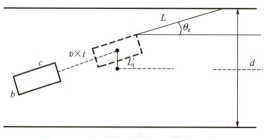

图 7.23 预瞄偏移量差异算法示意图

假设汽车航向角不变，行驶预瞄时间 t 后，计算汽车与偏移方向同侧的车道线间的横向偏差 L_d，计算公式为

$$\begin{cases} L'_t = v \times t \times \sin\theta_e + L_t \\ L_d = \dfrac{d}{2} - L'_t - \dfrac{b}{2} \end{cases} \quad (7-17)$$

当 $L_d \leqslant D$ 时，表示汽车驶出安全区域，车道偏离预警系统应向驾驶人发出警报。

预瞄偏移量差异算法的中心思想是根据汽车未来几秒的运动状态来判断是否发出车道偏离预警，其优点是误报率比较低，能给驾驶人留出足够时间采取适当措施避免交通事故的发生。

5. 基于单目视觉传感器定位的车道线识别

车道线识别是实现车道偏离预警功能的基础，实际应用中通过视觉传感器获取的彩色图像包含大量噪声，无法直接用于车道线的识别，需要先对采集到的图像进行预处理，包括灰度化、图像感兴趣区域确定、图像增强等。通过预处理得到较理想的灰度图像，再进行图像分割与边缘检测，完成车道线识别。

（1）采集原始图像。图像采集来源于某城市道路，单目视觉传感器拍摄的彩色原图像如图7.24所示。

（2）将彩色图像转换为灰度图像。将彩色图像导入Matlab中，对彩色图像进行灰度转换，减少车道识别过程中计算机的处理负荷。彩色原图像转换成的灰度图像如图7.25所示。

图7.24　单目视觉传感器拍摄的彩色原图像

图7.25　彩色原图像转换成的灰度图像

（3）图像感兴趣区域确定。完成图像色度转换后，对图像的感兴趣区域进行确定。原图像的像素数为1146×832，为降低干扰并提高算法的处理速度，设定感兴趣区域的像素数为1146×420，为原图像的偏下区域，如图7.26所示。

（4）图像增强。由于图像在采集、量化和传送等环节中均可能产生噪声，常见的噪声为高斯噪声和椒盐噪声，因此需要进行降噪。但由于目前视觉传感器的光学成像技术较先进，图像的噪声较小，因此在确定感兴趣区域后，可利用高斯滤波对噪声进行处理，滤波后的图像如图7.27所示。

（5）图像分割。完成图像降噪后，由于车道线和道路间的灰度差值较明显，需要进行图像分割，将灰度图像转换为二值图像。采用阈值分割方法中的最大类间方差法，阈值分割结果如图7.28所示。阈值分割可较清晰地分割出车道区域。

图 7.26　图像感兴趣区域确定

图 7.27　高斯滤波后的图像

图 7.28　最大类间方差法阈值分割结果

（6）边缘检测。利用 Prewitt 对图像进行边缘检测，完成边缘检测的结果如图 7.29 所示。

图 7.29　利用 Prewitt 完成边缘检测的结果

（7）车道线识别。采用 Hough 变换对尖端点边界形状进行检测，并结合直线车道边界模型，对车道线进行准确识别，最终检测得到的累加器和峰值点及车道线如图 7.30 和图 7.31 所示。

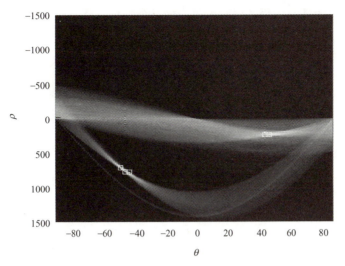

图 7.30 采用 Hough 变换检测得到的累加器和峰值点

图 7.31 检测得到的车道线

图 7.30 中用小方框标注的即为峰值点，共有五个，其中三个较接近，对应结果图中右侧较粗的车道线，另外两个对应左侧的车道线，对应的坐标表示检测出的直线的极坐标参数。图 7.31 中的白色表示车道线识别结果，较短的线段可通过在 Hough 变换中设定合适的直线段最小长度阈值进行滤除，该过程在 Matlab 中可用 MinLength 函数实现。

6. 车道偏离预警系统应用实例

车道偏离预警系统最初仅装配在较高档的汽车中，但是随着技术的发展，开始逐渐在所有车型上普及。但不同车型的开启方式不同，有些可在行车全程自动开启，有些需要手动开启，有些则需要在车速达到一定条件后才能自动开启。

日系车中车道偏离预警系统装车率较高。丰田推出的智行安全系统（规避碰撞辅助套装）中便包含车道偏离预警系统，装配在卡罗拉、凯美瑞等部分车型中。该系统主要使用位于驾驶室顶部的视觉传感器对车道线的信息进行提取，当出现车道偏离现象时，发出声音警报，如图 7.32 所示。

福特蒙迪欧轿车的一些车型中配备了车道偏离预警系统。该系统在每次汽车起动后便自动开启，驾驶人也可以选择手动关闭或再次开启。当驾驶人在未开启转向灯的情况下，系统判定驾驶人对于即将越过车道线的情况没有采取任何修正转向时，会在仪表板中发出提醒。蒙迪欧轿车的车道偏离预警系统按钮的位置如图7.33所示。

图7.32　丰田车道偏离预警系统

图7.33　蒙迪欧轿车的车道偏离预警系统按钮的位置

国产自主品牌车中也有配备有车道偏离预警系统的。吉利公司在博越汽车的部分车型中装配了车道偏离预警系统（图7.34）。系统在行车途中默认开启，也可以在中控屏幕中单击进行开启或关闭操作，并可以设置三种报警距离。视觉传感器安装在风窗玻璃后方，并实时监测前方车道线，当汽车出现非主动偏航时，及时警示驾驶人，避免发生危险。

图7.34　吉利博越汽车的车道偏离预警系统

车道偏离预警作为一种能够有效地规避驾驶事故的先进驾驶辅助技术，已经受到了汽车厂商的重视，随着传感器技术和智能算法的发展，将会在汽车上得到普遍的推广。

7.2.3 盲区监测预警技术

1. 盲区监测系统的定义

盲区监测（blind area monitoring，BAM）系统（图 7.35）也称汽 【盲区监测系统】
车并线辅助（lane change assist，LCA）系统，是汽车上的一款安全类的科技装置。它通过超声波传感器、视觉传感器、探测雷达等车载传感器检测视野盲区内有无来车，在左右两个后视镜内或其他地方提醒驾驶人后方盲区范围内有无来车，从而消除视线盲区，提高行车安全。

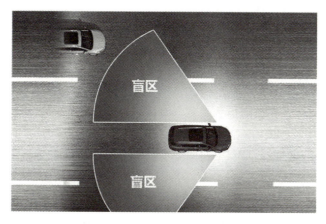

图 7.35 汽车盲区监测预警系统

目前上市的很多车型都有盲区监测的功能。汽车盲区监测除检测车辆以外，还应包括城市道路上汽车盲区内行人、骑行者的检测，以及高速公路弯道的检测与识别等。

2. 盲区监测系统的功能

汽车换道前，驾驶人需要观测周围的环境，预测对其他道路使用者可能造成的威胁。根据相关法规的要求，驾驶人有责任确保自车后方和侧方的安全。如果驾驶人注意力不集中或后视镜的角度调整不合适，很有可能注意不到视野盲区内的其他道路使用者，在这种情况下变道，很有可能引发交通事故。

此外，换道过程中错误地估计后方来车车速也是引发交通事故的主要因素，尤其是在高速公路上，驾驶人经常错误地判断距离较远但车速很快的后方来车的影响。这种情况下不仅会导致自车与后车相撞，而且由于后车车速较快，其跟随车来不及反应，极易引发连环追尾事故。

因此，汽车盲区监测系统应具备以下功能。

（1）当有车或行人进入驾驶人视野盲区时，盲区监测系统应给予驾驶人提醒。

（2）盲区监测系统应在驾驶人进行换道操作时对其进行辅助，监测其他车道上快速接近的后方来车，当驾驶人因对驾驶环境误判而可能做出危险驾驶行为时，盲区监测系统应发出警报。

（3）理想状态下，在任何路况、天气和交通环境下，盲区监测系统都能正常工作。

3. 盲区监测系统的要求

为了保证汽车的安全性，对盲区监测系统有以下要求。

（1）实时性。盲区监测系统是一种以预防为主的车载装置，需要及时发现盲区内潜在的危险并发出警告，这无疑要求系统必须具有良好的实时性。尤其在高速公路上，车速快，如何实现实时检测是一个技术难点。实时性是整个系统具有实用价值的前提。

（2）有效性和可靠性。系统的功能由其有效性来实现，同时需要一定的可靠性来保障。由于实际道路的复杂性、多样性，系统的有效性和可靠性受到挑战。骑行者作为非刚性物体，由于各种因素导致其外形在不断地变化，对检测的有效性造成干扰；车道线残缺、其他交通工具的遮挡及建筑或桥梁的遮挡等都会使弯道检测失真。

实时性要求对传感器获取的数据进行快速的分析和处理，这将对准确性有所影响，从而使整个检测过程更加困难。

4. 盲区监测系统的组成

盲区监测系统一般由信息采集单元、电子控制单元和预警显示单元等组成，如图7.36所示。

图 7.36 盲区监测系统的组成

（1）信息采集单元。信息采集单元利用车载传感器检测汽车盲区内是否有行人或其他行驶汽车，并把采集到的有用信息传输给电子控制单元，传感器有超声波传感器、视觉传感器、探测雷达等。后视镜盲区的信息采集单元一般采用毫米波雷达，A柱盲区的信息采集单元一般采用摄像头。

（2）电子控制单元。电子控制单元对采集到的信息进行分析、判断，向预警显示单元发送信息。

（3）预警显示单元。预警显示单元接收电子控制单元的信息，如果有危险，则发出预警显示，此时不可变道。

5. 盲区监测系统的原理

盲区监测系统通过安装在汽车尾部或侧方的传感器（视觉传感器、毫米波雷达等）检测后方来车或行人，电子控制单元对于传感器采集的信息进行分析、处理，如果盲区内有车或行人，预警显示单元则会通过发出报警声音或在后视镜中显示报警信息等方式来告知驾驶人。如果此时驾驶人没有注意到系统提醒，开启转向灯准备变道，预警显示单元会增加报警强度来警告驾驶人，避免交通事故的发生。

对于智能网联汽车，也可以采用V2V和V2I通信，告知驾驶人盲区内是否有车或行人。

6. 盲区监测系统的类型

汽车视野盲区可分为前盲区，两侧盲区（包括A柱盲区、B柱盲区和C柱盲区），后盲区和后视镜盲区,其中最容易引发交通事故的是 A 柱盲区和后视镜盲区。

(1) A 柱盲区监测。

A 柱盲区是最危险也是最常见的两侧视野盲区,由于驾驶人距离 A 柱较近,因此驾驶人在观察前方路况时,左侧 A 柱导致的视野盲区范围会比右侧 A 柱导致的视野盲区范围大,如图 7.37 所示。

在汽车左、右转向时,由于驾驶人的视线被 A 柱遮挡,会短时间内无法看清盲区内的障碍物或行人,如果驾驶人在转向时车速没有降到一定的范围内,则很容易造成重大交通事故。

立柱盲区是由车身构造引起的,目前从结构理论上还无法完全消除。为了看清 A 柱盲区的交通状况,驾驶人行车中必须向前探身观察路况,正常驾驶姿势被破坏,可能引起误操作,造成交通事故。因此,消除汽车 A 柱盲

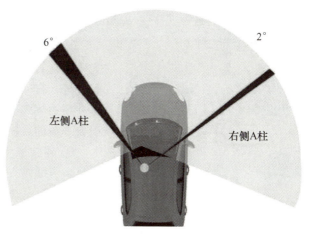

图 7.37　汽车 A 柱盲区

区隐患是每个汽车驾驶人的迫切需要。目前 A 柱盲区的消除问题主要有以下几种解决方案。

① 将 A 柱改成通透形式。将三角形的钢铁骨填充到树脂玻璃中,驾驶人可通过树脂玻璃观察外界,将 A 柱盲区降到最低。这种方法很大程度上减少了 A 柱盲区带来的安全隐患,但 A 柱盲区依然存在,同时汽车整体结构安全性降低。

② 双 A 柱设计。在 A 柱中间设计透明的三角窗,虽然该设计增加了驾驶人视野,A 柱盲区得以减小,但是仍会对驾驶人的视线产生影响。

③ 使用摄像头拍摄装置作为辅助驾驶系统。使用摄像头拍摄装置传递图像信息,在靠近 A 柱的平台上安装显示屏显示拍摄到的画面。这个角度与驾驶人驾驶时观察侧方事物的方向极为相似,具有开车时的真实感,通过这个方法被遮挡的那部分区域可以清晰地显示出来,遇到危险情况驾驶人可以提前做出反应。但是如果直接利用车载显示器实时显示道路信息,驾驶人不得不持续调整自己的注意力来查看屏幕,这样做不但会使驾驶人极易感到疲劳,而且会影响驾驶安全系数和乘坐的舒适性。

④ "透明 A 柱"技术。采用该技术的主要目的是提升汽车的安全性及智能化水平。此技术为 360°虚拟城市风挡,在该系统中,A、B、C 柱内表面带有显示屏,这些显示屏可以实时地显示那些安装在车身 A、B、C 柱对应盲区中的摄像头所拍下来的图像,同时提醒前方可能存在的目标(如车或行人)与汽车的距离。该技术通过无线传输可以与云端进行信息交换,如停车位、收费站、监控器等信号均可显示在 A 柱的显示屏上,因此被称为"透明 A 柱"技术。该技术具有人性化、舒适度高等优点,但是成本较高。

(2) 后视镜盲区监测。

汽车后视镜盲区主要是指汽车行驶时车身两侧及车内在后视镜可视范围之外的区域。驾

驶人通过汽车后视镜能观察到车身附近周围信息但也只是局限在一定的角度范围内，如果超过这个范围驾驶人就无法观测到周围汽车的行驶动态，如图7.38所示。从外部辅路并入主道的汽车，如果速度高而且切入内侧车道的角度过大，则很容易发生交通事故。在大雨天气、大雾天气、夜间光线昏暗时，更加难以看清后方车辆，此时变道就面临更大的危险。

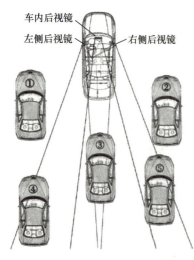

图7.38　汽车后视镜盲区

为了扩大后视镜观测范围，缩小盲区，可采用加装广角后视镜的方法。将广角后视镜安装在两侧后视镜边缘，这在很大程度上可减小后视镜的盲区范围。

后视镜盲区监测系统采用一定的侦测系统（声、光、电）对特定的后视镜盲区进行探测，一旦有车或行人进入盲区范围，系统就会及时以图像或声音或两者并用的方式提醒驾驶人，从而减小由于后视镜盲区引发事故的可能性。

① 驾驶视觉盲区信息系统。驾驶视觉盲区信息系统采用摄像头监视车身四周的视觉死角，从而减少驾驶人因视觉盲区而引发的意外。当车速超过10km/h时，视觉盲区信息系统自动启动，若在警示区域内出现移动物体，系统便会向驾驶人发出警示，驾驶人根据提示灯，注意其盲区的移动物体。驾驶人可通过中控台上的按钮关闭该系统。

驾驶视觉盲区信息系统在每侧车门后视镜上分别安装一个摄像头，该系统通过对比所拍摄的照片判断盲区内是否有移动的汽车。该系统可昼夜工作，不但能识别汽车和摩托车，对停靠的汽车、路障、路灯和其他静止物体也能够识别并进行相应的处理。但是由于该系统基于摄像技术原理，因此它有着与人眼相同的局限性，如光线强度、雨雪天气等都会对该系统造成影响。同时，该系统的成本也很高。

② 侧面盲区监测系统。侧面盲区监测系统利用嵌装在车尾一角的雷达进行检测，当车门后视镜至后方5m的相邻车道上有汽车时，车门后视镜上的警示灯便会亮起，提醒驾驶人有其他车进入了视觉死角区域。驾驶人能以开启与关闭的方式控制该系统是否工作。

该系统也有不足之处，其警示灯尺寸较小且很容易被阳光掩盖，以至于驾驶人不得不仔细盯着后视镜以辨别警示灯是否点亮。另外，它并不能总是监控整个区域内的情况，而且如果传感器沾上了水或灰尘等，则该系统将无法很好地工作。因此在一切正常的情况下，仍然可能出现预警漏报的情况。

③ 红外侧向监测系统。红外侧向监测系统借助红外扫描技术获得汽车侧面盲区的信息，可帮助驾驶人在变换车道时注意其侧面盲区中行驶的汽车，如果监测系统探测到有汽车驶入侧面盲区，则会在侧视镜上出现告警图标，即为驾驶人提供视觉化的警报。该系统比雷达便宜，而且体积较小，可以安装在侧视镜、尾灯或汽车侧挡板处。但因该系统采用的是红外探测，其受温度的影响较大。

后视镜盲区监测系统对提高汽车安全性，尤其是对于行驶在高速公路上的汽车，效果显著。除了上述几种盲区监测系统外，还可采用超声波探测方式来获得汽车侧面盲区的信息，其结构简单，造价便宜，但精度低，误报率比较大，还有待改进。

7. 盲区监测预警系统的应用实例

沃尔沃汽车的盲区监测预警系统如图 7.39 所示。位于外后视镜根部的摄像头会对距离 3m 宽、9.5m 长的一个扇形盲区进行每秒 25 帧的图像监控，如果有速度大于 10km/h 且与自车速度差为 20～70km/h 的移动物体（车或行人）进入该盲区，系统对比每帧图像，当系统认为目标进一步接近时，A 柱上的警示灯就会亮起，防止出现事故。沃尔沃汽车盲点信息监测系统在左右两个反光镜下面内置两个摄像头，将后方的盲区影响反馈到行车计算机的显示屏幕上，并在后视镜的支柱上有并线提醒灯提醒驾驶人注意，以此消除盲区。

图 7.39　沃尔沃汽车的盲区监测预警系统

7.2.4　驾驶人疲劳预警技术

1. 驾驶人疲劳预警系统的定义

驾驶人疲劳预警系统（图 7.40）是指驾驶人精神状态下滑或进入浅层睡眠时，系统会依据驾驶人精神状态指数分别给出视觉、听觉和触觉等警示，警告驾驶人已经进入疲劳状态，需要休息。其作用就是监视并提醒驾驶人自身的疲劳状态，减少驾驶人疲劳驾驶的潜在危害。

图 7.40　驾驶人疲劳预警系统

驾驶人疲劳预警系统也称防疲劳预警系统、疲劳识别系统、注意力警示辅助系统、驾驶人安全警告系统等。

2. 驾驶人疲劳预警系统的组成

驾驶人疲劳预警系统一般由信息采集单元、电子控制单元和预警显示单元等组成，如图 7.41 所示。

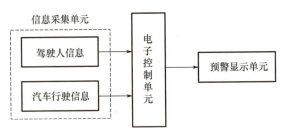

图 7.41 驾驶人疲劳预警系统的组成

(1) 信息采集单元。信息采集单元主要利用传感器采集驾驶人信息和汽车行驶信息，驾驶人信息包括驾驶人的面部特征、眼部信号、头部运动性等；汽车行驶信息包括转向盘转角、行驶速度、行驶轨迹等，这些信息的采集取决于系统的设计。

(2) 电子控制单元。电子控制单元接收信息采集单元传送的信号，进行运算分析，判断驾驶人的疲劳状态；如果经计算分析发现驾驶人处于一定的疲劳状态，则向预警显示单元发出信号。

(3) 预警显示单元。预警显示单元根据电子控制单元传递的信息，通过语音提示、振动提醒、电脉冲警示等方式对驾驶人疲劳进行预警。

3. 驾驶人疲劳的检测方法

驾驶人疲劳的检测方法主要有基于驾驶人自身特征（包括生理信号和生理反应）的检测方法、基于汽车行驶状态的检测方法和基于多特征信息融合的检测方法等。

(1) 基于驾驶人生理信号的检测方法。驾驶人在疲劳状态下，一些生理指标如脑电、心电、肌电、脉搏、呼吸等会偏离正常状态，因此，可以通过生理传感器检测驾驶人的这些生理指标来判断驾驶人是否处于疲劳状态。

① 脑电信号检测。脑电信号是人脑机能的宏观反映。利用脑电信号反映人体的疲劳状态，客观并且准确。脑电信号被誉为疲劳监测中的"金标准"。人在疲劳状态下，慢波增加，快波降低。利用脑电信号检测驾驶疲劳状况，判定的准确率较高，但是操作复杂且不适合车载实时监测。

② 心电信号检测。心电图指标主要包括心率及心率变异性等。其中，心率综合反映了人体的疲劳程度与任务和情绪的关系。心率变异性是心脏神经活动的紧张度和均衡度的综合体现。心电信号是判定驾驶疲劳的有效特征，准确度高。利用心电信号检测人体疲劳状况需要将电极与人体相接触，会给驾驶人的正常驾驶带来不便。

③ 肌电信号检测。通过肌电信号的分析，反映人体的疲劳程度。肌电图的频率随着疲劳的产生和疲劳程度的加深呈现下降趋势，而肌电图的幅值增大则表明疲劳程度增大。该检测比较简单，结论较明确。

④ 脉搏信号检测。人体精神状态不同，心脏活动和血液循环也会有差异，而人体脉搏波的形成依赖于心脏和血液循环，因此，利用脉搏波监测驾驶人的疲劳状态具有可行性。

⑤ 呼吸信号检测。人体疲劳状态的一个重要表现就是呼吸频率降低，呼吸变得平稳。在正常的驾驶过程中，驾驶人精神集中，呼吸的频率相对较高，如果驾驶期间与他人交

谈，呼吸波的频率会变得更高，同时呼吸的周期性变差。当驾驶人疲劳驾驶时，注意力集中程度降低，思维不活跃，此时呼吸变得平缓。因此，通过检测驾驶人的呼吸状况来判定疲劳驾驶也成为研究驾驶人疲劳预警系统的一个重要方面。

基于驾驶人生理信号的检测方法客观性强，准确性高，但与检测仪器有较大关系，而且都是接触式检测，会干扰驾驶人的正常操作，影响行车安全。另外，由于不同人的生理信号特征有所不同，并与心理活动关联较大，因此该检测方法在实际用于驾驶人疲劳检测时有很大的局限性。

（2）基于驾驶人生理反应特征的检测方法。基于驾驶人生理反应特征的检测方法一般采用非接触式检测途径，利用机器视觉技术检测驾驶人面部的生理反应特征（如眼睛特征、视线方向、嘴部状态、头部位置等）来判断驾驶人的疲劳状态。

① 眼睛特征检测。驾驶人眼球的运动和眨眼信息被认为是反映疲劳的重要特征，眨眼幅度、眨眼频率和平均闭合时间都可直接用于疲劳检测。目前被认为是最有应用前景的实时疲劳检测方法——PERCLOS（percent of eye closure，指在单位时间内眼睛闭合程度达到80%～100%时所占的时间比例）检测，指出PERCLOS的P80（单位时间内眼睛闭合程度超过80%的时间占总时间的百分比）与驾驶疲劳程度的相关性最好。为了提高疲劳检测的准确率，可以综合检测平均睁眼程度、最长闭眼时间的特征作为疲劳指标，以达到较高的疲劳检测准确率。通过眼睛特征检测驾驶人的疲劳程度，不会对驾驶人行为带来任何干扰，因此它成为这一领域现行研究的热点。

② 视线方向检测。把眼球中心与眼球表面亮点的连线定为驾驶人视线方向。正常状态下，驾驶人正视汽车运动前方，同时视线方向移动速度比较快；疲劳时，驾驶人视线方向的移动速度会变慢，表现出迟钝现象，并且视线轴会偏离正常的位置。通过摄像头获取眼睛的图像，对眼球建模，把视线是否偏离正常范围作为判别驾驶人是否疲劳的特征之一。

③ 嘴部状态检测。人在疲劳时往往有频繁的哈欠动作，如果检测到哈欠的频率超过一个预定的阈值，则判定驾驶人已处于疲劳状态。基于此原理，可以完成对驾驶人的疲劳检测。

④ 头部位置检测。在驾驶过程中，驾驶人正常和疲劳时其头部位置是不同的，可以利用驾驶人头部位置的变化检测疲劳程度。利用头部位置传感器，对驾驶人的头部位置进行实时跟踪，并且根据头部位置的变化规律判断驾驶人是否疲劳。

基于驾驶人生理反应特征的检测方法的优点是表征疲劳的特征直观、明显，可实现非接触测量；缺点是检测识别算法比较复杂，疲劳特征提取困难，而且检测结果受光线变化和个体生理状况的变化影响较大。

（3）基于汽车行驶状态的检测方法。基于汽车行驶状态的疲劳方法，不是从驾驶人本人出发去研究，而是从驾驶人对汽车的操控情况去间接判断驾驶人是否疲劳。该种检测方法主要利用CCD摄像头和车载传感器检测汽车行驶状态，间接推测驾驶人的疲劳状态。

① 基于转向盘的检测。基于转向盘的检测包括转向盘转角信号检测和转向盘力信号检测。

驾驶人疲劳时对汽车的控制能力下降，转向盘转角左右摆动的幅度会较大，然后在一段时间内其值没有明显变化，同时操纵转向盘的频率会下降。通过对转向盘转角的时域、频域和幅值域的分析，转向盘转角的方差或平方差可以作为疲劳驾驶的评价指标。通过检测驾驶人驾驶过程中转向盘的转角变化情况来检测驾驶人的疲劳情况是驾驶人疲劳预警系统研究的热点。这种方法数据准确，算法简单并且该信号与驾驶人的疲劳状况联系紧密。

驾驶人疲劳时，其对转向盘的握力逐渐减小。通过传感器实时检测驾驶人把握转向盘的力，通过一系列分析，判断驾驶人的疲劳程度。

驾驶人对转向盘的操纵特征能间接、实时地反映驾驶人的疲劳程度，具有可靠性高、无接触的优点，由于传感器技术的限制，其准确度有待提高。

② 汽车行驶速度检测。通过实时检测汽车的行驶速度，判断汽车是处于有效控制状态还是处于失控状态，从而间接判断驾驶人是否疲劳。

③ 车道偏离检测。驾驶人疲劳驾驶时，由于注意力分散，反应迟钝，汽车可能偏离车道。

基于汽车行驶状态的检测方法的优点是非接触检测，信号容易提取，不会对驾驶人造成干扰，以汽车的现有装置为基础，只需增加少量的硬件，具有很高的实用价值；缺点是受到汽车的具体型号、道路的具体情况和驾驶人的驾驶习惯、驾驶经验和驾驶条件等限制，目前此方法检测的准确性不高。

（4）基于多特征信息融合的检测方法。依据信息融合技术，将基于驾驶人生理信号、生理反应特征和汽车行驶状态相结合是理想的检测方法，大大降低了采用单一方法造成的误警或漏警现象。信息融合技术的应用，使疲劳检测技术得到更进一步的发展和提高，能客观、实时、快捷、准确地判断驾驶人的疲劳状态，避免疲劳驾驶所引起的交通事故，这是疲劳检测技术的发展方向。

4. 驾驶人疲劳预警系统的应用实例

某公司开发的防疲劳预警系统是基于驾驶人生理图像反应，利用驾驶人的面部特征、眼部信号、头部运动性等推断驾驶人的疲劳状态，并进行提示报警和采取相应措施的装置。该系统具备对环境的强抗干扰能力，对驾驶行车安全给予主动、智能的安全保障。

该系统主要由摄像头和图像处理控制单元两大模块组成，如图 7.42 所示。

（1）摄像头模块。摄像头模块主要由镜头、CMOS 图像传感器、近红外 LED 灯、图像信号采集电路及电源电路组成。CMOS 图像传感器将通过镜头的光信号转换为电信号，实时拍摄驾驶人的头、肩部姿态，并通过连接线将信号传输至图像处理控制单元进行处理。近红外 LED 灯在必要时点亮，进行补光，使系统无论是在白天还是夜晚都能正常工作。

（2）图像处理控制单元模块。图像处理控制单元模块主要由视频解码电路、运算单元、疲劳程度检测和报警信号输出单元、蜂鸣器组成。视频解码电路接收由摄像头模块发出的视频图像信号，解码后送入运算单元进行处理，如果经计算发现驾驶人处于一定的疲劳程度，则由报警单元驱动蜂鸣器进行报警。

随着汽车市场的发展，社会对生命关怀程度的加深，政府对交通安全的重视，技术的进一步成熟，硬件成本的逐渐降低，驾驶人疲劳检测产品越来越被企业和个人接受与应用，具备极佳的市场应用前景。

智能网联汽车先进驾驶辅助技术 第7章

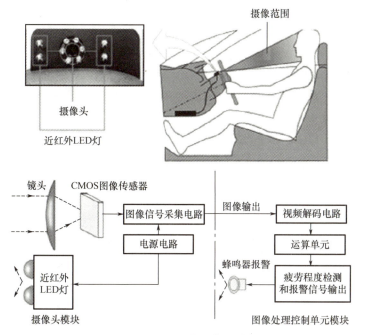

图 7.42 防疲劳预警系统

7.3 自主控制技术

7.3.1 车道保持辅助技术

1. 车道保持辅助系统的定义

车道保持辅助系统（lane keeping assist system，LKAS）是一种能够主动检测汽车行驶时的横向偏移，并对转向系统和制动系统进行协调控制的系统。车道保持辅助系统（图 7.43）是在车道偏离预警系统的基础上发展起来的，能够实现主动对车道偏离现象进行纠正，使汽车保持在预定的轨道上行驶，从而减轻驾驶人的负担，减少交通事故的发生。

【车道保持辅助系统】

图 7.43 车道保持辅助系统

2. 车道保持辅助系统的组成

车道保持辅助系统主要由信息采集单元、电子控制单元和执行单元等组成，如图 7.44 所示。在系统工作期间，驾驶人将会接收车道偏离的报警信息，并选择对转向系统和制动系统中的一项或多项动作进行控制，也可交由系统完全控制。系统中所有的信息均以数字信号的形式进行传递，通过汽车总线技术实现。

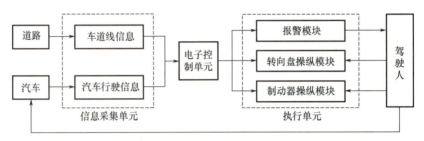

图 7.44　车道保持辅助系统的组成

（1）信息采集单元。信息采集单元在车道保持辅助系统中的功能与在车道偏离预警系统中的功能相似，主要通过传感器采集车道线信息和汽车行驶信息并发送给电子控制单元。

（2）电子控制单元。电子控制单元主要通过特定的算法对信息进行处理，并判断是否做出车道偏离修正的相应操作。电子控制单元的性能直接影响车道偏离修正的及时性，因此在选择中央处理器和设计控制算法时，要着重考虑运算能力和运算速度。

（3）执行单元。执行单元主要分为三部分，即报警模块、转向盘操纵模块和制动器操纵模块。其中，报警模块与车道偏离预警系统类似，通过转向盘或座椅振动、仪表板显示、声音警报中的一种或多种形式实现。转向盘操纵模块和制动器操纵模块是车道保持辅助系统特有的，其主要实现横向运动和纵向运动的协同控制，并保证汽车在车道保持辅助系统工作期间具有一定的行驶稳定性。

3. 车道保持辅助系统的工作原理

车道保持辅助系统可以在行车的全程或速度达到某一阈值后开启，并可以手动关闭，实时保持汽车的行驶轨迹。当系统正常工作时，信息采集单元通过车载传感器采集车速信号、转向盘转角信号及汽车速度信息，电子控制单元对信息进行处理，比较车道线和汽车的行驶方向，判断汽车是否偏离行驶车道。当汽车行驶可能偏离车道线时，发出报警信息；当汽车距离偏离侧车道线小于一定阈值或已经有车轮偏离出车道线时，电子控制单元计算出辅助操舵力和减速度，根据偏离的程度控制转向盘操纵模块和制动器操纵模块，施加操舵力和制动力使汽车稳定地回到正常轨道；若驾驶人打开转向灯，正常进行变线行驶，则系统不会做出任何提示。

车道保持辅助系统的工作过程如图 7.45 所示，在系统起作用时，将不同时刻的汽车行驶照片重叠后可以看出，图中后面起第二个车影已经偏离了行驶轨道，于是系统发出报警信息，第三个和第四个车影是系统主动进行车道偏离纠正的过程，在第五个车影时，汽车已经重新处于正确的行驶线路上，车道保持辅助系统完成了一个完整的工作周期。

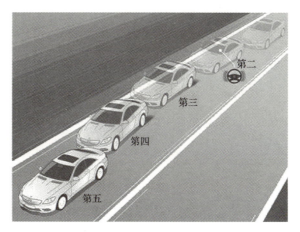

图 7.45　车道保持辅助系统的工作过程

4. 车道保持辅助系统的应用实例

车道保持辅助系统已经在较多车型中装配,不仅提高了行车的安全性,防止开车过程中注意力不集中造成的车道偏离,也使驾驶人养成了变道主动开启转向灯的习惯,否则车道保持辅助系统将会发出报警或产生较大的转向阻力矩。日系车中车道保持辅助系统的配置率较高,如日产、丰田、本田等品牌。

本田汽车公司对车道保持辅助系统有较深入的研究,已经在思域、CR-V等车型中运用,如图 7.46 所示。本田汽车的车道保持辅助系统主要通过单目摄像头识别车道两侧的行车线,并辅助施加转向盘转向操作,使汽车始终保持在车道中间行驶,大幅缓解高速行驶时的驾驶疲劳。

【车道保持
辅助系统仿真】

图 7.46　本田汽车的车道保持辅助系统

大众 CC 汽车也搭载了车道保持辅助系统,如图 7.47 所示。其原理是通过紧贴在前风窗玻璃上的数字式灰度摄像头实时拍摄前方道路的左右车道线,对其进行监控。拍摄到的图像由计算机转换为信息数据并进行处理,分析汽车是否行驶在车道线的中间,若汽车的偏移量超出了允许值便会向电动助力转向系统发出修舵动作指令,加以干预纠正。汽车便会自动回到两条车道线中间。如果遇到弯度较大的弯道且车道线清晰,汽车会自动沿着弯道转弯行驶。

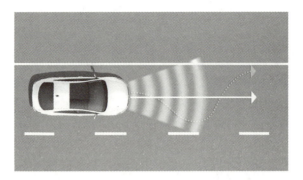

图 7.47 大众 CC 汽车的车道保持辅助系统

福特的部分车型也搭载了车道保持辅助系统，如图 7.48 所示。该系统主要采用 Gentex 公司出品的多功能摄影系统，核心架构为 Mobileye 公司的 EyeQ 视讯处理器。这个处理器可以处理摄像头所收集的信息，实现车道侦测、车辆侦测、行人侦测、前照灯控制等功能。

图 7.48 福特汽车的车道保持辅助系统

7.3.2 自动制动辅助技术

【自动制动辅助系统】

1. 汽车自动制动辅助系统的定义

汽车自动制动辅助（automatic braking assistance，ABA）系统（图 7.49）可以预知潜在的碰撞危险并及时通知驾驶人，而且在必要的情况下，此系统会自动控制制动踏板完成制动操作，以避免或减轻碰撞伤害。

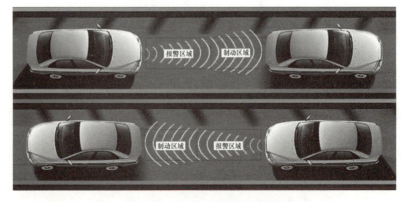

图 7.49 汽车自动制动辅助系统

全球主流的汽车厂商都有自己的预碰撞安全系统，不过各个厂商的叫法各不相同，功能的实现效果及技术细节也有所不同，如大众汽车的 Front Assist 预碰撞安全系统、沃尔沃汽车的 CWAB 系统、奔驰汽车的 Pre-safe 安全系统、斯巴鲁汽车的 Eye Sight 安全系统等。

2. 汽车自动制动辅助系统的组成

汽车自动制动辅助系统主要由行车环境信息采集单元、电子控制单元和执行单元等组成，如图 7.50 所示。

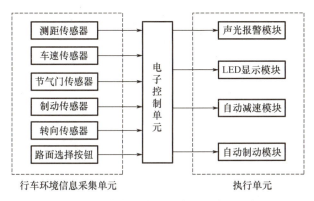

图 7.50　汽车自动制动辅助系统的组成

（1）行车环境信息采集单元。行车环境信息采集单元由测距传感器、车速传感器、节气门传感器、制动传感器、转向传感器、路面选择按钮等组成，对行车环境进行实时检测，得到相关行车信息。测距传感器用来检测自车与前方目标的相对距离及相对速度，常见的测距技术有超声波测距、毫米波雷达测距、激光测距、红外线测距和视频传感器测距等；车速传感器用来检测自车的速度；节气门传感器用来检测驾驶人在收到系统提醒报警后是否及时松开加速踏板，对自车实行减速措施；制动传感器用来检测驾驶人是否踩下制动踏板，对自车实行制动措施；转向传感器用来检测汽车是否正处于弯道路面行驶或处于超车状态，系统凭此来判断是否需要进行报警抑制；路面选择按钮是为了方便驾驶人对路面状况信息进行选择，从而方便系统对报警距离的计算。需要采集的信息因系统的不同而不同。所有采集到的信息都将被送往电子控制单元。

（2）电子控制单元。电子控制单元接收行车环境信息采集单元的检测信号后，综合收集到的数据信息，依照一定的算法程序对汽车行驶状况进行分析计算，判断汽车所适用的预警状态模型，同时对执行单元发出控制指令。

（3）执行单元。执行单元可以由多个模块组成，如声光报警模块、LED 显示模块、自动减速模块和自动制动模块等，根据系统的不同而不同。执行单元接收电子控制单元发出的指令，并执行相应的动作，达到预期的预警效果，实现相应的汽车制动功能。当系统检测到存在危险状况时，执行单元进行声光报警，提醒驾驶人；当发出提醒报警之后，如果驾驶人没有松开加速踏板，则系统会发出自动减速控制指令；在减速之后系统检测到危险仍然存在时，说明目前汽车行驶处于极度危险的状况，需要对汽车实施自动强制制动。

3. 汽车自动制动辅助系统的工作原理

汽车自动制动辅助系统采用测距传感器测出自车与前车或障碍物的距离，然后利用电子控制单元将测出的距离与报警距离、安全距离等进行比较，小于报警距离时就进行报警提示，而小于安全距离时即使驾驶人没有踩制动踏板，自动制动辅助系统也会启动，使汽车自动制动，从而为安全出行保驾护航。

图 7.51 所示为某汽车自动制动辅助系统的工作过程。

图 7.51　某汽车自动制动辅助系统的工作过程

4. 汽车自动制动辅助系统的类型

E-NCAP（the European new car assessment，欧洲新车评鉴协会）以多年来统计的事故数据作为依据，对汽车自动制动辅助系统提出三种应用类型，即城市专用自动制动辅助系统、高速公路专用自动制动辅助系统和行人保护专用自动制动辅助系统。

（1）城市专用自动制动辅助系统。城市交通事故大多发生在路口等待、交通拥堵等情况下，因为驾驶人注意力分散，忽视了自身的车速和与前车的距离，造成碰撞事故。城市道路驾驶的特点是速度慢，易发生不严重的碰撞。城市专用自动制动辅助系统可以监测前方路况与车辆移动情况，如果探测到潜在的风险，系统将采取预制动措施，提醒驾驶人风险的存在；如果在反应时间内未接到驾驶人的指令，则系统会自动制动来避免事故的发生。在任何时间点内，如果驾驶人采取了紧急制动或猛打转向盘等措施，该系统将停止工作。

马自达阿特兹汽车搭载的低速制动辅助系统属于城市专用自动制动辅助系统的一种。低速制动辅助系统能够在汽车低速行驶时主动侦测同前车的距离。当车速为 4~30km/h 时，低速制动辅助系统会自动开启，并判断自车与前车的距离，当监测到两辆车距离过近时，该系统会自动制动减速，避免或减轻伤害；当车速在 20km/h 以下时，会自动停车，避免追尾前车或减轻对前车的伤害。有权威数据显示，在大城市的车辆追尾、剐蹭事故中，有 70% 以上的事故发生在汽车中低速行驶时，特别是在拥堵路况上，汽车走走停停、驾驶人走神更是容易发生追尾和剐蹭事故。

(2) 高速公路专用自动制动辅助系统。在高速公路上发生的事故与城市交通事故相比，其特点不同。高速公路上的驾驶人可能由于疲劳驾驶，当意识到危险时车速过快无法控制汽车。为了保证这种行驶情况下的安全，自动制动辅助系统必须能用相应的控制策略来应对。系统在汽车高速行驶状态下工作，首先通过报警来提醒驾驶人潜在的危险。如果在反应时间内，驾驶人没有任何反应，警示系统将第二次启动，如突然的制动或安全带收紧，此时制动器将调至预制动状态；如果驾驶人依然没有反应，那么系统将会自动实施制动。

(3) 行人保护专用自动制动辅助系统（图 7.52）。除探测道路上的车辆外，还有一类自动制动辅助系统是用来检测行人和公路上其他弱势群体的。系统通过车上的一个前视摄像头传来图像，可以辨别出行人的图形和特征，通过计算相对运动的路径，以确定是否有撞击的危险。如果有危险，系统可以发出报警，并在安全距离内制动系统采用全制动使汽车停止。实际情况下预测行人行为是比较困难的，系统控制的算法也非常复杂。该系统需要在危险发生前更迅速地做出正确判断，更有效地做出响应，防止危险事态发生，同时也需要避免系统在特定情况下发生误触发。

图 7.52　行人保护专用自动制动辅助系统

5. 汽车自动制动辅助系统的测试方法

E-NCAP 根据自动制动辅助系统的工作形式不同，将其分为自动制动辅助加前碰撞预警（ABA+FCW）、单独自动制动辅助（ABA）及单独前碰撞预警（FCW）三种情况。E-NCAP 试验评价方法中将汽车自动辅助系统测试方法分为车与车工况（CCR）、车与行人工况（CP）。

车与车工况主要分为以下三种情况。

(1) 车与车后方接近静态试验（CCRs）。前方目标汽车静态下后方测试汽车接近状况。根据实际调查情况，车辆事故的第一种普遍情况是前车静态下发生的。根据系统分类和工作形式分类，定义测试流程和方法，试验速度参数见表 7-4，示意图如图 7.53 所示。

(2) 车与车后方接近移动试验（CCRm）。前方目标汽车匀速移动状态下后方测试汽车接近状况。根据实际调查情况，车辆事故的第二种情况是在前车匀速移动的状况下发生的。根据系统分类和工作形式分类，定义测试流程和方法，试验速度参数见表 7-5，示意图如图 7.54 所示。

表 7-4　车与车后方接近静态试验速度参数　　　　　　　　（单位：km/h）

工况	AEB+FCW		单独 AEB	单独 FCW
	AEB	FCW		
城市工况	10～50	—	10～50	—
郊区工况	—	30～80	30～80	30～80

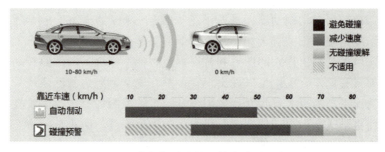

图 7.53　车与车后方接近静态试验示意图

表 7-5　车与车后方接近移动试验速度参数　　　　　　　　（单位：km/h）

AEB+FCW		单独 AEB	单独 FCW
AEB	FCW		
30～70	50～80	30～80	50～80

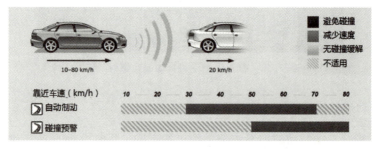

图 7.54　车与车后方接近移动试验示意图

（3）车与车后方接近制动试验（CCRb）。前方目标汽车匀速移动中突然制动状态下后方测试汽车接近状况。根据实际调查情况，车辆事故的第三种情况是在前车移动中突然制动的状况下发生的。根据系统分类和工作形式分类，定义测试流程和方法，试验速度参数见表 7-6，示意图如图 7.55 所示。

表 7-6　车与车后方接近制动试验速度参数

工况	两车间距	AEB+FCW、单独 AEB、单独 FCW	
		制动减速度 $2m/s^2$	制动减速度 $6m/s^2$
城市工况	12m	10～50km/h	10～50km/h
郊区工况	40m	30～80km/h	30～80km/h

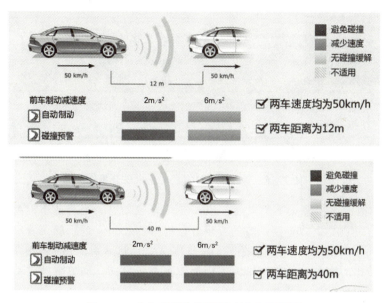

图 7.55　车与车后方接近制动试验示意图

以上三种测试方法是根据前方目标汽车的状态变化,后方测试汽车在不同车速下对自动制动辅助系统进行全面的性能测试。其中,车与车后方接近静态试验、移动试验根据表 7-4 和表 7-5 中提供的车速区间,从小到大用 5km/h 或 10km/h 的车速间隔进行试验。车与车后方接近制动试验则是在两车都以 50km/h 速度行驶,两车间距为 12m 和 40m 的情况下,前车模拟实际情况,分别进行 $2m/s^2$ 和 $6m/s^2$ 的减速度制动,以此来测试系统的性能。

车与行人工况(CP)主要分为以下三种情况。
(1) CP1。清晰状态下遇到行人从左侧人行道进入车道。
(2) CP2。隐蔽状态下遇到行人从左侧人行道进入车道。
(3) CP3。清晰状态下遇到行人从右侧人行道快步进入车道。

美国、日本等国家已纷纷将自动制动辅助纳入新车安全性评价项目中,为自动驾驶和无人驾驶打下铺垫。

6. 汽车自动制动辅助系统的应用实例

斯巴鲁汽车的 Eye Sight 安全系统(图 7.56)主要通过前风窗玻璃的两个立体摄像头模拟人类的立体视觉,来侦测汽车前方的路口,侦测范围为 79m,可以识别汽车、行人、摩托车。

斯巴鲁汽车的 Eye Sight 安全系统在前后车速不同的情况下采取不一样的措施。当车速差低于 30km/h 时,系统能识别车辆、行人的路径,如检测到危险,驾驶人没有及时制动,系统可以自动协助制动,甚至完全把车制动停止,避免发生碰撞。而在一些越野路段,可以将系统关闭。而当车速差在 30km/h 以上时,系统不会采取使汽车制动停止的方式而是采取适当减速的方式,以最大限度降低碰撞速度。

沃尔沃汽车的 CWAB 系统(图 7.57)以雷达、摄像头同时探测,雷达负责探测汽车

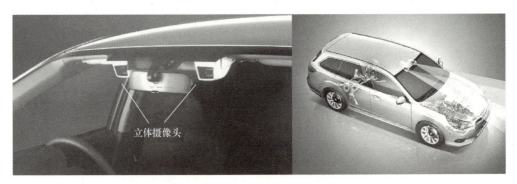

图 7.56　斯巴鲁汽车的 Eye Sight 安全系统

前方 150m 内的范围，摄像头则负责前方 55m 内的车辆动态。当与前车距离过近或路中间有行人时，会通过点亮类似于制动灯的警示灯，提醒驾驶人注意。如果发出报警后碰撞的风险仍然在增加，制动支持功能被激活。制动片响应时间缩短，预充液压增强制动压力，确保驾驶人在没用力踩制动踏板的情况下也能实现有效制动。如果驾驶人没有实施制动而系统预见碰撞即将发生，制动器将被激活，自动采取制动措施。

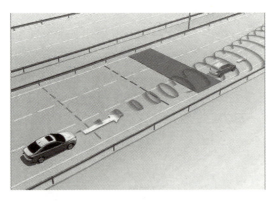

图 7.57　沃尔汽车的沃 CWAB 系统

除了 CWAB 系统外，沃尔沃公司还研发了城市安全系统与之相配合。该系统在车速 30km/h 以下时启动，自动探测前方 10m 内是否有静止或移动中的汽车。如果前车突然制动，而驾驶人对系统发出的报警未采取任何行动，则汽车会自动制动。当两车的相对速度差低于 15km/h 时，该系统启动后可以使汽车自动制动停止，避免碰撞的发生。当两车的相对速度差在 15～30km/h 时，该系统可在碰撞发生前将车速降至最低，最大限度地减少自车与前车乘员及汽车因碰撞而产生的损伤。

随着汽车安全技术涉及的范围越来越广、越来越细，现代汽车正朝着更加智能化、自动化和信息化的机动一体化方向发展。汽车自动制动辅助系统应和其他控制系统相结合，采用智能型传感器、快速响应的执行器、高性能电控单元、先进的控制策略、无线通信等技术以提高汽车的主动安全性，使汽车从被动防撞减少伤害向主动避撞减少事故的方向发展。

7.3.3　自适应巡航控制技术

1. 汽车自适应巡航控制系统的定义

汽车自适应巡航控制（adaptive cruise control，ACC）系统（图 7.58）是在定速巡航控制系统基础上发展起来的新一代汽车先进驾驶辅助系统。该系统在工作过程中，通过安装在汽车前部的车距传感器持续扫描汽车前方的行驶车辆或道路，采集车距信息，并结合轮速传感器采集的自身车速信息，综合对汽车的纵向速度进行控制。当自车与前车之间的距离不在安全车距范围时，电子控制单元通过与制动系统、发动机控制系统协调动作，改变制动力矩和发动机输出功率，对汽车的行驶速度进行控制，使汽车在一定的限速范围内与前车始终保持安全行驶，避免追尾事故的发生，同时提高通行效率。如果自车前方没有汽车，则自车按设定的车速巡航行驶。

图 7.58　汽车自适应巡航控制系统

对于电动汽车，发动机更换为驱动电动机，通过改变制动力矩和驱动电动机的输出功率，控制电动汽车的行驶速度。

自适应巡航控制系统在控制汽车制动时，通常会将制动减速度限制在不影响乘坐舒适性的范围内；当需要更大的减速度时，自适应巡航控制系统会发出预警信号通知驾驶人主动采取制动操作。当自车与前车之间的距离增加到安全车距时，自适应巡航控制系统控制汽车按照设定的车速行驶。

2. 汽车自适应巡航控制系统的组成

燃油汽车自适应巡航控制系统主要由信息感知单元、电子控制单元、执行单元和人机交互界面等组成，如图 7.59 所示。

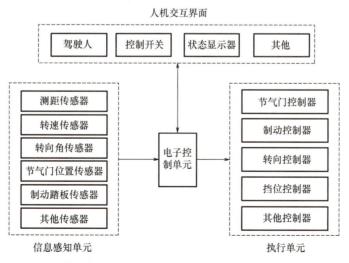

图 7.59　燃油汽车自适应巡航控制系统的组成

（1）信息感知单元。信息感知单元主要用于向电子控制单元提供自适应巡航控制所需要的各种信息，主要由测距传感器、转速传感器、转向角传感器、节气门位置传感器、制动踏板传感器等组成。测距传感器用来获取自车与前车之间的距离信号，一般使用激光雷达或毫米波雷达，也有使用视频传感器的；转速传感器用于获取实时车速信号，一般使用霍尔式转速传感器；转向角传感器用于获取汽车的转向信号；节气门位置传感器用于获取节气门开度信号；制动踏板传感器用于获取制动踏板的动作信号。

（2）电子控制单元。电子控制单元根据驾驶人所设定的安全车距及车速，结合信息感知单元传送来的信息确定汽车的行驶状态，决策汽车的控制策略，并输出节气门开度和制动压力信号给执行单元。例如，当自车与前车之间的距离小于设定的安全车距时，电子控制单元计算实际车距和安全车距之差及相对速度的大小，选择减速方式，或者通过报警器向驾驶人发出报警，提醒驾驶人采取相应的措施。

（3）执行单元。执行单元主要执行电子控制单元发出的指令，实现对汽车速度和加速度的调整。执行单元包括节气门控制器、制动控制器、转向控制器和挡位控制器等。节气门控制器用于调整节气门的开度，使汽车做加速、减速及定速行驶；制动控制器用于控制制动力矩或紧急情况下的制动；转向控制器用于控制汽车的行驶方向；挡位控制器用于控制汽车变速器的挡位。

（4）人机交互界面。人机交互界面用于驾驶人设定系统参数及系统状态信息的显示等。驾驶人可通过设置在仪表板或转向盘上的人机界面启动或清除自适应巡航控制系统控制指令。启动自适应巡航控制系统时，要设定自车与前车之间的安全车距及在巡航状态下的车速，否则自适应巡航控制系统将自动设置为默认值，但所设定的安全车距不可小于设定车速下交通法规所规定的安全车距。

电动汽车自适应巡航控制系统也是由信息感知单元、电子控制单元、执行单元和人机交互界面等组成的，如图7.60所示，电动汽车相对于燃油汽车，其自适应巡航控制系统的信息感知单元没有节气门位置传感器，执行单元没有节气门控制器和挡位控制器，相应地增加了电动机控制器和再生制动控制器。信息感知单元将传感器测量的距离、速度和加

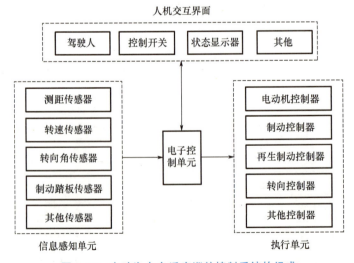

图7.60　电动汽车自适应巡航控制系统的组成

速度等信号输入电子控制单元；电子控制单元对汽车行驶环境及运动状态进行分析、计算、决策，输出转矩和制动压力信号；执行单元用于完成电子控制单元的指令，通过控制电动机控制器和制动控制器来调节汽车的速度；人机交互界面为驾驶人对系统的运行进行观察和干预控制提供操作界面。

3. 汽车自适应巡航控制系统的工作原理

（1）燃油汽车自适应巡航控制系统的工作原理。燃油汽车自适应巡航控制系统的工作原理如图7.61所示。驾驶人启动自适应巡航控制系统后，汽车在行驶过程中，安装在汽车前部的车距传感器持续扫描汽车前方道路，同时轮速传感器采集车速信号。如果汽车前方没有汽车或与前车距离很远且速度很快时，控制模式选择模块就会激活巡航控制模式，自适应巡航控制系统将根据驾驶人设定的车速和轮速传感器采集的车速自动调节加速踏板等，使汽车达到设定的车速并巡航行驶；如果前车存在且离自车较近或速度很慢，控制模式选择模块就会激活跟随控制模式，自适应巡航控制系统将根据驾驶人设定的安全车距和轮速传感器采集的车速计算出期望车距，并与车距传感器采集的实际距离比较，自动调节制动压力和节气门开度等使汽车以一个安全的车距稳定地跟随前车行驶。同时，自适应巡航控制系统会把汽车目前的一些状态参数显示在人机界面上，方便驾驶人进行判断；也装有紧急报警系统，在自适应巡航控制系统无法避免碰撞时及时警告驾驶人并由驾驶人处理紧急状况。

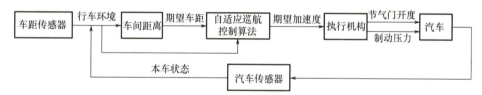

图 7.61　燃油汽车自适应巡航控制系统的工作原理

（2）电动汽车自适应巡航控制系统的工作原理。电动汽车自适应巡航控制系统的工作原理如图7.62所示。它与燃油汽车自适应巡航控制系统的工作原理基本一样，唯一的区别是燃油汽车控制的是节气门开度，调节发动机输出转矩；而电动汽车控制的是电动机转矩，调节电动机的输出转矩，而且增加了再生制动控制。

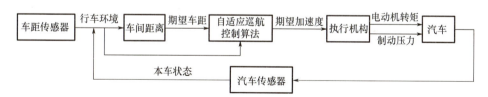

图 7.62　电动汽车自适应巡航控制系统的工作原理

4. 汽车自适应巡航控制系统的作用

汽车自适应巡航控制系统通过对汽车纵向运动进行自动控制，以减轻驾驶人的劳动强度，保障行车安全，并通过方便的方式为驾驶人提供辅助支持。汽车自适应巡航控制系统具有以下作用。

（1）汽车自适应巡航控制系统可以自动控制车速，但在任何时候驾驶人都可以主动进行加速或制动。当驾驶人对巡航控制状态下的汽车进行制动后，自适应巡航控制系统会终止巡航控制；当驾驶人对巡航控制状态下的汽车进行加速，停止加速后，自适应巡航控制系统会按照原来设定的车速进行巡航控制。

（2）通过测距传感器的反馈信号，自适应巡航控制系统可以根据前车的移动速度判断道路情况，并控制汽车的行驶状态；通过反馈式加速踏板感知的驾驶人施加在踏板上的力，自适应巡航控制系统可以决定是否执行巡航控制，以减轻驾驶人疲劳。

（3）汽车自适应巡航控制系统分为基本型和全速型。基本型自适应巡航控制系统一般在车速大于 30km/h 时才起作用，而当车速降低到 30km/h 以下时，就需要驾驶人进行人工控制。全速型自适应巡航控制系统在车速低于 30km/h 直至汽车静止时一样可以适用，在低速行驶时仍能保持与前车的距离，并能对汽车进行制动直至其处于静止状态。如果前车在几秒内再次起动，装备全速型自适应巡航控制系统的汽车将自动跟随起动。如果停留时间较长，驾驶人只需通过简单操作，如轻踩加速踏板就能再次进入自适应巡航控制模式。通过这种方式，即使在高峰或拥堵时段，自适应巡航控制系统也能进行辅助驾驶。

（4）汽车自适应巡航控制系统使汽车的编队行驶更加轻松。自适应巡航控制系统可以设定自动跟踪的汽车，当自车跟随前车行驶时，自适应巡航控制系统可以将自车车速调整为与前车的车速相同，同时保持稳定的安全车距，而且这个安全车距可以通过转向盘上的设置按钮进行选择。

（5）带辅助转向功能的自适应巡航控制系统不仅可以使自车自动与前车保持一定的车距，而且汽车还能够自动转向，使驾驶过程更加安全舒适。

5. 汽车自适应巡航控制系统的工作模式

汽车自适应巡航控制系统的工作模式主要有定速巡航、减速、跟随、加速、停车和起动等，如图 7.63 所示。图中假设自车设定车速为 100km/h，前车的车速为 80km/h。

（1）定速巡航。定速巡航是汽车自适应巡航控制系统最基本的功能。当汽车前方无汽车行驶时，汽车将处于普通的巡航行驶状态，自适应巡航控制系统按照设定的车速对汽车进行定速巡航控制。

（2）减速。当自车的前方有车，并且前车的车速小于自车的车速时，自适应巡航控制系统将对汽车进行减速控制，确保自车与前车之间的距离为所设定的安全车距。

（3）跟随。当自适应巡航控制系统将汽车的车速减至设定的车速值之后采用跟随控制，与前车以相同的速度行驶。

（4）加速。当前车加速行驶或发生移线，或当自车移线行驶使前方又无行驶汽车时，自适应巡航控制系统将对汽车进行加速控制，使汽车恢复到设定的车速。在恢复设定的车速后，自适应巡航控制系统又转入对汽车的巡航控制。

（5）停车。若前车减速停车，则自适应巡航控制系统将控制自车也减速停车。

（6）起动。若自车处于停车等待状态，当前车突然起动时，自车也将起动，并与前车行驶状态保持一致。

当驾驶人参与汽车驾驶后，自适应巡航控制系统自动退出对汽车的控制。

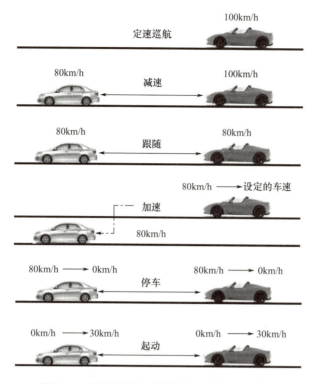

图 7.63 汽车自适应巡航控制系统的工作模式

6. 汽车自适应巡航控制系统的控制方法

燃油汽车自适应巡航控制系统的控制方法如图 7.64 所示。它分为双层控制,第一层根据雷达、车速传感器和加速度传感器信号控制汽车的车速与加速度,获得期望车速与期望加速度信号;第二层接收第一层信号调节驱动系统和制动系统,输出节气门开度和制动压力指令,从而控制发动机和液压制动装置。

【自适应巡航控制系统仿真】

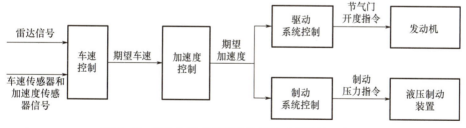

图 7.64 燃油汽车自适应巡航控制系统的控制方法

电动汽车自适应巡航控制系统的控制方法如图 7.65 所示。它分为三层控制,第一层根据雷达、车速传感器和加速度传感器信号控制汽车的加速度与转矩,获得期望加速度与期望转矩信号;第二层对第一层输出的期望转矩进行分配,获得期望电动机驱动转矩、期望电动机制动力矩和期望液压制动力矩;第三层接收第二层信号协调驱动系统和制动系统控制,输出电动机驱动转矩、电动机制动力矩和液压制动力矩指令,分别控制驱动电动机和液压制动装置。

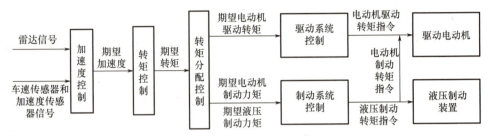

图 7.65　电动汽车自适应巡航控制系统的控制方法

7. 汽车自适应巡航控制系统的应用实例

自适应巡航控制系统使汽车辅助驾驶的品质达到了新的高度，驾驶人的大量任务可由自适应巡航控制系统自动完成，在很大程度上减轻了驾驶人的负担。汽车自适应巡航控制系统主要应用在中高级轿车上，但随着自适应巡航控制系统的不断发展与完善，一些中低档汽车也开始装配自适应巡航控制系统。

沃尔沃汽车的自适应巡航控制系统如图 7.66 所示，通过前风窗玻璃的摄像头及隐藏在前格栅内的雷达来监测前方路况，当车速超过 30km/h 时，按下转向盘上的启动键，就可以激活自适应巡航控制系统。当前方有车时，自动跟着前车行驶，但不会超过设定的车速；如果前方没有车，就按设定的车速行驶。

图 7.66　沃尔沃汽车的自适应巡航控制系统

沃尔沃汽车的自适应巡航控制系统具有以下功能。

(1) 在 0～200km/h 都可以实现自动跟车。

(2) 对前车的识别能力强。当前车转弯或超过前车时，能快速捕捉到新的前车，继续自动跟车。

(3) 如果有汽车插队驶入两车之间，自适应巡航控制系统会调节车速以保持之前设定的两车之间的安全车距。

(4) 具有辅助超车功能。如果感觉前车车速较慢，当驾驶人打转向进入另外一条车道准备超车时，汽车会做瞬时加速以尽快超过前车。

长安 CS75 汽车也装配了自适应巡航系统（图 7.67），只需要开启后进行简单的设定，就可以在高速公路行驶，甚至下班回家堵车时解放双脚。长安 CS75 汽车的全速自适应巡航控制更可以通过语音进行速度限定，使汽车根据前车的速度进行自我速度的调节，始终控制与前车的安全车距，便捷而高效。

图 7.67　长安 CS75 汽车的自适应巡航控制系统

未来汽车的自适应巡航控制系统将同其他的汽车电子电控系统相互融合，形成智能汽车电子控制系统，在卫星导航系统的指引下，利用环境感知技术和网络通信技术，实现自动驾驶功能。

7.3.4　自动泊车辅助技术

1. 自动泊车辅助系统的定义

自动泊车辅助系统（图 7.68）是利用车载传感器探测有效泊车空间并辅助控制汽车完成泊车操作的一种汽车先进驾驶辅助系统。

【自动泊车辅助系统】

图 7.68　自动泊车辅助系统

相比于传统的电子辅助功能，如倒车雷达、倒车影像显示等，自动泊车辅助系统的智能化程度更高，减轻了驾驶人的操作负担，有效降低了泊车的事故率。

2. 自动泊车辅助系统的组成

自动泊车辅助系统主要由信息检测单元、电子控制单元和执行单元等组成，如图 7.69 所示。

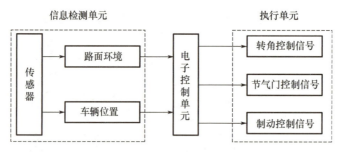

图 7.69　自动泊车辅助系统的组成

（1）信息检测单元。信息检测单元是自动泊车系统的耳目，利用摄像头或雷达等对路面环境和汽车位置等进行检测，可采集图像数据及周围物体距车身的距离数据，并通过数据线传输给电子控制单元。

（2）电子控制单元。电子控制单元是自动泊车辅助系统的核心，将信息检测单元上传的数据进行分析处理后，得出汽车的当前位置、目标位置及周围的环境参数，依据这些参数做出自动泊车策略，并将其转换为电信号。

（3）执行单元。执行单元接收电子控制单元的指令，精确控制转向盘的转动、节气门和制动的运动，以使汽车能准确跟踪路径，并随时准备接收中断以紧急停车。

自动泊车辅助系统的传感器配置如图 7.70 所示。

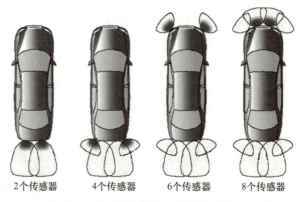

图 7.70　自动泊车辅助系统的传感器配置

3. 自动泊车辅助系统的工作原理

自动泊车辅助系统的工作原理是通过车载传感器扫描汽车的周围环境，通过对环境区域的分析和建模，搜索有效泊车位，当确定目标车位后，系统提示驾驶人停车并自动启动自动泊车程序，根据所获取的车位大小、位置信息，由程序计算泊车路径，然后自动操纵汽车泊车入位。

从机理上分析，自动泊车辅助系统的运行过程如图 7.71 所示。

（1）激活系统。汽车进入停车区域后缓慢行驶，人工开启自动泊车辅助系统，或者根据车速自动启动泊车辅助系统。

（2）车位检测。通过车载传感器［主要采用测距传感器（如雷达）和视觉传感器（如摄像头）］获取环境信息然后识别出目标车位。

（3）路径规划。根据所获取的环境信息，电子控制单元对汽车和环境建模，计算出一条能使汽车安全泊入车位的路径。

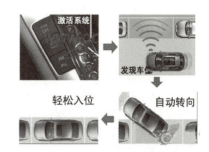

图 7.71 自动泊车辅助系统的运行过程

（4）路径跟踪。通过转角、节气门和制动的协调控制，使汽车跟踪预先规划的泊车路径，实现轻松泊车入位。

4. 全自动泊车技术

自动泊车辅助系统在泊车过程中，驾驶人需要控制制动踏板、加速踏板及变速杆，转向盘操作由计算机完成，已装备量产车型；全自动泊车技术在泊车过程中，不需要驾驶人控制汽车做任何的操作，所有泊车过程全部由计算机控制，目前处于测试阶段。

（1）奥迪汽车的全自动泊车技术（图 7.72）。奥迪汽车的全自动泊车是通过智能手机上的应用程序"一键自动停车"来完成的。当驾驶人将汽车开到停车场的入口附近时，驾驶人下车拿出手机，只需简单地点一下屏幕，汽车便开始自行起动，进入停车场寻找停车位。

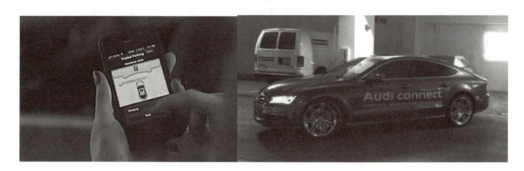

图 7.72 奥迪汽车的全自动泊车技术

虽然奥迪汽车确实实现了全自动泊车，但是汽车并不是依靠自己的力量，而是依靠演示场地中安装的激光扫描设备来帮助其定位的，也就是说只有安装了配套激光扫描设备的停车场，这项技术才能得以真正的使用。

（2）沃尔沃汽车的全自动泊车技术（图 7.73）。沃尔沃公司开发的全自动泊车系统是与无人驾驶技术、网络技术、无线通信技术的进一步结合。在基础设施建设方面，沃尔沃汽车的全自动泊车系统并不算复杂，只需要在停车场出入口及停车场内部设置传感器，就可以引导汽车进出停车场及寻找车位。沃尔沃公司的这项技术，可以使驾驶人不在车内便可实现汽车的自动泊车和锁闭，并且还能让汽车自动从泊车位来到驾驶人的身边。这些操作都可以用手机端的自动停车 App 来实现，只需轻点按钮，汽车便会自动寻找车位，当汽车完成泊车后，也会在手机上接收到泊车完毕的信息。同样，如果想让车自己来到驾驶人身边，只需在手机上进行简单的操作即可。

图 7.73　沃尔沃汽车的全自动泊车技术

沃尔沃汽车的这项技术还可以在自动泊车的过程中实时监测汽车周围的各种障碍物，以便随时调整行车路线。

（3）宝马汽车的远程代客泊车技术（图 7.74）。远程代客泊车技术是在 360°防碰撞系统的基础上，借助其激光扫描仪获得的数据，实现汽车自动泊车。驾驶人只需将汽车开到停车场入口处，即可通过智能手表启动远程代客泊车系统。

图 7.74　宝马汽车的远程代客泊车技术

在汽车进行自动泊车的过程中，系统可以自动识别周围物体，避开意外出现的障碍物，如行人、其他汽车及未完全入位的汽车。

相比于沃尔沃汽车的全自动泊车技术，由于宝马公司借助了 360°防碰撞系统的激光扫描仪，而减少了对于 GPS 的依赖，使其全自动泊车技术的使用范围不仅局限于无遮蔽的露天停车场，即使是地下停车场或立体停车场，搭载这项技术的宝马车型也可以畅通无阻。除了配备激光扫描仪之外，还配备了处理系统与运算系统，这意味着汽车可以独立完成楼内定位、监测周围环境，并进行独立的自动导航。这样，停车场便不需要配备自动驾驶所需要的复杂基础设施。

全自动泊车技术是实现汽车无人驾驶的重要环节，要真正达到全自动泊车的应用，还有很多技术需要解决、完善。

5. 自动泊车辅助系统的应用实例

雪佛兰科鲁兹汽车配备的自动泊车辅助系统可以实现水平和垂直两种方式的自动泊车,如图 7.75 所示。在泊车入位过程中,驾驶人仅需要控制制动踏板、加速踏板及变速杆,转向盘操作由计算机完成,自动泊车辅助系统帮助驾驶人准确将车停到指定位置,方便驾驶人操控汽车。

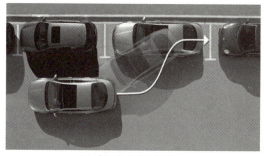

(a) 水平方式自动泊车　　　　　　　　(b) 垂直方式自动泊车

图 7.75　水平和垂直两种方式自动泊车

雪佛兰科鲁兹汽车自动泊车辅助系统的组成如图 7.76 所示,图中的 1 代表带自动转向功能的电动转向机;2 代表八个驻车辅助传感器,用于测量泊车过程中汽车与障碍物之间的距离,探测距离为 1.5m;3 代表四个泊车辅助传感器,用于测量寻车过程中车位的长短,探测距离为 1.5m;4 代表自动泊车辅助模块,位于行李箱左侧衬板内,是驻车辅助、自动泊车辅助、侧盲区报警功能的主控模块,此模块在底盘拓展网络和低速网络上通信,向电动转向、仪表、收音机等模块发送控制指令和信息;5 代表启用/关闭按钮,共有两个,分别用于启闭驻车辅助传感器和泊车辅助传感器;6 代表仪表。

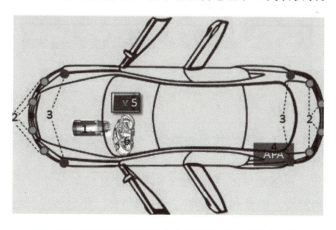

图 7.76　雪佛兰科鲁兹汽车自动泊车辅助系统的组成

1—电动转向机;2—驻车辅助传感器;3—泊车辅助传感器;4—自动泊车辅助模块;5—按钮;6—仪表

自动泊车辅助系统不是全自动的,驾驶人必须踩制动踏板控制车速,时刻盯紧汽车的倒车雷达显示屏和左右后视镜。自动泊车辅助系统必将向全自动泊车系统发展,全自动泊车是实现无人驾驶汽车的关键技术之一。

7.4 视野改善技术

7.4.1 自适应前照明技术

1. 汽车自适应前照明系统的定义

【自适应前照明系统】

汽车自适应前照明系统（adaptive front-lighting system，AFS）如图7.77所示。它可以根据天气情况、外部光线、道路状况及行驶信息来自动控制前照灯角度，避免直射迎面汽车驾驶人。自适应前照明系统在风窗玻璃上安装摄像机以辨识交通情况，从而控制灯光角度，这种设备可以保证路面最佳的照明和安全性；当调节到低光后，也不用担心它的照射距离，在65～300m完全可以使驾驶人清晰地观察前路；如果前方没有汽车，前照灯将自动转变为远光模式。汽车自适应前照明系统是未来汽车前照明系统的主要发展方向。

图7.77 汽车自适应前照明系统

2. 汽车自适应前照明系统的组成

汽车自适应前照明系统主要由传感器单元、CAN总线传输单元、电子控制单元和执行单元等组成，如图7.78所示。

（1）传感器单元。传感器单元可采集汽车当前信息（如车速、汽车姿态、转向角度等）和外部环境（如弯道、坡度和天气等）的变化信息。传感器单元包括轮速传感器、转向盘转角传感器、环境光强传感器、车身高度传感器、位置传感器等。

（2）CAN总线传输单元。CAN总线传输单元负责把各种传感器采集的信息传输给电子控制单元，实现内部控制与各种传感器检测及执行机构之间的数据通信。

（3）电子控制单元。电子控制单元需要对汽车行驶状态做出综合判断，输出脉冲变量给执行单元。

（4）执行单元。电子控制单元输出信号给执行单元的执行电动机，执行电动机调节前

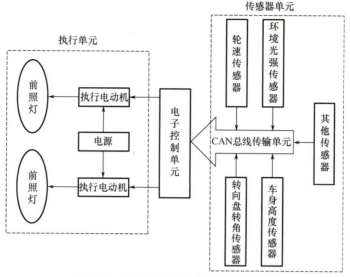

图 7.78 汽车自适应前照明系统的组成

照灯的照射距离和角度,为驾驶人提供更广阔的视野,保障行车安全。

3. 汽车自适应前照明系统的工作原理

汽车自适应前照明系统的工作原理是通过安装在汽车上的轮速、车身高度、转角、位置等传感器采集汽车动态信号参数,经过电子控制单元的分析判断和算法运算产生控制信号,由执行单元控制前照明系统运转。

汽车自适应前照明系统的主要功能按以下方法实现。

(1) 汽车自适应前照明系统通过开关器件获取功能开关信号,通过轮速传感器获取车速信号,通过转向盘转角传感器获取转角信号,通过车身高度传感器获取姿态信号等。经过巡检算法判断,如果前照灯需要进行转动,则系统会根据角度算法计算出需要转动的角度,通过电子控制单元输出控制信号控制水平和垂直安装的步进电动机转动,最后通过机械传动机构实现前照灯转动,使照明光束始终与道路保持一致,这样驾驶人能够清楚地看到即将出现的弯道上的路况,以便及时采取预防或紧急避险措施。

(2) 汽车自适应前照明系统通过获取前照灯开关器件信号和环境光强传感器的光照强度信号,对前照灯开关进行控制。系统会设置一个光照阈值,当光照强度小于阈值时,系统自动延时打开前照灯;当光照强度大于阈值时,系统自动延时关闭前照灯。

(3) 汽车自适应前照明系统在前照灯初始化置位时,通过获取霍尔位置传感器的位置信号,判断前照灯实际运行的角度与电子控制单元输出角度之间的误差。如果误差不大,通过角度 PD 调节算法对误差进行调节;如果误差过大,说明前照灯出现了故障,系统会产生故障报警信号,提醒驾驶人前照灯出现故障。

(4) 汽车自适应前照明系统通过液晶显示装置实时显示系统的工作状态,包括车速状态、转向盘转角状态、车灯转角状态等。

4. 汽车自适应前照明系统的功能

为了使汽车在不同的光线和路况下安全行驶,汽车自适应前照明系统能够改变前照灯的照射方向，使光线随着汽车前进方向和车身姿态的变化而变动，消除驾驶人在夜间或恶劣天气下行车的视野盲区。与传统的汽车照明模式相比，自适应前照明系统能够根据道路和天气环境的变化适时地开启相应的照明模式。图7.79所示为自适应前照明系统不同照明模式下的照射光形。

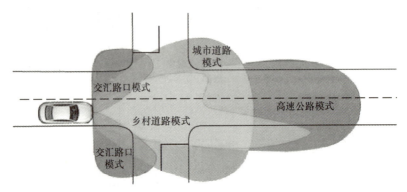

图7.79　自适应前照明系统不同照明模式下的照射光形

汽车自适应前照明系统的照明模式主要有基础照明模式、弯道照明模式、城市道路照明模式、高速公路照明模式、乡村道路照明模式和恶劣天气照明模式等。

（1）基础照明模式。汽车在行驶过程中，当道路状况及环境气候均处于正常状况时，自适应前照明系统的工作模式相当于传统的汽车照明系统，其照明模式为基础照明模式。在基础照明模式下，自适应前照明系统不做任何调整。

当环境光强传感器检测到外界光线变化时，系统会执行相应的动作。例如，天黑或汽车进入隧道后，环境光强传感器检测到外界光线下降，系统自动开启前照灯并且根据感知的光线强度来补充光照强度以满足驾驶要求；当环境光强传感器检测到外界光线强度能够达到照明要求时，如白天或汽车出隧道后，系统会自动关闭汽车前照灯。有时，汽车停止后，驾驶人下车后仍然需要灯光照明来观察停车情况，所以，系统可以设置灯光延时功能。

汽车经常会行驶在坡路上，有时即使是在平坦的道路上，由于汽车载重或突然的加速或制动，都会导致车身发生俯仰，车身的俯仰会造成前照灯照射的角度发生变化，如图7.80所示。

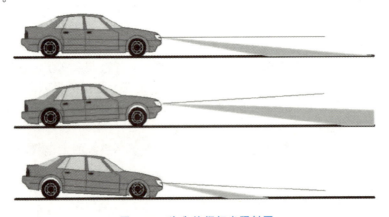

图7.80　汽车俯仰灯光照射图

汽车正常行驶过程中，前照灯光轴在水平位置。当车身发生后仰时，前照灯的照射光线会抬高，光线抬高造成远处的照射光线发散，造成驾驶人视野模糊，不能清晰地辨认远处的行人和物体，一旦发生紧急情况，就没有足够的时间来保证行车安全。当车身发生前仰时，前照灯的照射光线降低，从而导致照明范围缩小，驾驶人不能及时地发现前方路况，严重影响行车安全。在这种行车条件下，车身高度传感器能够检测到汽车前后高度的变化，结合轮速传感器采集到的车速信息，自适应前照明系统根据汽车前后高度的变化量及轴距计算出车身俯仰角的差值，从而调整汽车前照灯纵向角度，使前照灯光轴恢复到水平位置，以提供最佳的照明条件，确保驾驶人在该情况下有足够视野来判断前方的路况，保证行车安全。

（2）弯道照明模式。汽车在夜间转弯行驶时，传统汽车前照灯的照射光线与车身前进方向平行，所以在车身的两侧会出现暗区，驾驶人无法及时地发现弯道上的路况，容易导致交通事故的发生。在这种情况下，自适应前照明系统可以开启弯道照明模式。当汽车进入弯道时，转向盘转角传感器和车速传感器共同作用采集数据，电子控制单元根据传感器采集的数据计算出车灯需要偏转的角度，驱动步进电动机转动以使前照灯转动。

自适应前照明系统能够使汽车在进入弯道时产生旋转的光形，给弯道以足够的照明，如图7.81所示。

(a) 无自适应前照明系统　　　　　　　　(b) 有自适应前照明系统

图 7.81　汽车有无自适应前照明系统的弯道照明

汽车向左转弯时，左侧前照灯向左偏转一定的角度，右侧前照灯不动；汽车向右转弯时，右侧前照灯向右偏转一定的角度，左侧前照灯不动。这种照明模式既提供了汽车在弯道上行驶时侧面道路足够的照明强度，又保证了前进方向的照明。在弯道照明模式下，左右车灯最大偏转角度也是不一样的，右侧道路行驶国家的交通法规规定：右侧近光灯变化角度最大为 5°，左侧近光灯变化角度最大为 15°。为保证弯道照明模式下的行车安全，车灯偏转角度依据的原则是尽可能地保证照明距离大于安全制动距离。

（3）城市道路照明模式。城市道路行车的特点是车速较低，车流量和人流量都很大，外界照明条件好，十字路口多，发生随机性事故的可能性较大。在这样的道路上行车要求视野清晰，防止眩光。

资料表明，对向行车时，驾驶人接收到的照射光强如果达到 1000cd 就会产生眩光干扰。当环境光强传感器检测到光强达到阈值、车速小于 60km/h 时，汽车前照明系统开启城市照明模式，系统使左右近光灯的功率减小，降低灯光亮度，同时驱动控制车灯的电动机转动，使前照灯略向下偏转，进一步降低射向对车和行人的光照强度，防止眩光现象的发生。

在城市道路汽车行驶较缓慢的前提下，自适应前照明系统使用比较宽阔的光形（图 7.82），以便在道路边缘和交叉路口都能获得较好的照明，有效地避免与岔路中突然出现的行人、汽车可能发生的交通事故。

(a) 无自适应前照明系统　　　　　　　(b) 有自适应前照明系统

图 7.82　汽车有无自适应前照明系统的城市道路照明

（4）高速公路照明模式。高速公路上行车的特点是车速快，车流量相对较小，侧向干扰少。这样的行车特点要求前照灯光线照射的距离足够远，以保证前方出现状况时驾驶人有足够的时间采取措施。在高速公路上行车，汽车灯光的照射距离应该与车速成正比的关系，汽车灯光的照射距离要大于驾驶人的反应距离和制动距离的总和。

汽车行驶在高速公路时，当车速传感器检测到车速大于 70km/h，并根据 GPS 判断其为高速行驶模式时，自适应前照明系统自动开启高速公路照明模式。汽车前照灯照射光线随着车速的增加在垂直方向上抬高，以使光线能够照射得更远（图 7.83），保证驾驶人能够在安全距离之外发现前方的汽车。

(a) 无自适应前照明系统　　　　　　　(b) 有自适应前照明系统

图 7.83　汽车有无自适应前照明系统的高速公路照明

（5）乡村道路照明模式。乡村道路外界照明条件差，岔路口多，路况复杂，路边障碍物不容易被发现；道路狭窄，起伏不平，造成行车时车身倾斜从而导致前照灯俯仰角发生变化，容易引发交通事故。

自适应前照明系统工作在乡村道路照明模式时，通过环境光强传感器、轮速传感器和 GPS 来判断外界行驶条件，决定是否开启乡村道路照明模式。在乡村道路照明模式下，系统增大左右前照灯的输出功率，增强光照亮度来补充照明。依据右侧行车的交通法规，汽车在乡村道路行驶时，右侧的前照灯照射光线要向右偏转一些，拓宽右侧道路的照明范围以使灯光能够照射到路面边缘，如图 7.84 所示。

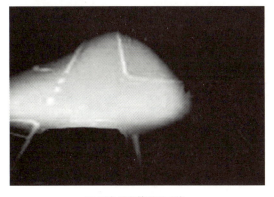 

(a) 无自适应前照明系统　　　　　　　　　(b) 有自适应前照明系统

图 7.84　汽车有无自适应前照明系统的乡村道路照明

(6) 恶劣天气照明模式。恶劣天气照明模式主要针对的是阴雨天气，此时地面的积水会将前照灯打在地面上的光线反射至对面会车驾驶人的眼睛中，使其炫目，进而可能造成交通事故。在阴雨天气下行驶的汽车，自适应前照明系统根据检测路面湿度、轮胎滑移及雨量传感器判断系统状态为雨天模式，自适应前照明系统驱动垂直调高电动机，降低前照灯垂直输出角，并调节其照射强度，避免反射眩光在 60m 范围内对迎面行车驾驶人造成炫目，如图 7.85 所示。

 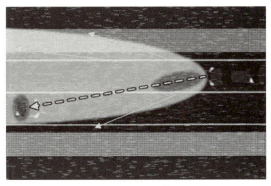

(a) 无自适应前照明系统　　　　　　　　　(b) 有自适应前照明系统

图 7.85　汽车有无自适应前照明系统的恶劣天气道路照明

当汽车在雾天或沙尘暴天气行驶时，自适应前照明系统根据雾传感器、风速传感器、颗粒物传感器及环境光强传感器感知光线强弱，判断是否遇到雾天或是沙尘暴天气，从而驱动垂直调高电动机，增大前照灯垂直输出角，使照明光线有所提升，同时，开启车灯清洗装置，尽可能地使驾驶人获得较好的视觉，可以安全地行驶在可见度较低的恶劣天气中。

在汽车自适应前照明系统的实际开发和使用中，根据实际情况，可以对上述功能取舍。

5. 汽车自适应前照明系统的应用实例

奔驰汽车的智能前照明系统采用 LED 光源，如图 7.86 所示。

图 7.86　奔驰 E 级汽车的 LED 智能照明系统

奔驰 E 级汽车的 LED 智能照明系统具有五种照明模式，分别是乡村道路照明模式、高速公路照明模式、增强型雾灯模式、主动转弯照明模式和弯道辅助照明模式。

（1）乡村道路照明模式。乡村道路照明模式能够更加宽阔地照亮驾驶人一侧的路面，从而使驾驶人在黑暗中更容易判断前方路况，并能够在有车或行人穿越其行车路径时，更容易做出反应。

（2）高速公路照明模式。夜间在高速公路上行驶时，车速达到预设的速度时，LED 前照灯的亮度会比传统模式近光灯增加 60% 的照明度。并且照明分为两挡：在车速为 90km/h 时，一挡自动激活，可有效改善夜间高速公路行车的远距离视野；当车速超过 110km/h 时，二挡启用，照明范围进一步增强，识别距离再次加大，光锥中心的可见度比传统模式下近光灯照射距离增加 50m。

（3）增强型雾灯模式。在浓雾、霾等天气下行驶，该模式在 70km/h 速度以内且后雾灯打开时开启，驾驶人一侧的 LED 前照灯可向外转动约 8°并降低前照灯照射高度，以便更好地照亮近侧路面，同时还可减轻在雾天的反射灯眩光。当车速超过 100km/h 时，该模式便会自动关闭。

（4）主动转弯照明模式。根据不同的车速和转向角，主动转弯照明模式会自动开启。此时主动前照灯可迅速向转弯方向转动（最大可达 15°），增强转角方向的照明效果约 90%。

（5）弯道辅助照明模式。当车速低于 40km/h，转动转向盘或使用转弯信号灯时，弯道辅助照明模式自动开启。此时会照亮汽车前方侧面约 65°角、约 30m 远的照射区域。对比传统模式，该模式能够更早地发现横穿道路的行人。

除了以上五种照明模式外，奔驰公司还推出了增强型自适应远光灯。其可实现远光灯在持久照明的同时，有效地避免对其他车或行人造成的眩光干扰。通过车前立体多功能摄像头探测，LED 灯组会在电子控制单元的控制下自动把光线压低至前方同向车或对向车之下，使其他车不受远光灯影响。根据交通流量及道路照明条件的不同，远光灯照射距离可以从 65m 一直延伸至 300m。

7.4.2 夜视辅助技术

1. 汽车夜视辅助系统的定义

汽车夜视辅助系统如图 7.87 所示。它是一种利用红外成像技术辅助驾驶人在黑夜中看清道路、行人和障碍物等,减少事故发生,增强主动安全的系统。

【汽车夜视辅助系统】

图 7.87 汽车夜视辅助系统

2. 汽车夜视辅助系统的类型

按照工作原理的不同,汽车夜视辅助系统可以分为主动夜视辅助系统和被动夜视辅助系统两种。

(1) 主动夜视辅助系统。主动夜视辅助系统采用主动红外成像技术,把目标物体反射或自身辐射的红外辐射图像转换为人眼可观察的图像。这种系统本身必须具备光源,使不发出热量的物体也可以被看到,通过图像处理提高清晰度,使道路标志清晰可见。

(2) 被动夜视辅助系统。被动夜视辅助系统采用热成像技术,基于目标与背景的温度和辐射率差别,利用辐射测温技术对目标逐点测定辐射强度而形成可见的目标热图像,这种系统本身没有光源,仅依靠对物体本身发出的光线进行识别,不发出热量的物体看不清或看不到。图像清晰度取决于天气条件和时间段,图像与实际景象不完全符合。

3. 汽车夜视辅助系统的组成

汽车主动夜视辅助系统主要由红外发射单元、红外成像单元、电子控制单元和图像显示单元等组成,如图 7.88 所示。

(1) 红外发射单元。红外发射单元位于两个前照灯内,当它被激活时,产生的红外线用于照射汽车前方区域,相应的夜视图等同于在远光灯下透过风窗玻璃所见到的情景。

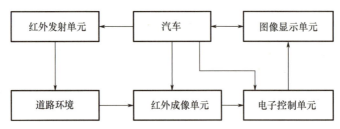

图 7.88　汽车主动夜视辅助系统的组成

(2) 红外成像单元。红外成像单元主要是红外图像摄像头，记录汽车前方区域内的图像，并提供其探测范围内是否存在行人或障碍物的信息，然后通过数字视频线将数据发送给电子控制单元。

(3) 电子控制单元。电子控制单元分析红外成像单元传来的数据，再通过集成化数据处理，将画面传输给图像显示单元，其中识别的行人和动物以高亮度显示。一般对于数字化的 CCD 摄像头，采集到信号后，会进行必要的去噪声、信号增强等处理，然后送给图像显示单元。

(4) 图像显示单元。图像显示单元接收电子控制单元传来的信号并显示，驾驶人就可以清晰地看到前照灯照射范围之外的景物，避免出现意外。

汽车被动夜视辅助系统没有红外发射单元，主要由红外成像单元、电子控制单元和图像显示单元等组成。

4. 汽车夜视辅助系统的工作原理

(1) 汽车主动夜视辅助系统的工作原理。汽车主动夜视辅助系统将摄像头安装到汽车前照灯内，通过卤素灯泡照射，使用多套照射系统和摄像机来识别红外反射波，利用目标反射红外光源。红外光源发出的短红外线是主动照射目标，红外 CCD 探测器接收的目标再反射短红外光线，通过电子控制单元处理后，可以把图像信息传递给驾驶人。主动夜视辅助系统对比分辨度高，并且图像较清晰、可靠。由于不依靠物体的热源，即使不发热的物体也能清晰可见，如道路上的行人、车辆、道路标志牌等都可以被发现。

(2) 汽车被动夜视辅助系统的工作原理。汽车被动夜视辅助系统利用热成像摄像头接收人、动物等发热物体发出的不同的红外热辐射（红外线）映射出不同的图像，并对图像进行放大和处理后输出。由于不同物体对红外线反射强度不同，行人、动物等可以发热的物体在反射中特别突出，通过传感器的捕捉，带有热源的物体影像输出到车载显示屏上。被探测到的物体看起来就像是照相机的底片一样。但是被动夜视辅助系统无法克服的缺点是，对于无生命、无热源特征的目标，如道路的标志牌、车道线、车道护栏等物体，被动夜视辅助系统无法检测到图像。此外，由于汽车前风窗玻璃不能传输长波的远红外线，摄像头须安装在车外，需经常清洁，而且在汽车前端碰撞时易损坏。

在被动夜视辅助系统中，关键零部件是红外摄像头，它与主动夜视辅助系统的红外摄像头的原理相同，但接收对象存在差异，因此其软硬件设计也有所不同。主动夜视辅助系统的红外摄像头主要接收物体对红外光源的反射光线，而被动夜视辅助系统的红外摄像头主要接收物体本身发出的红外辐射。被动夜视辅助系统的红外摄像头主要装配于汽车前保险杠，一般安装在一个防撞击的盒子里，风窗玻璃清洗系统同时负责清洁摄像头。当外界气温低于5℃时，镜头盖被加热，拍摄距离为300m，部分车型红外摄像头也可以随着车速的增加，通过镜头焦距的改变使远距离的目标放大，使目标更清晰。

5．汽车夜视辅助系统的应用实例

奥迪、宝马、奔驰等车型上都装备了夜视辅助系统。

奥迪 A8L 汽车夜视辅助系统的主要元件是控制单元和摄像头。控制单元是夜视辅助系统的核心，位于左前座椅前方的汽车底板内，装在一个塑料盒内，如图 7.89 所示。

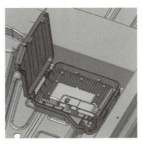

图 7.89　奥迪 A8L 汽车夜视辅助系统的控制单元

汽车夜视辅助系统的控制单元主要完成以下任务：处理夜视辅助系统摄像头的原始图像；识别出热敏图像上的人并将其做上标记；持续不断地对摄像头图像进行分析，并测算汽车与识别出的行人的碰撞可能性；在识别出有碰撞危险时发出警告；将已处理完的热敏图像传送给组合仪表；使用 CAN 扩展总线接收并处理夜视辅助系统所需要的数值和信息；为摄像头供电（蓄电池电压）；持续地对系统进行诊断，并将识别出的故障记录到故障存储器内；通过检测数据块、自适应和执行元件来帮助查找夜视辅助系统故障；通过软件对售后和生产中的系统进行校准；行车中在某些条件下进行动态校准；存储用户对夜视辅助系统所做的设置。

奥迪 A8L 汽车夜视辅助系统的摄像头是一种红外热敏图像摄像头，如图 7.90 所示。为防止石击，摄像头的镜头前有一个锗制成的保护窗；摄像头有加热元件，防止结冰，加热电流可根据温度来调节。

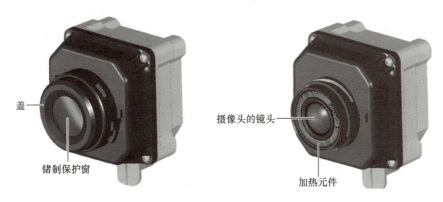

图 7.90　奥迪 A8L 汽车夜视辅助系统的摄像头

奥迪 A8L 汽车夜视辅助系统的摄像头安装在汽车散热器隔栅的奥迪环中，如图 7.91 所示。

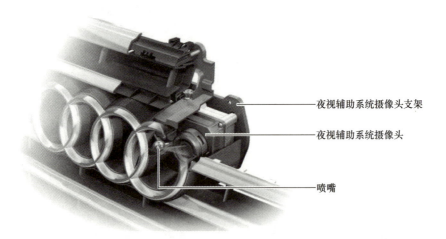

图 7.91　奥迪 A8L 汽车夜视辅助系统摄像头的安装位置

该摄像头配有自己的运算器，除了录下原始图像并把图像传给电子控制单元外，还要存储校准数据。这些校准数据并不是存储在电子控制单元内的，而是存储在摄像头内，这样，在更换损坏的夜视辅助系统电子控制单元后，就不必重新进行校准。该摄像头的图像是黑白图像，其分辨率水平为 320 像素，垂直为 240 像素，每秒 20 帧照片。夜视辅助系统的探测范围约为 300m，摄像头的水平探测张角约为 24°。

奥迪 A8L 汽车夜视辅助系统除了可以使驾驶人看清近光灯照不到的黑暗中的交通标牌、弯道、车辆、障碍物等会造成危险的事物，正确判断前方道路的情况外，还可以通过远红外热成像摄像头捕捉到汽车前方 24°内、300m 以内的热源（包括人和动物），使驾驶人提前做出反应，避免交通事故的发生。当热源（人或动物）出现在捕捉范围内时，系统会将拍摄到的热信号传送至电子控制单元进行处理，处理后的图像就会在仪表板的显示器上显示出来。当行人有横穿汽车前方的意图时，系统会迅速做出判断并以红色突出显示，同时发出声音警告，如图 7.92 所示。

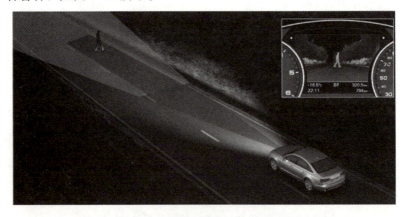

图 7.92　奥迪 A8L 汽车夜视辅助系统

奥迪 A8L 汽车夜视辅助系统是全天候的电子眼，在雨雪、浓雾天气公路上的物体及路旁的一切也都能尽收眼底，大大提高了汽车行驶的安全性。

越来越多的汽车厂家开始开发和使用汽车夜视辅助系统，这不仅能够提高驾驶安全性，还能够提高其豪华程度。随着科技的发展和夜视辅助系统生产成本的降低，汽车夜视辅助系统将会全面普及。

7.4.3 平视显示技术

1. 汽车平视显示系统的定义

汽车平视显示系统（head up display，HUD）也称抬头显示器，如图 7.93 所示。它是**利用光学反射原理，将汽车驾驶辅助信息、导航信息、检查控制信息等以投影方式显示在风窗玻璃上或约 2m 远的前方、发动机罩尖端的上方**，阅读起来非常舒适，同时还可以显示来自各个驾驶辅助系统的警告信息，如车道偏离警告、夜视辅助系统的行人避让警告等，避免驾驶人在行车过程中频繁低头看仪表或车载屏幕，对于行车安全起着很好的辅助作用。

【汽车平视显示系统】

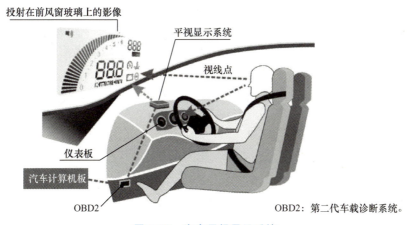

OBD2：第二代车载诊断系统。

图 7.93 汽车平视显示系统

2. 汽车平视显示系统的组成

汽车平视显示系统主要由图像源、光学系统和图像合成器等组成，如图 7.94 所示。

图 7.94 汽车平视显示系统的组成

（1）图像源。图像源一般采用液晶显示屏，实现平视显示系统的各种功能，并输出视频信号。

（2）光学系统。光学系统将视频信号投射出去，并且可以调节大小、位置等参数。

（3）图像合成器。一般将前风窗玻璃作为图像合成器，把外部景物信息和内部投影信息合成到一起。投射的图像在风窗玻璃上发生反射，以达到和前方路况信息叠加、融合的效果。

因此，带平视显示系统的汽车安装的是特设的前风窗玻璃，其与传统前风窗玻璃的区别在于前风窗玻璃的两侧扁平玻璃中间的 PVB（poly vinyl butyral，聚乙烯醇缩丁醛）膜的厚度不是恒定不变的，而是略微呈楔形，这样的结构使驾驶人不会看到重影。

3. 汽车平视显示系统的工作原理

汽车平视显示系统的工作原理与使用的光线系统结构密切相关。根据光学系统结构的不同，汽车平视显示系统可以分为风窗玻璃映像式平视显示系统、前置反射屏式平视显示系统、自由曲面平视显示系统、菲涅尔透镜平视显示系统、与仪表板相结合的平视显示系统等。

（1）风窗玻璃映像式平视显示系统。风窗玻璃映像式平视显示系统是最基本也是使用最广泛的结构，如图 7.95 所示。

从图像源发出的光经投影透镜折射和风窗玻璃反射与外部的景物光一同进入人眼，人眼沿着光线的反向延长线观察到位于风窗玻璃左侧的虚像，从而保证驾驶人能够在观察前方路况信息的同时观察到仪表板上的信息。风窗玻璃一方面能透射外部景物光，另一方面又能反射图像源经过投影透镜的光。这种系统的优点是驾驶人在能够观察到投影像的同时还允许一定范围的头部移动；缺点是图像小，亮度低，视场角小，质量和体积都较大。

（2）前置反射屏式平视显示系统。前置反射屏式平视显示系统是使用较普遍的结构，如图 7.96 所示。

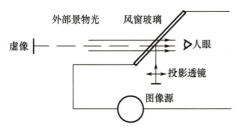
图 7.95 风窗玻璃映像式平视显示系统

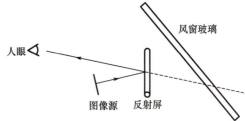
图 7.96 前置反射屏式平视显示系统

在驾驶室内设置独立的半反射半透射的反射屏，图像源发射出的光线经过反射屏反射进入人眼，驾驶人沿着该反射光线的反向延长线方向能够观察到悬浮在前方的虚像。在这种结构中，反射屏与风窗玻璃是相互独立的两个部分，并不需要对风窗玻璃做镀膜等其他处理。此外，反射屏可以前后转动，投影角度比较灵活。使用时可以将反射屏竖起，不使用时将反射屏放平。但是反射屏的设置会使车内空间变得狭小，而且使结构变复杂。图像源发射出的光线透过反射屏后会被风窗玻璃反射，部分反射光线会进入人眼对驾驶人形成干扰。

（3）自由曲面平视显示系统。汽车的风窗玻璃不是一个平面，而是带有一定弧度的曲面，因此可以用自由曲面来代替传统结构中风窗玻璃所在的面。自由曲面平视显示系统如图 7.97 所示，系统包括两个自由曲面和一个折叠反射镜，实现对图像源成像。

图像源发射出的光线先经过折叠反射镜反射，再经过初级自由曲面反射，最后经过自

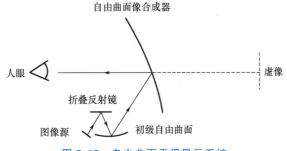

图 7.97 自由曲面平视显示系统

由曲面像合成器反射进入人眼,其中,自由曲面像合成器是风窗玻璃所在的面。这种结构形式简单灵活,像差平衡能力强,成像质量较好,但制造成本较高。人眼直接通过风窗玻璃观察外界景物时,风窗玻璃可能会产生一定的像差。

(4)菲涅尔透镜平视显示系统。在平视显示系统中,为了获得较大的观察图像范围,通常需要较大口径的光学透镜。光学透镜的口径越大,透镜的体积越大,质量越重,透镜不易加工,而且成本较高,因而难以大批量生产。为了保证透镜口径的前提下减小透镜厚度,可以使用菲涅尔透镜。菲涅尔透镜平视显示系统如图 7.98 所示。

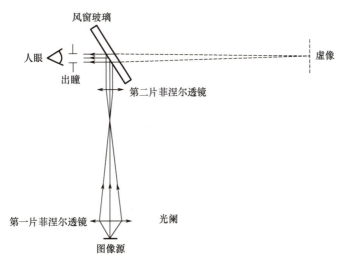

图 7.98 菲涅尔透镜平视显示系统

菲涅尔透镜平视显示系统有两片菲涅尔透镜,图像源位于第一片菲涅尔透镜下方,先经过第一片菲涅尔透镜再经过第二片菲涅尔透镜放大,最后经风窗玻璃的反射进入人眼。菲涅尔透镜系统的结构形式简单,透镜的体积小,质量轻,同时,菲涅尔透镜还可以校正风窗玻璃所产生的像差,但是系统的轴外视场像差较大。

(5)与仪表板相结合的平视显示系统。在上述平视显示系统中,汽车前方仪表板的存在限制了平视显示系统的可用空间范围。与仪表板相结合的平视显示系统如图 7.99 所示,包含一个图像源、一个分光镜、多个平面反射镜和一组光学系统。

图像源发出的光经过分光镜分成透射部分和反射部分,透射部分的光经过平面反射镜反射,将透射图像反射到仪表板上作为显示信息;反射部分的光经过光学系统折射和风窗

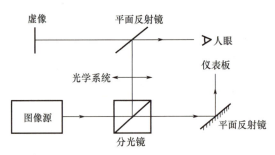

图 7.99 与仪表板相结合的平视显示系统

玻璃反射进入人眼。仪表板系统和平视显示系统采用同一个图像源，可以保证二者显示信息的实时性，而且使用这种包含分光镜的系统，可以去除一些不必要的结构，充分利用驾驶台前方的可用空间，减小系统的体积。

4. 汽车平视显示系统的应用实例

宝马 7 系汽车的平视显示系统具有多种有助于提高交通安全性和驾驶舒适性的功能。平视显示系统可显示定速巡航控制系统、导航系统、检查控制信息及车速等方面的信息。

宝马 7 系汽车平视显示系统的工作原理如图 7.100 所示。系统需要一个光源来投射平视显示系统信息，使用红色和绿色两种 LED 灯组作为光源，通过 TFT（thin film transistor，薄膜晶体管）投影显示屏产生图像内容。TFT 投影显示屏相当于一个滤波器，运行或阻止光线通过。由一个图像光学元件确定平视显示系统显示图像的形状、距离和尺寸，图像看起来就好像自由漂浮在道路上方，风窗玻璃的作用相当于偏光镜。平视显示系统投射图像内容距离观察者的眼睛约 2.7m。

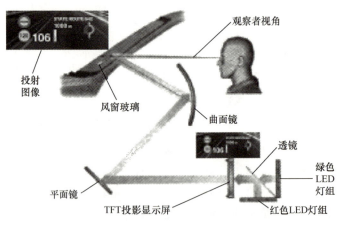

图 7.100 宝马 7 系汽车平视显示系统的工作原理

宝马 7 系汽车平视显示系统的显示效果如图 7.101 所示。

目前，很多汽车厂家都有车型装备了平视显示系统。随着技术的进步，汽车平视显示系统的应用将会越来越多。

图 7.101　宝马 7 系汽车平视显示系统的显示效果

思 考 题

1. 什么是智能网联汽车先进驾驶辅助系统？其主要有哪些类型？
2. 什么是前车防撞预警系统？其工作原理是什么？
3. 什么是车道偏离预警系统？其工作原理是什么？
4. 什么是盲区监测预警系统？其工作原理是什么？
5. 什么是驾驶人疲劳预警系统？其工作原理是什么？
6. 什么是车道保持辅助系统？其工作原理是什么？
7. 什么是自动制动辅助系统？其工作原理是什么？
8. 什么是自适应巡航控制系统？其工作原理是什么？
9. 什么是自动泊车辅助系统？其工作原理是什么？
10. 什么是自适应前照明系统？其工作原理是什么？
11. 什么是夜视辅助系统？其工作原理是什么？
12. 什么是平视显示系统？其工作原理是什么？

参 考 文 献

崔胜民, 2016. 智能网联汽车新技术 [M]. 北京: 化学工业出版社.

李克强, 戴一凡, 李升波, 等, 2017. 智能网联汽车 (ICV) 技术的发展现状及趋势 [J]. 汽车安全与节能学报, 8 (1): 1-14.

梁怡兰, 2018. 无线通信基站定位技术研究与应用 [J]. 大众科技, 20 (3): 5-7.

王建强, 王昕, 2017. 智能网联汽车体系结构与关键技术 [J]. 长安大学学报 (社会科学版), 19 (6): 18-25.

温志勇, 修战宇, 陈俊先, 2016. LTE-V 车路通信技术浅析与探讨 [J]. 移动通信, 40 (24): 41-45.

张琨, 2013. 智能汽车自主循迹控制策略研究 [D]. 哈尔滨工业大学.

张丽, 2017. 纯电动汽车全速自适应巡航控制系统的研究 [D]. 哈尔滨工业大学.

赵静, 2018. V2X 技术现状及展望 [J]. 广东通信技术 (1): 6-9.

朱磊, 2018. 汽车偏离预警及车道保持算法研究 [D]. 哈尔滨工业大学.